T0283264

*San Ignacio de Loyola*

# San Ignacio de Loyola

## El hombre, el santo, el general

Actas del Congreso Internacional sobre San Ignacio de Loyola

ALMUZARA

© V.V.AA., 2023
© Editorial Almuzara, s.l., 2023

Primera edición en Almuzara: diciembre de 2023

Editorial Almuzara • Colección Memorias y biografías
Director editorial: Antonio Cuesta

www.editorialalmuzara.com
pedidos@almuzaralibros.com - info@almuzaralibros.com

Editorial Almuzara
Parque Logístico de Córdoba. Ctra. Palma del Río, km 4
C/8, Nave L2, nº 3. 14005 - Córdoba

ISBN: 978-84-11319-27-0
Depósito Legal: CO-1948-2023
Imprime: Gráficas La Paz

Hecho e impreso en España - *Made and printed in Spain*

Cood. Gonzalo Villagrán S.J.

# ÍNDICE

# Prólogo del Obispo de Córdoba

Del 20 de mayo de 2021 al 31 de julio de 2022 la Compañía de Jesús celebró el 500 aniversario de la conversión de San Ignacio. Esta fecha ha sido una ocasión propicia para recuperar el tiempo de la vida de San Ignacio comprendido desde que recibe la herida en el cerco de Pamplona hasta su llegada a Manresa. Su paso por Monserrat, donde pasa la noche rezando a Dios, haciendo examen de su vida pasada y arrepintiéndose de sus pecados, lo pone en camino hacia Tierra Santa. Este viaje desembocaría en un giro radical de su vida, desde entonces ofrecida al seguimiento del Señor y a la fundación de la Compañía de Jesús. Su proceso de conversión es para nosotros una llamada a nuestra propia conversión y una posibilidad alentadora para confiar en la voluntad de Dios, siempre.

Como afirmaba el P. General Arturo Sosa en su intervención en el Congreso Internacional sobre San Juan de Ávila en 2019, la vida de San Ignacio, como la de San Juan de Ávila, otro gran renovador espiritual de aquel momento, nos invita a avanzar «hacia una iglesia sinodal que discierne». Por eso, el Congreso Internacional, cuyas actas se publican para que las enseñanzas de San Ignacio de Loyola nos guíen a cada uno de nosotros, es una llamada a nuestra propia trasformación porque se puede cambiar de vida, sostenidos en la riqueza de sus ejercicios espirituales.

El Congreso Internacional sobre San Ignacio, organizado por el Cabildo de la Catedral de Córdoba y la Diócesis de Córdoba, con la colaboración con la Universidad Loyola y la

Compañía de Jesús, ha servido para profundizar en las vías por las que San Ignacio de Loyola nos invita a caminar como Iglesia. En el marco del aniversario, el encuentro propició reconocer el discernimiento como estilo de vida en la Iglesia, fruto de su conversión.

San Ignacio de Loyola y su espiritualidad no son ecos del pasado, sino una realidad palpitante de la Iglesia, que actualizada por el Espíritu Santo, permite reconocer la misión de Cristo en cada momento histórico. El encuentro con Jesucristo cambió la vida de un hombre de 30 años hace cinco siglos para ofrecernos un camino de conversión a través de los ejercicios espirituales y otros tantos cauces. Su vigencia mantiene la llama encendida para entender la acción de la Iglesia desde el discernimiento. Escuchemos su voz.

EXCMO. Y RVDMO. SR. D. DEMETRIO FERNÁNDEZ GONZÁLEZ,
OBISPO DE CÓRDOBA

# *Prólogo del Rector de la Universidad de Loyola*

A largo del 22 y 25 de junio de 2022 se celebró en Córdoba el Congreso Internacional sobre San Ignacio de Loyola. Este congreso fue organizado gracias a la colaboración con el Cabildo de la Santa Iglesia Catedral de Córdoba, a través del Foro Osio y la Diócesis de Córdoba junto a la Universidad Loyola y Compañía de Jesús.

El Congreso respondía a la llamada de la Compañía de Jesús y de su Padre General, Padre Arturo Sosa S.J., a celebrar los 500 años de la conversión de San Ignacio. Durante el congreso universitario, expertos nacionales e internacionales, religiosos y laicos, participaron de manera activa con un buen número de ponencias, comunicaciones y mesas redondas. A lo largo del mismo pudimos conocer mejor las claves de su proceso de conversión y los elementos que conforman la espiritualidad ignaciana. Igualmente, pudimos profundizar también en el importante legado educativo y social de la Compañía de Jesús en Andalucía y, especialmente en Córdoba, del que la Universidad Loyola es fruto y a la vez heredera de una labor que se ha desarrollado durante más de 450 años.

El programa académico se completó con una serie de actividades paralelas muy interesantes, muy alineadas con la tradición universitaria jesuita, como la representación teatral de *El divino impaciente* obra de José María Pemán, magistralmente interpretada por el Grupo de Teatro de la Universidad Loyola y que ha obtenido recientemente el Premio Nacional de Artes Escénicas.

Igualmente se estrenó durante el mismo el documental biográfico sobre San Juan de Ávila, titulado *Audi Filia, la llamada de Juan de Ávila*, que fue presentado por su guionista, el novelista y sacerdote Jesús Sánchez Adalid, autor de *bestsellers* internacionales como *El mozárabe*. San Juan de Ávila y San Ignacio fueron grandes colaboradores y el documental ayudó a situar el Congreso en un marco más amplio basado en el momento histórico del Siglo XVI, donde Andalucía fue protagonista del impacto apostólico y educativo que tuvo su trabajo conjunto al servicio a la Iglesia Universal. Esta colaboración quedó también plasmada en las actividades paralelas en Montilla donde se llevó a cabo la ruta avilista, en la que se recorrieron los rincones más emblemáticos en la vida de San Juan de Ávila cuyo sepulcro está confiado a la Compañía en la Basílica Pontificia que lleva su nombre.

El congreso concluyó con la ruta «Tras las huellas de los jesuitas en Córdoba», un itinerario que el rigor histórico que aportó en su diseño Wenceslao Soto S.J. del archivo histórico de la Curia Jesuita de Roma, y que puso en valor los distintos lugares en los que la Compañía de Jesús ha realizado sus obras durante más de 450 años en Córdoba. En dicha ruta se visitaron la Real Colegiata de San Hipólito, el Instituto Góngora o antiguo Colegio de Nuestra Señora de la Asunción, así como la antigua Iglesia de la Compañía.

Desde la Universidad Loyola estamos profundamente agradecidos a todos aquellos que pudieron hacer posible el Congreso abordando la figura de San Ignacio, en clave histórica pero también actual, y en el sentido de una Iglesia sinodal que discierne. Y todo ello *ad Mairoem Dei Gloriam*.

EXCMO. SR. RECTOR MGFCO. D. GABRIEL PÉREZ ALCALÁ,
RECTOR DE LA UNIVERSIDAD LOYOLA

## Palabras desde el Cabildo de la Catedral de Córdoba

Estimados lectores:

Me complace presentarles las actas del Congreso Internacional sobre san Ignacio de Loyola, celebrado en Córdoba entre los días 22 y 25 de junio de 2022. Este congreso fue organizado por la Universidad Loyola y la Compañía de Jesús en colaboración con el Cabildo de la Santa Iglesia Catedral de Córdoba, a través del Foro Osio y la Diócesis de Córdoba.

Durante este encuentro académico, que contó con la presidencia de honor de S. M. la reina Doña Sofía, exploramos la biografía y obra espiritual de San Ignacio de Loyola, centrándonos en dos aspectos fundamentales: su conversión y el discernimiento. Estos aspectos son ejemplos destacados del acercamiento y la profundización en el mensaje de Dios, desde los inicios de la juventud de San Ignacio hasta su plena entrega a Cristo en su etapa madura de vida.

El encuentro académico fue inaugurado por el Excmo. y Rvdmo. D. Demetrio Fernández González, Obispo de Córdoba, y reunió a destacados expertos en la doctrina ignaciana. Este congreso formó parte de las conmemoraciones por el 500 aniversario de la conversión de San Ignacio y atrajo, de manera presencial y online, a cerca de 1400 asistentes provenientes de multitud de países, como Italia, Portugal, Uruguay, Estados Unidos, Perú, Paraguay, México, Brasil, Ecuador, Colombia, Venezuela, Argentina, Guatemala, República Dominicana, India y Panamá, entre otros.

Quiero expresar mi agradecimiento a los profesores coordinadores de este evento: el Prof. Dr. D. Gonzalo Villagrán Medina, el Prof. Dr. D. Antonio Llamas Vela, el Prof. Dr. D. Guillermo Rodríguez Izquierdo y el Prof. Dr. D. Jesús Poyato Varo, destacando la conferencia inaugural titulada «Ignatius 500. Aproximación a la figura de San Ignacio de Loyola», ofrecida por el Padre D. Antonio Sánchez España, Provincial en España de la Compañía de Jesús. Su magnífico prólogo marcó la conmemoración de los quinientos años desde la conversión de San Ignacio y convirtió a nuestro congreso en una de las celebraciones más destacadas a nivel internacional organizadas por la Compañía de Jesús.

Durante el congreso, se enfatizó sobre la estrecha relación de San Ignacio de Loyola con San Juan de Ávila, situándolos a ambos como reformadores de la Iglesia. Esta definición fue el tema central de la conferencia del Prof. Dr. D. Antonio Llamas Vela, canónigo de la Santa Iglesia Catedral de Córdoba.

Las actas que ahora se publican recogen extraordinarios artículos que nos acercan a la figura de San Ignacio de Loyola a través de su espiritualidad y su trayectoria vital. Espero que disfruten de ellas, fruto del magnífico congreso internacional que tuve el honor de acoger durante mi tiempo como presidente del Excmo. Cabildo de la Santa Iglesia Catedral de Córdoba. Confío en que este compendio de artículos acerque vuestros corazones a Dios a través del ejemplo de la vida y obra de San Ignacio de Loyola.

Que estas páginas inspiren en ustedes un profundo aprecio por la espiritualidad de San Ignacio y por su camino de entrega a Dios. Que la lectura de estas palabras nos impulse a seguir explorando y viviendo la espiritualidad ignaciana en nuestra propia vida, y que podamos encontrar en San Ignacio un guía y maestro para nuestro propio discernimiento y crecimiento espiritual.

Con mi gratitud y mejores deseos,

P. Manuel Pérez Moya
Canónigo Penitenciario.

## Saludo del Padre General de la Compañía de Jesús a los participantes en el Congreso Internacional sobre San Ignacio de Loyola

Comienza hoy el Congreso Internacional sobre San Ignacio de Loyola que organiza la Diócesis de Córdoba a través del Cabildo de su Iglesia Catedral.

Agradezco de corazón al señor obispo, monseñor Demetrio Fernández González; al comité académico, en especial a mi querido don Antonio Llamas Vela; y a la secretaría técnica su interés generoso y abierto por la figura de san Ignacio y la espiritualidad ignaciana, así como su confianza en pedir la colaboración de la Universidad Loyola y de la Provincia de España de la Compañía de Jesús.

Me alegra que los recursos, contactos y conocimientos que hemos podido ofrecer desde la Compañía de Jesús y sus obras, ayuden al pueblo de Dios en Córdoba a profundizar en este regalo de Dios a la Iglesia, que es San Ignacio de Loyola.

El Congreso se propone sembrar, con un fuerte deseo de producir muchos frutos en la vida de la Iglesia, en la vida de todo el pueblo de Dios al servicio de la misión del Señor. Por ello, el acercamiento a la figura de San Ignacio de Loyola que se propone en el Congreso es muy lejano a un estudio arqueológico o solo a la promoción de la devoción piadosa al Santo. Es un acercamiento eficaz que busca hacer memoria de su figura y su enseñanza espiritual para inspirar nuestra vida en la Iglesia de hoy que busca responder a los grandes desafíos del cambio de época de la humanidad.

La clave desde la que se hace memoria de san Ignacio y se encuentra inspiración en su experiencia es el discernimiento espiritual, rasgo característico de la espiritual ignaciana, que ofrece una manera de vivir en este mundo y en esta Iglesia.

San Ignacio vivió a la escucha del mundo en el que vivía, atento a donde soplaba el espíritu en él. Esa constante búsqueda de la presencia y de la llamada de Dios en la historia, ha forjado el modo de proceder de la Compañía de Jesús; los frutos culturales, evangelizadores y materiales que la Compañía, desde su fragilidad, ha podido aportar a lo largo de varios siglos.

Una actitud necesaria para la Iglesia empeñada en recorrer sinodalmente este trecho complejo de la historia humana. Actitud de escucha a un mundo herido, a los hombres y mujeres de hoy.

Escuchar el espíritu para seguirlo es la manera de evitar caer fácilmente en un activismo ciego que vacía la comunidad eclesial o en el dogmatismo ideológico que seca el corazón y divide al pueblo de Dios.

Somos conscientes de cómo el discernimiento como actitud vital y espiritual es clave para la Iglesia Sinodal a la que nos llama el papa Francisco, siguiendo el mismo espíritu. El proceso de preparación del próximo sínodo, necesita el aprendizaje y ejercicio del discernimiento, tanto personal como comunitario, para lograr lo que se ha propuesto con su convocatoria.

La práctica del discernimiento que heredamos de la experiencia espiritual de Ignacio de Loyola puede marcar la vida y la misión de la Iglesia en todos los campos: transformación social, vida de familia, cuidado de los otros, restablecimiento de la sana relación con el medioambiente y la naturaleza. El congreso ofrecerá sin duda luces para ello.

En 2019 tuve el honor y el gusto de estar presente en el II Congreso Internacional sobre san Juan de Ávila, organizado también por la Iglesia de Córdoba y el Cabildo de su Iglesia Catedral. En aquella ocasión compartí algunas reflexiones en la dirección de los objetivos del presente Congreso.

En mi ponencia, titulada «Hacia una Iglesia sinodal que discierne», presentaba dos fuentes de inspiración para pensar esa realidad: San Ignacio de Loyola y el propio San Juan de Ávila. Ambas figuras excepcionales que abrieron caminos para la renovación de la Iglesia a partir de su experiencia de Dios.

Me alegra mucho ver que de nuevo, este Congreso ofrecerá una oportunidad para acercarse a la figura del maestro Ávila y a arrojar más luz sobre lo que resultó ser muy semejante en la aportación de San juan de Ávila y de San Ignacio a la historia de la Iglesia y lo propio y singular de cada uno de ellos.

En mi ponencia de 2019, mencionaba una forma de discernimiento en concreto: el discernimiento apostólico en común como medio para dar forma a ese modo de estar en la Iglesia, a la sinodalidad.

Como dije en aquella ocasión, no solo disciernen quienes tienen más alta responsabilidad en la Iglesia, sino la comunidad eclesial, que es la que discierne y escucha al espíritu. De esa manera, una primera responsabilidad de quienes tienen tareas en la Iglesia es activar esa capacidad de discernir en el pueblo de Dios. Desde esta idea, podemos ver este Congreso como una manera de activar el pueblo de Dios que camina en Córdoba, para crecer en la sensibilidad y escuchar con mayor finura la llamada del espíritu hoy en nuestro mundo herido.

El Congreso, tal y como lo han preparado los organizadores, no quiere ser una mera suma de ponencias eruditas, sino un espacio de escucha, aprendizaje, crecimiento y diálogo para todos los participantes.

Animo así a todos los que sigan este Congreso a participar en él de corazón y con toda su persona.

Que el Señor los acompañe.

Rvmo. P. Arturo Sosa Abascal, S.J.,
Prepósito General de la Compañía de Jesús

# Introducción
## Recorrido intelectual del Congreso Internacional sobre San Ignacio de Loyola
### (Córdoba, 22-25 junio de 2022)

P. Gonzalo Villagrán Medina, S.J.,
Decano Facultad de Teología Universidad Loyola

En las primeras reuniones de la comisión académica que preparó el Congreso Internacional sobre San Ignacio de Loyola se planteó rápidamente la pregunta sobre cómo acercarse a la figura de este gran santo de la Iglesia. Múltiples acercamientos son posibles: una mirada más biográfica-histórica, un acercamiento más hagiográfico, un acercamiento más devocional... En nuestro caso, en el diálogo que establecimos entre los miembros de la Comisión —formada por representantes del Cabildo de la Catedral de Córdoba y de la Universidad Loyola— vimos muy pronto que queríamos privilegiar un acercamiento que actualizara la figura de San Ignacio y ayudara a inspirar a impulsar la vida y la acción de la Iglesia hoy.

Por ello quisimos tomar el discernimiento como elemento principal de su persona y su legado en la historia de la espiritualidad. A optar por este ángulo nos impulsó mucho el hecho de que el Papa Francisco haya repetido con frecuencia la necesidad de la práctica del discernimiento en la Iglesia de hoy.

Desde este ángulo se entiende fácilmente el desarrollo del programa del Congreso que busca irnos llevando desde San Ignacio figura histórica al discernimiento como forma de estar en la Iglesia.

Así el Congreso, tras la ponencia inicial del P. Antonio España S.J. que hizo una primera aproximación a la figura de S. Ignacio a los 500 años de su conversión, siguió con varias ponencias que presentaban la biografía de Ignacio recorriendo su vida. Por una parte el P. Mark Bosco S.J. presentó la vida de Ignacio de Loyola a Manresa. Por otra, el P. Diego Molina S.J. su vida de Manresa a Roma. Finalmente, el P. Antonio Llamas nos ayudó a comprender mejor su figura al compararlo con su coetáneo san Juan de Ávila.

En un segundo momento pasamos de Ignacio a la herencia de Ignacio: la espiritualidad ignaciana. Así la Hna. Mariola López Villanueva R.S.C.J. reflexionó sobre la vivencia de la espiritualidad ignaciana hoy. Igualmente tuvimos una mesa redonda sobre San Ignacio y la educación como actualización de su espiritualidad con la participación de varias instituciones educativas de inspiración ignaciana.

En la siguiente etapa del Congreso nos centramos en el rasgo principal de la espiritualidad ignaciana que queríamos subrayar: el discernimiento. Así el P. Carlos Coupeau S.J. nos presentó una comprensión actualizada del discernimiento en San Ignacio y la Hna. Sylvie Robert S.A. desgranó los rasgos del discernimiento que pueden inspirar la vida de la Iglesia hoy.

Tras detenernos un momento a recorrer la influencia de San Ignacio y de la Compañía de Jesús en Andalucía llevados por el Hno. Wenceslao Soto S.J., entramos en la última etapa del camino intelectual que quería favorecer el Congreso y pasamos a mirar cómo el discernimiento está en la vida de la Iglesia. Así en un primer momento el P. José Mª Guibert S.J. nos ilustró sobre la manera cómo el discernimiento puede configurar el liderazgo de las instituciones. En un segundo momento tuvo lugar una mesa redonda sobre la vivencia del discernimiento en la Iglesia, en concreto en el apostolado social, en la pastoral familiar, y en el campo de la salud.

Como forma de cerrar el Congreso, reconectando con el comienzo del mismo, volvimos a conectar con la figura de san Ignacio a través de la ponencia del P. Pablo Cervera que nos presentó la autobiografía del santo como una escuela de discernimiento espiritual.

Junto con este recorrido más formal del congreso habría que añadir las fantásticas comunicaciones que se presentaron en el Congreso y que nos hablan del alto grado que alcanza hoy el estudio de la figura de San Ignacio y de la espiritualidad ignaciana.

El Congreso, pues, quiso ser una actualización de la figura de San Ignacio para la Iglesia hoy sintetizando su figura en lo que es su principal aportación a la vida de la Iglesia: el discernimiento. Una aportación que nos reta aún hoy a una vida más evangélica y a un servicio más radical de la misión de Cristo encontrándole por el discernimiento a él presente en la realidad llamándonos a seguirle.

No quisiera terminar estas líneas sin dar las gracias a las personas que hicieron posible la organización de tan estupendo Congreso: el Cabildo de la Catedral de Córdoba, que quiso embarcarse en la aventura de un Congreso Internacional para honrar la figura de San Ignacio; el Obispo de Córdoba D. Demetrio, que animó y apoyó el proyecto en todo momento; la Universidad Loyola, que en un ejemplo de colaboración intraeclesial trabajó con el Cabildo apoyando la parte más académica y de contactos institucionales de la organización del Congreso; el equipo de Tierra Creativa, que llevó a cabo con gran profesionalidad y calidad toda la parte logística del Congreso; y, por supuesto, todos y cada uno de los ponentes y comunicantes que dedicaron su tiempo y energías a compartir con nosotros su saber.

# 1. Aproximación a la figura de San Ignacio de Loyola

P. Antonio J. España Sánchez S.J.
Provincial de España de la Compañía de Jesús

## 1. HACER PRESENTE AL FUNDADOR

Acompáñenme a la pequeña sala de recibir, no lejana del cuarto donde ha escrito en sus últimos años algunos miles de cartas, donde ha dejado constancia escrita de algunas de sus experiencias más personales, donde ha completado prácticamente las Constituciones de la Compañía de Jesús, y donde, hace pocas horas, Ignacio acaba de morir. Es una noche sofocante del 31 de julio romano de 1.556. Hacía días que lo habían traído desde la «viña» de descanso de los escolares. Allí podía respirar mejor y el médico había prescrito ese retiro al padre general enfermo, con sus sospechosos dolores de estómago. Pero él mismo había repetido con insistencia que deseaba morir en su cuartel general de Roma. Es verdad que al conocer su vuelta a casa las visitas comenzaron multiplicarse. Hubo que trasladar su cama a la sala de recibir porque su cubil de trabajo, donde había dictado siempre a su secretario y donde tenía también su lecho, era demasiado angosto. Esa noche repitió varias veces «¡Ay Dios!» Y cuenta el P. Polanco, su secretario, que «Antes de dos horas del sol, estando presentes el P. Madrid y el P. Andreas de Freux, dio el alma a su Criador y Señor, sin dificultad alguna». Y añade: «Pasó al modo común de este mundo».

Sus compañeros sintieron inmediatamente la necesidad de aproximar la figura de Ignacio, como deseo hacer yo hoy, a los que lo habían conocido de cerca, a los que le demostraban afición, y a los que presumiblemente conocerían su vida y su espiritualidad en el futuro. Inmediatamente se dio la orden y un hermano jesuita realizó una mascarilla de yeso[1], tomada del cuerpo que yacía exánime sobre el suelo de rojas losetas valencianas. A pesar de las dificultades (el labio superior hinchado, el inferior demasiado oprimido por el yeso, los ojos cerrados) resultaba bien reconocible y en los días posteriores era imposible contemplar su rostro sin lágrimas. Cuando luego, el P. Giovanni Battista Velati lo coloreó con su conocida habilidad, parecía a todos tener presente a Ignacio mismo con su cabello rubio, su ralo bigote, su breve barba y sus muy vivos ojos negros. Comentaban los amigos que la fuerza que de ellos emanaba hacía olvidar su baja estatura: un metro y sesenta cms. de energía arrolladora.

Reproducir la figura de Ignacio para la posteridad era necesario, ya lo habían reconocido así sus más íntimos. El mismo año de su muerte, 1556, pidieron los compañeros al pintor florentino Jacopino del Conte se lo hiciera presente en un cuadro de mediano formato. Allí aparece sereno y lleno de mansa autoridad. Aristocrático rostro, quizá demasiado alargado en opinión de quien le había conocido bien. Dos años más tarde, en 1558, las presiones del P. Pedro Ribadeneira, lograron todavía que Alonso Sánchez Coello, retratista de la familia real española, lo pintara de nuevo guiado de un modelo en barro hecho por el H. Domingo Beltrán. Más avejentado, se pronuncian las arrugas prematuras en un rostro muy trabajado, de ojos llamativos con huellas de lágrimas frecuentes. Sí, era necesario dar a conocer

---

1    PAGE, Carlos A., Los primeros retratos de Ignacio y los inicios de la iconografía ignaciana, https://doi.org/10.31057/2314.3908.v7.n2.27671, consultado el 21.I.2022.

a Ignacio con realismo. Era un modo de mantener vivas su personalidad y su obra ante los ojos de todos.

Hacía años que dos muy cercanos compañeros suyos, el más joven de todos los profesos en ese momento, padre Luis Gonçalves de Cámara y el fiel y eficaz mallorquín Jerónimo Nadal, guardaban como un tesoro una presentación más honda. No plástica sino escrita en letras. Había sido difícil lograrla, como contaría luego el mismo Nadal:

> Yo y otros compañeros de la orden, hemos escuchado a menudo a nuestro Padre Ignacio afirmar que había pedido a Dios que ocurrieran tres cosas antes de su muerte; a saber, la confirmación papal de la Compañía, la confirmación de los Ejercicios Espirituales, y la redacción final de las Constituciones. Pensando esto, y viendo que ya se había conseguido todo, me embargó el temor de que Ignacio pudiera pasar pronto a mejor vida. (…) Es bien sabido que los hombres santos que han dado a luz una nueva orden religiosa suelen legar a ésta algunas exhortaciones edificantes como último legado suyo. Por eso he visto llegado el momento conveniente para pedirle a Ignacio que haga lo mismo. (…) Ignacio se excusó aludiendo a sus muchas ocupaciones, diciendo que no podía dedicar a eso ni su mente ni su tiempo. (…) Se celebraron las misas, y entonces prometió cumplirlo. Pero como veía que no deseaba emprender esta tarea, me atreví a decirle: «Si cumple nuestro ardiente deseo, disfrutaremos sin duda de ese enorme favor con avidez; pero si no fuere así, eso no nos hundirá, sino que seguiremos confiando en Dios tanto como si tú hubieras descrito todas esas cosas». Ignacio no respondió nada, pero ese mismo día (me parece) hizo llamar al P. Luis Gonçalves y comenzó a contarle la historia de su vida, que el padre, que tenía una excelente memoria, iba después escribiendo. Así surgieron las *Acta Ignatii*, que corren ahora de mano en mano[2].

---

2   Las noticias más detalladas sobre Nadal se encuentran en los tres volúmenes de sus cartas, que se publicaron bajo el título *Epistolae P. H. Nadal* en los años 1898-1903, como una de las series de Mon. Hist. Soc. Jesu.

Con todo no era el propósito de los fieles compañeros Cámara y Nadal, presentar la pura anécdota vital de Ignacio. Su objetivo no era dar a conocer en detalle al cortesano de Arévalo ni al soldado apasionado y vanidoso de Pamplona. Creían necesario más bien que Ignacio narrara el núcleo y génesis de su santidad, y que trasmitiera un testimonio auténtico de la acción de Dios en su vida a lo largo de su conversión[3]. Esa era la presentación que más interesaba a la Compañía naciente y la que nos interesa a nosotros ahora.

## 2. SIEMPRE Y A CUALQUIER HORA QUE QUERÍA ENCONTRAR A DIOS, LO ENCONTRABA [AU. 99]

No le fue fácil a Ignacio dictar la historia de su peregrinación interior. Hubo días en que se sentía obligado a dejar bien claro qué intención lo guiaba al poner a la vista de todos tantos aspectos de su alma, y a reiterar la sencillez con que exponía todas esas cosas. En una de esas ocasiones escuchó Cámara la tremenda confesión que constituye el rasgo central del Ignacio interior. «Siempre y a cualquier hora que quería encontrar a Dios, lo encontraba» [*Au.* 30]. Esas habían sido sus palabras. Las experiencias de sus primeros años, muy especialmente la que tuvo a poco más de una milla de Manresa no habían sido visiones limitadas en el tiempo. Habían conformado su visión de todas las cosas y su manera de ser para siempre, pero sobre todo habían dejado en su alma un cierto hábito permanente de encontrarse con Dios. Parecía increíble, pero no cabía la posibilidad de dudar: Ignacio, el antiguo cortesano, el efímero soldado, se encontraba realmente con Dios. Ir conociendo su mundo interior revelaba lo aparentemente inaudito: Dios y el hombre pueden realmente encontrarse. Una presentación de Ignacio de Loyola debe comenzar por este rasgo central: el hombre Ignacio vivía una experiencia inmediata de Dios.

---

3    «Quemadmodum ab initio suae conversionis illum Dominus gubernasset» y, «quemadmodum Dominus te instituerit ab initio tuae conversionis», AA. SS. 960.

A pesar de ser del todo inconcebible, el infinito se ha hecho asequible y encontrable, configurando una vida humana. Ignacio ha vivido la experiencia de Dios y eso dinamiza todo su ser y lo impulsará un día hacia el mundo, porque sabe que lo que él ha sentido no se le niega a nadie. Arrupe nos completaba esta visión de Ignacio con lo siguiente:

> San Ignacio procura y quiere que, una vez realizada la primera experiencia, que lleva a la primera conversión, no se la considere como un punto final, sino como un primer paso de la experiencia total, que se irá completando durante toda la vida y que debe renovarse en cada momento, de modo que el alma llegue a poder encontrar a Dios cada vez más profundamente en todas las cosas, en los acontecimientos y en las personas que nos rodean y, a través de ellas, en el fondo del propio espíritu[4].

Karl Rahner, prestando su propia voz a Ignacio, le hace decir:

Semejante convicción puede sonar como algo muy ingenuo para vuestro devoto quehacer (...) pero repito que me he encontrado con Dios, que he experimentado al mismo Dios. Y me atrevería a añadir que si dejarais vuestro escepticismo acerca de este tipo de afirmaciones (escepticismo amenazado por un subrepticio ateísmo) (...) podríais hacer esa misma experiencia[5].

Una experiencia de Dios Trino y Uno remueve inexorablemente el alma y el cuerpo. Un día rezando, «se le empezó a elevar el entendimiento, como que veía a la Santísima Trinidad en figura de tres teclas, y esto con tantas lágrimas y tantos sollozos que no se podía valer» [*Au.* 28]. «Y, oyendo Misa un día, (...) lo que él vio con el entendimiento claramente fue ver cómo estaba en aquel santísimo sacramento Jesucristo nuestro Señor» [*Au.* 29].

---

4   Cfr. ARRUPE, *Pedro, Identidad del jesuita en nuestros tiempos*, Santander, Sal Terrae 1981, p. 485.

5   Cfr. RAHNER, Karl *Palabras de Ignacio de Loyola a un jesuita de hoy*, Santander, Sal Terrae 1979, p. 6.

En el núcleo íntimo de Ignacio ha nacido un impulso irrefrenable, una profunda añoranza por hacer concreta en su vida la experiencia de la Encarnación de Dios en Jesús de Nazaret. Sus primeros tanteos lo llevarán, en la búsqueda de sus huellas físicas, a Tierra Santa, luego, por medio del estudio, a escuchar la traducción que de Él ha hecho el pensamiento humano a través de los siglos.

Sólo la experiencia inmediata de Dios Padre, Hijo y Espíritu Santo, llevará a Ignacio a pronunciar con el corazón en la mano el Eterno Señor de todas las cosas [*Ej.* 98], a decidir su entrega personal en el Tomad Señor y recibid [*Ej.* 234] y, por fin, a la consagración definitiva en el seno de la Iglesia, para así atender a la salvación y perfección del ánima propia con la gracia divina [*Co.* 3].

## 3. DEL YO AL NOSOTROS

Ignacio parece consciente, desde los primeros años de su nueva vida, de la necesidad ineludible de compartir su experiencia. La luz no viene para ponerse bajo la cama, sino para ser puesta sobre el candelero y alumbrar. Cuando el año 1550 se redacte el Examen Primero y General, que se ha de proponer a todos los que pidieren ser admitidos en la Compañía de Jesús, la vida personal de unión con Dios quedará ligada indisolublemente a la salvación y perfección de las de los prójimos [*Co* 3]. Ignacio, el peregrino que ha caminado solo y a pie hacia el propio interior, para encontrarse allí con Dios presente e inmediato, y ha sentido un día claramente que Dios Padre le ponía con Cristo su Hijo [*Au* 96], percibe que el propio crecimiento está indisolublemente unido a compartir su experiencia con otros.

El horizonte se hace más amplio, la tarea de la propia perfección pasa a convertirse en tarea que implica a muchos, y que no puede llevarse a cabo en soledad. Se precisa compañía: el peregrino que fue solo a Jerusalén no caminará en adelante nunca solo.

Ignacio, el niño que creció sin madre, había tenido quizá que vencer dificultades a la hora de desarrollar su afectividad y llegar a una socialización madura. Ahora, joven cercano a sus treinta años, encuentra que su propia vida espiritual está intensamente transida de una dimensión social, y que esto hace también que no pueda seguir adelante en su andadura a menos que ésta quede estrechamente vinculada a otras personas.

Los otros aparecen al comienzo como necesario apoyo. Ya en Manresa se acerca Ignacio a buenas mujeres que facilitan su vida y apoyan aquellos dias difíciles, situación que se repite con más intensidad en Barcelona. En los tiempos de Alcalá, aún estudiante primerizo, aparece rodeado de una breve célula de compañeros. Los inquisidores de Toledo se desplazan hasta allí y declaran sus sospechas en plural, porque buscan no a un iluminado singular, sino a los 'ensayalados' [Au 58]. Conocemos sus nombres: Arriaga, Calixto, Cáceres. No significaban quizá un apoyo eficaz para el estudio. Probablemente tampoco un apoyo afectivo de gran hondura. Quizá eran síntoma palpable de que Ignacio sentía vagamente dos cosas: la realidad de la propia limitación, y la vastedad del propósito que iba apareciendo en su horizonte.

Pero hemos de reconocer que algo atraía de ese aquel hombre, escueto en sus manifestaciones, en su vestido y en todo su proceder. Algo que invitaba a establecer con él relaciones duraderas y leales. Suele decirse que la clave para que surjan vínculos interpersonales de modo que una persona ejerza influjo y sea capaz de ejercer fuerza de persuasión, como parece ser el caso de Ignacio, debe ser doble. Es ya vieja la constatación, comúnmente aceptada, de que para que alguien atraiga con una fuerza no pasajera y ejerza influjo sobre otra, deben darse al menos dos condiciones. Que esa persona porte consigo, ante los ojos de quienes con ella se relacionan, el sello de la credibilidad, y que ejerza alguna forma de atractivo.

Posee credibilidad aquel a quien percibimos como «sabiendo lo que dice», como alguien que conoce bien y ha experimentado en profundidad lo que se atreve a manifestar al exterior. El que, además, produce la innegable impresión de ser digno de confianza, honesto y sin motivaciones ocultas que pudieran llevarle a la manipulación o el engaño. Alguien al que contemplo desde abajo hacia arriba, como a alguien que ocupa una situación misteriosamente preminente, y de quien confío que puedo recibir algo de suma importancia para mí (en el orden material o espiritual).

No es difícil analizar el atractivo de Ignacio. El atractivo de una persona viene determinado por la sensación de cercanía, de cierta semejanza (buscamos lo mismo, compartimos un mundo semejante de valores y actitudes), y por la indefinible sensación de sentirse bien al lado de esa persona. Tiene atractivo para mi aquel en quien puedo reconocer a «uno de los míos». Pero uno de los míos que me supera en cierto modo. Quizá me atrae aquel que sobresale y puede calificarse como el mejor de entre los nuestros. Para que experimentemos el atractivo de alguien, por tanto, tiene que haber surgido ya un «nosotros», del que estaca y sobresale alguno pleno de credibilidad[6]. A ese seguiremos sin mucho dudar.

Ni el sayal, ni la falta de letras impidieron desde el comienzo que en el ámbito de Ignacio aparecieran seguidores. Proyectaba una imagen, podemos deducir, que trasmitía credibilidad y producía sensación de atractivo. Pero aún resulta demasiado elemental este retrato de sus relaciones interpersonales. Su experiencia inmediata de Dios exigía buscar el bien de las almas, y ese bien de las almas ha menester del concurso de un «nosotros» —aunque sea aún incipiente— «de más quilates».

En septiembre de 1527 deja Ignacio Salamanca para dirigirse, por Barcelona, a París. La novedad del ambiente pone obstáculos y a la vez coopera a la madurez de Ignacio. El antiguo funcionario de la corte conoce sus recursos, y se siente capaz de gestionar con expertos laneros españoles de Flandes (es un favor, es más que una limosna) una fórmula

---

6    Cfr. KELMAN, Herbert C., «Compliance, identification, and internalization: Three processes of attitude change», *Journal of Conflict* Resolution, nº 2, 1958, pp. 51-60

adecuada para poder mantenerse económicamente como estudiante en la Sorbona[7], sin necesidad de mendigar en tiempo de estudio, al menos durante un curso entero. Pero, sobre todo, ha llegado a un punto de madurez personal que le va a permitir encontrar e intimar con verdaderos amigos.

Sabemos que en 1529 trata muy cercanamente con Pedro Fabro y con Francisco Javier. En 1533 comienza su amistad con Simón Rodrigues. En 1534 da los Ejercicios Espirituales a Fabro, a Laynez y Salmerón, a Rodrigues y Bobadilla, y finalmente también a Javier.

La relación maestro-seguidor está siendo superada. Ahora se están produciendo verdaderos encuentros. Es preciso recordar aquí las palabras definitivas de Martín Buber: Para que haya un verdadero encuentro no bastará tener experiencias intensas y verdaderas del mundo y de las personas. Las experiencias, al fin y al cabo, son sólo de objetos, de sentimientos que tiene él, que tiene ella, que tengo yo… al fin y al cabo experiencias de cosas. Al decirle a alguien «Tú», estoy siendo yo mismo un «Yo» pleno, está sucediendo el milagro de un «encuentro». En el encuentro el otro deja de ser una cosa más entre las cosas. «El tú llega a mi encuentro. Yo entro en relación directa, inmediata con él. Así la relación significa elegir y ser elegido; es un encuentro a la vez pasivo y activo. (…) Me realizo al contacto con un Tú; al volverme «Yo» digo «Tú»[8].

Ignacio sabía lo que era una relación que poseía la inmediatez de un encuentro Yo-Tú con Dios. Ahora va a intuir lo que significa encontrarse con sus criaturas en inmediatez gratuita. Está naciendo un nuevo nosotros en que cada uno comienza a encontrar una propia y nueva identidad personal y común a la vez. Nace un grupo de «amigos en el Señor[9]

---

7    MEDINA, Francisco de Borja, «Íñigo de Loyola y los mercaderes castellanos del Norte de Europa: La financiación de sus estudios en la Universidad de París», *Hispania sacra*, Vol. 51, nº 103, 1999, pp. 159-206

8    BUBER, Martin, Ich und Du (Yo y Tú), Trad. esp. Guillermo Ravinovich, Bs. Aires, Nueva Visión 1974, p. 15.

9    San Ignacio utiliza esta expresión en una carta a Juan de Verdolay, antiguo conocido suyo en Barcelona, en la que le dice textualmente: «De París llegaron aquí, mediado enero, nueve amigos míos en el Señor, todos maestros en

, en el que cada uno se reconoce en los otros, y en el que cada uno se realiza como persona en contacto con los demás, cada uno singular y diferente y todos misteriosamente unidos. Arrupe comenta lo siguiente sobre San Ignacio:

«Los motivos de eficacia apostólica se mezclan a los del amor mutuo, del apoyo interpersonal, en la decisión de los primeros Compañeros de constituir un grupo permanente y estructurado «de amigos en el Señor», una fraternidad que viva en comunidad. (...) Un hombre no centra nunca su amor en la idea abstracta de «la» madre, ni en la idea de la maternidad. ¡Ama a «su» madre! En cuanto jesuitas, o amamos a «nuestra» Compañía tal como es, o no amamos a ninguna. Amamos a la Compañía concreta y viva, con sus limitaciones y sus miembros pecadores»[10].

De esta multitud de encuentros brotará dentro de poco una nueva y original fuerza de pertenencia a la vez centrípeta y centrífuga: una cohesión íntima que se sabe destinada a la ayuda de las almas. Era de esperar. Cada uno de los miembros de este grupo, que han recibido los Ejercicios espirituales, y con ellos una vida nueva, sienten el agradecimiento que surge tras haber sido beneficiarios, gratuitamente de uno de los mayores dones de su vida. Ignacio ha hecho a sus amigos el enorme don de encontrar a Dios y de encontrarse unos a otros en estratos muy profundos de su ser. Es inexorable: han comenzado el largo, y a veces espinoso, camino que les llevará a la realización de actos de altruismo de los que se beneficien muchos otros. El encuentro agradecido es expansivo, no encierra, sino que abre a horizontes nuevos[11].

---

artes y asaz versados en teología, los cuatro de ellos españoles, dos franceses, dos de Saboya y uno de Portugal» MI, Epp. 118-123, [Epp 38, 2].

10  Cfr. ARRUPE, Pedro, *Identidad del jesuita en nuestros tiempos*, Santander, Sal Terrae 1981, p. 571.

11  Cfr. NOWARK, M. y ROCH, S., en su trabajo «Upstream reciprocity and the evolution of gratitude», *Proceedings of the Royal Society of London, Series B: Biological Sciences*, nº 2274, 2006, pp. 605-609, usan el expresivo término de «altruismo a contracorriente» para el altruismo que nace de haber recibido gratis. Será el camino que seguirán los amigos de Ignacio: Se sentirán impulsados a dar gratis lo recibido gratis a terceras personas, aun a aquellos que no sabían agradecer (altruismo *a contracorriente*).

# 4. UN LUGAR EN LA IGLESIA

Un grupo de amigos estrechamente unidos, que comparten la luminosa experiencia de haberse encontrado personalmente con Dios en el marco de los Ejercicios, y luego de haber llegado al encuentro cordial de unos con otros, como quien tiene una sola alma y un solo propósito en la vida, un grupo así digo, ha de dar pronto con su original modo de estar en el mundo.

Ya desde los inicios de su conversión, se propuso Ignacio entregar su vida al servicio de la Iglesia, quiso constituir parte viva de *esa* Iglesia. Algo que nunca entraría en conflicto con la radical inmediatez de su experiencia de Dios, de su experiencia mística. Del mismo modo los que se agruparon en unión muy estrecha a su alrededor, se sabían hombres de Iglesia. Pronto aquellos que no eran sacerdotes solicitarán ser ordenados, porque piensan, sin dudar, que sólo desde la Iglesia van a poder ofrecer un mayor servicio a los hombres y mujeres de su tiempo.

El grupo va creciendo: Tras larga separación de meses, cuando Ignacio hubo de dejar París para ver de mejorar su salud en Guipúzcoa, vuelven a encontrarse en Venecia. Es sorprendente la naturalidad con que los compañeros presentan en Venecia, al que era su padre en el espíritu, tres nuevos compañeros que han ganado para a causa. Se trata de Claudio Jayo, Pascasio Broët y Juan Coduri. Va apareciendo la estructura de autoridad que vive el grupo. La larga ausencia de Ignacio no supone dificultad ninguna para que su número aumente, fiados todos en que los recién llegados han hecho los Ejercicios, han podido encontrarse hondamente con Dios, y están dispuestos a ponerse a disposición del Papa Paulo III, como harán un día, entre el 18 y el 23 de noviembre de 1538, cuando se ofrezcan a Su Santidad para ser enviados adonde él determine en cumplimiento de sus votos en Montmartre (1534-08-15).

Porque una cosa estaba clara, ninguna iniciativa tomarían en el porvenir si no era a las órdenes de la Madre Iglesia. El Papa, se había apresurado a aceptar gustoso su ofrecimiento.

En este punto detectamos tensiones entre aquellos hombres. Junto a un problema de pertenencia va a surgir en el grupo un problema de autoridad. Amigos como son, amigos en el Señor, temen una inminente y dolorosa dispersión del grupo, y se urgen a sí mismos a deliberar seriamente sobre qué modo de pertenecer a la Iglesia se ajustaba para ellos mejor a la voluntad de Dios. No ponen límites a sus deliberaciones. Es la primavera de 1539, y conocemos bien el planteamiento y conclusiones de tan importante reunión: estaba en juego una cuestión clave. Nosotros, hombres de Iglesia, ¿quién somos y quién queremos ser acogidos a ella? Llegar a un acuerdo no será fácil, lo saben bien:

> «...como unos de nosotros fuesen franceses, otros españoles, uno portugués, otros saboyardos, y otros cántabros, estábamos divididos en varias sentencias y opiniones sobre este estado nuestro, si bien todos teníamos una misma mente y voluntad común, a saber, buscar la voluntad de Dios que fuera perfectamente de su agrado, conforme al objeto de nuestra vocación; sin embargo (...) había alguna pluralidad de sentencias»[12].

Desde el primer momento hacen profesión de reconocer y valorar las diferencias entre ellos, en lugar de centrarse únicamente en lo que les es común o uniforme. Curiosamente reconocen en las diferencias, inevitablemente, la más enriquecedora de las experiencias.

¿Habían de dispersarse por el mundo obedeciendo a las diversas misiones que el Papa les fuese señalando para mayor servicio de la Iglesia? La posibilidad, si bien atractiva, se revelaba al mismo tiempo dolorosa, y hubo de ser sometida a un largo proceso de discernimiento en común. Un grupo que, por voluntad de Dios, con enorme fuerza espiritual había vivido un verdadero encuentro con Dios y un íntimo encuentro interpersonal, parecía mejor que permaneciera unido. Y la razón más concluyente parecía tener que ver con la misma calidad afectiva y efectiva de su relación: «*Para tener cuidado y*

---

12 *Deliberación de los Primeros Padres*, Roma, Marzo a Junio de 1539.

*comprensión unos de otros, para mayor fruto de las almas».* Es a lo que obliga su peculiar calidad de amigos.

Decidido esto se plantean, como consecuencia, si eso suponía establecer roles diversificados entre ellos, es decir, si deben elegir alguno al que prestar obediencia, constituyéndose así en verdadera congregación al estilo de las antiguas órdenes de la iglesia.

Una *fraternidad afectiva* real, hecha de amistad y respeto, de aceptación y de acogida de las identidades humanas en toda su variedad, lleva inexorablemente a descubrir la fecundidad de las diferencias. Incluso los desacuerdos y las actitudes encontradas, cuando se manifiestan y elaboran en un contexto de comprensión, pueden contribuir a construir una unidad mejor articulada y más vital, más robusta, creativa y resistente que la total uniformidad que siempre es superficial[13].

Permanecerán unidos, pues, así lo han visto delante de Dios. Pero eso pone sobre la mesa un nuevo problema, que es el problema de la autoridad. Su intuición espiritual rechaza embarcarse en una retórica espiritualista que resuelva cualquier tensión repitiendo hasta la saciedad que el poder está destinado al servicio. Eso es sin duda verdad, pero podía servir de coartada y evitarles examinar los límites de esa autoridad, los abusos en que puede caer. Ignacio es cauto. Tardará en ver que, *sub romano Pontifice* (eso no se discute) han de dar su obediencia a uno de ellos que garantice la unidad. Ignacio experimenta serias resistencias a aceptar que la persona designada pueda ser él mismo. Cuántas escenas de abusos, propios y ajenos, pasados y presentes, reales o posible habrán pasado por su mente durante la larga estancia de tres días en San Pedro in Montorio, en sincera confesión con fray Teodosio de Todi. La voluntad de Dios se hace por fin manifiesta: Ignacio aceptará sin condiciones.

Bastaba la aprobación del Papa para que el pequeño grupo de amigos nacido en París se convirtiese en una nueva

---

13  Cfr. A este propósito CZERNY, M., «A Church which "Journeys Together". Synodality in the Era of Pope Francis», *Perspectiva Teológica.* nº 54, vol 1, 2022, pp. 67-88.

Orden religiosa dentro de la Iglesia. Ignacio pone en manos del papa el fruto de años de oración y penitencia, de mucho discernir a solas y junto a sus íntimos compañeros. En manos del Papa quedaban opciones radicales y entregas sin vuelta atrás. Quizá murmuraba Ignacio en sus horas bajas, al modo de la mística alemana Gertrude von Lefort (1876-1971), la frase tremenda dirigida a la Iglesia: «*Madre, pongo mi cabeza en tus manos / Protégeme de ti*»[14].

Ignacio se ha convertido en un gran recurso para la Iglesia. Su pequeño grupo, salido de las contemplaciones de Ejercicios, ha aprendido de él que ser miembro de la Compañía de Jesús no es contemplar a Dios en su gloria, sino en su historia. Y en la historia van a luchar por 'en todo amar y servir a Dios Nuestro Señor'. Han aprendido del Maestro que traer nuevos hijos a la Iglesia consiste en radical entrega y a la vez en iniciativa incontenible. «No pretenden reducir a los seres humanos al papel de súbditos obedientes de un Dios lejano, representado por una autoridad eclesiástica...»

Karl Rahner pone de nuevo en boca de Ignacio palabras sabias: «Cualquier amor a la Iglesia oficial que no estuviera animado y limitado por esta determinación (de ayudar a las almas) no sería más que idolatría y participación en el tremendo egoísmo de un sistema que busca su razón de ser en sí mismo»[15].


## 5. CONCLUSIÓN

En el año 1609 aquella primera y elegante pintura del rostro de Ignacio, plasmada por Jacopino del Conte ha sufrido algunos retoques. Ahora un aro de oro rodea su cabeza porque Ignacio ha sido beatificado y se prevé cercana su cano-

---

14  Citado por MADRIGAL TERRAZAS, J. Santiago, «Las Reglas ignacianas para sentir con la Iglesia: Una interpretación a modo de directorio», *Miscelánea Comillas: Revista de Ciencias Humanas y Sociales*, Vol. 58, nº 113, 2000, pp.. 427-485

15  RAHNER, Karl., *Palabras de Ignacio de Loyola a un jesuita de hoy*, Santander: Sal Terrae 1979, p. 21.

nización. Los mil jesuitas del año 1556 se han multiplicado con asombrosa celeridad en campos insospechados para el mismo Ignacio: colegios, universidades, teología, moral, ciencias naturales, humanidades, estudios lingüísticos, arte, arquitectura,… y no solo espiritualidad. Dentro de poco Ignacio, junto con Javier, Teresa de Jesús, Isidro Labrado y Felipe Neri, van a poder ser venerados como santos.

Con esta ocasión el cuarto sucesor de Ignacio como general de la Compañía, ha decidido, no sin reticencias, edificar una Iglesia en su nombre, para mejor dar a conocer su figura a los alumnos del Colegio Romano y a todos los fieles de Roma. Curiosamente el arquitecto será un jesuita, el P. Horazio Grassi, como lo será el decorador que diseñe y lleva cabo los frescos, el H. Andrea Pozzo.

Hay ya jesuitas activos en los campos más insospechados. Se está haciendo realidad la orden recibida en su día por Javier: *Ite inflammate omia!* En el centro del enorme trampantojo de la bóveda, Ignacio encuentra definitivamente al Padre. Con él se acerca al Señor un grupo de compañeros, viejos y jóvenes. No lejos de Ignacio, como no, Javier, el incondicional de los tiempos de París. Poco más allá Roberto Bellarmino, vestido de cardenal, que no se separa de su leal discípulo Luis Gonzaga. Ellos anuncian la llegada de muchos más. La peregrinación definitiva se hace también en grupo. La presentación del Ignacio más real se convierte en una larga procesión de espejos en los que su experiencia nuclear de Dios se refleja mil veces. Cada una de ellas distinta y única. Vestida al modo de diversos tiempos y lugares. Cuanto más auténtica más reconocible. Arrupe completa esta visión integral de Ignacio actualizada y contextualizada de esta manera:

> «(H)oy, más quizá que en un cercano pasado, .se nos ha hecho claro que la fe no es algo adquirido de una vez para siempre, sino que puede debilitarse y hasta perderse, y necesita ser renovada, alimentada y fortalecida constantemente. De ahí que vivir nuestra fe y nuestra esperanza a la intemperie, «expuestos a la prueba de la increencia y de la injus-

ticia», requiera de nosotros más que nunca la oración que pide esa fe, que tiene que sernos dada en cada momento»[16].

Agradezco a la Diócesis de Córdoba y a su Obispo, D. Demetrio, así como a su Catedral y autoridades que haya puesto en marcha este Congreso en estos Aniversarios Ignacianos que celebramos con la ayuda de la Universidad Loyola. Nos sigue animando que Ignacio nos invita a buscar siempre y a cualquier hora a Dios, incluso en estos tiempos inciertos. Este mismo santo nos lleva a dejar de pensar o centrarnos en nosotros mismos para pasar del yo al nosotros, que suena a humanidad y a eclesialidad con credibilidad y atractivo que nos pide una creatividad nueva y una Iglesia en salida en una Compañía, que como decía Nadal está siempre «in fieri», es decir, haciéndose y en camino en momentos de increencia, injusticia e incertidumbre.

---

16  Cfr. ARRUPE, Pedro, *Identidad del jesuita en nuestros tiempos,* Santander: Sal Terrae 1981, p. 344.

# 2. De Loyola a Manresa: La transformación espiritual de San Ignacio de Loyola

P. Mark Bosco, S.J.
Vicepresidente de Misión y Ministerio de
la Universidad de Georgetown

Huelga decir que muchos de nosotros vemos una extraordinaria coincidencia entre el 500 aniversario de la conversión de Ignacio y nuestra propia lucha contra la pandemia de Covid durante estos últimos 28 meses. Del mismo modo que una bala de cañón golpeó a Ignacio en la pierna en las murallas de Pamplona hace 500 años poniendo su mundo al revés, el coronavirus azotó al planeta trastocando todo lo que creíamos conocer sobre nuestro mundo y poniendo en pausa todo lo que habíamos venido haciendo hasta el momento. Así como Ignacio se adentró en una especie de encierro en el castillo de Loyola para recuperarse, nosotros también nos encerramos en nuestros hogares, buscando formas de sortear esta nueva realidad. Al igual que Ignacio aprovechó aquel tiempo como una oportunidad para replantearse su vida, muchos de nosotros hemos pensado en nuestro futuro, reconsiderando nuestra vocación y nuestra vida profesional a la luz de estos dos últimos años. He hecho esta comparación innumerables veces a mis alumnos, compañeros de facultad y antiguos alumnos de Georgetown. Se trata de un momento de gran coincidencia. Hoy celebramos la manera en que Ignacio salió del episodio de la bala de cañón; creo que todos estamos esperando ver cómo vamos a salir de nuestra propia bala de cañón, la pandemia. Aún no conocemos el veredicto, ni la comunidad global ni la iglesia, pero tal vez la historia de la vida de Ignacio pueda ayudarnos.

Conversión: del latín, que significa «darse la vuelta». En términos bíblicos, la conversión es siempre un proceso, un movimiento, un verbo, y nunca solo un acto o un sustantivo. Entre las muchas perspectivas académicas que existen sobre la conversión, aún hoy sigo pensando que la contribución de William James perdura por su elegante simplicidad: la conversión «unifica a un yo dividido». Así es como yo, como estudioso, interpreto los fenómenos. Así es como entiendo yo la conversión de Ignacio. Pasa de la fe superficial de un veterano militar del siglo XVI, lleno de deseos y suposiciones contradictorias sobre sí mismo, a ser un hombre con una gran libertad interior y fervor apostólico por compartirse a sí mismo para la mayor gloria de Dios. El momento de la bala de cañón desencadena un largo proceso de unificación de su yo dividido. En términos ignacianos, se trata de una conversión del desorden al orden, de los deseos contrapuestos y muchas veces superficiales a los deseos más profundos y ordenados de su relación con Dios, y de una comprensión de la fe como actuación externa a la fe como auténtica experiencia de interioridad y autocomunicación.

La conversión de Ignacio tuvo lugar hace 500 años. Sucedieron muchas cosas en el año 1521. En ese mismo año, Martín Lutero quemó públicamente la bula papal que condenaba sus distintos escritos; luego, Lutero se presenta ante la Dieta de Worms, la asamblea imperial germana, negándose a retractarse y concluyendo su testimonio con la desafiante declaración: «Aquí estoy». En respuesta, el Papa León X, el Papa Medici, cumplió su amenaza y lo excomulgó. Y mientras tanto, en una batalla en Pamplona que enfrentaba a los grandes rivales dinásticos de la época, los Habsburgo y los Valois, Íñigo, un noble vasco, cayó y luego se erigió para liderar un renacimiento espiritual. Si bien existen algunas evidencias de que Ignacio tenía algún conocimiento del luteranismo, no existe ninguna de que Lutero supiera algo sobre Ignacio o la joven Compañía de Jesús. Pero creo que es bastante curioso que la conversión de Ignacio tuviese lugar justo cuando el luteranismo estaba echando raíces, un momento en que gran parte de la élite de la cristiandad europea se estaba replanteando la salvación y la sociedad. Podríamos considerar el momento protestante como una crisis en el cuidado de la salud espiritual: nuevas voces en la sociedad se preguntaban, ¿cómo puede salvarse una persona? ¿Basta con realizar únicamente rituales para salvarnos o es algo que debamos pedir y exigir a nuestra vida interior? El punto de vista católico y predominante que Ignacio conocía defendía una relación analógica entre la fe y las buenas obras, las Escrituras y la tradición en la obra de salvación de las personas. La protesta de Lutero de *sola fide, sola gratia, sola scriptura*, no tiene cabida en esto, una ruptura dialéctica de la comprensión común e institucional de la salvación de la Edad Media. Por el contrario, Lutero anhelaba un proceso de discernimiento personal del conocimiento sentido de nuestra pecaminosidad y el reconocimiento de la misericordia de Dios. Solo la fe, predicaba Lutero, el resto es obra de Dios. Por supuesto, la corona española y la Iglesia tomarán todo tipo de medidas para frenar la infiltración de las innovaciones de Lutero. Y en este mundo, en esta tensión, Ignacio es alcanzado por una bala de cañón y comienza un viaje espiritual que transforma su percepción de sí mismo, el sentido de su vocación, su sentido de misión y, mientras tanto, nos ofrece un camino alternativo al de Lutero, un camino espiritual de la Iglesia desde la Edad Media hacia la modernidad.

Lo que pretendo hacer hoy, por tanto, es ofrecer algunos pensamientos que me sugieren continuamente lo contemporánea y universal que es la conversión espiritual de Ignacio para nosotros los posmodernos, nosotros que vivimos en pro de categorías psicológicas para definir quiénes somos y qué nos motiva, especialmente ante los problemas a los que seguimos haciendo frente con cuestiones de autoridad y conciencia. Para ello, me remitiré principalmente a las memorias de Ignacio, donde narra su conversión y el desarrollo de su vida interior. Por supuesto, estas memorias, o lo que a veces se llama sus reminiscencias o *autobiografía*, no fueron compuestas por Ignacio ni dictadas como una narración establecida. Originalmente titulada *The Deeds of Father Ignatius as written by Father Gonçalves da Câmara*, se trata de un resumen de la historia de su vida contada a sus compañeros jesuitas más cercanos en Roma. Escrita en tercera persona, lo que sugiere que existe otro agente, un instrumento más real que da forma a esta vida, el texto nos permite vislumbrar la construcción del yo cristiano *unificado*. Su intención era que fuese al mismo tiempo un trabajo de persuasión moral y de documentación histórica, describiendo a los jóvenes jesuitas los conocimientos espirituales formativos de Ignacio, una forma para que participasen en la narrativa más amplia del viaje de Ignacio a medida que iban ampliando su propia formación. De este modo, la memoria se convierte en una forma de peregrinación para todo jesuita y, quizás, en la forma de peregrinación para todos aquellos comprometidos con la espiritualidad ignaciana. Tenía algo que ofrecer a sus primeros compañeros; y tiene algo que ofrecer a sus compañeros de hoy en día. Comencemos pues.

Ignacio abre su historia con una frase sorprendente: «Hasta los 26 años de su edad fue hombre dado a las vanidades del mundo y principalmente se deleitaba en ejercicio de armas con un grande y vano deseo de ganar honra. Sigue diciendo que era un mártir de su propio placer y que imaginaba lo que había de hacer en servicio de una señora». La vanidad, la violencia y la búsqueda de mujeres son las tres cosas que le ocupan la víspera de mayo de 1521 en las murallas de Pamplona. Cae gravemente herido y es llevado a la casa de su familia, el castillo de Loyola. Su primer instinto después de ser curado fue mirar su herida, fijarse en su deformidad y aborrecer su aspecto, por lo que ordena que le rompan la pierna otra vez y la vuelvan a moldear y estirar, para poder volver a participar de sus primeros deseos de fama y romance. Sobrevive, a duras penas, a esta segunda cirugía. Aquí, en el castillo de Loyola, durante esta segunda recuperación, comienza a atisbarse el contorno del camino espiritual de Ignacio, ya que mientras está convaleciente, nota que «era muy dado a leer libros mundanos y falsos [...] y pidió que le diesen algunos dellos para pasar el tiempo». Pero en la casa solo había dos libros, una vida de Cristo y un libro de la vida de los Santos, escritos en castellano. Después de leer y pensar en los santos cuenta que se preguntaba constantemente: «¿qué sería, si yo hiciese esto que hizo San Francisco, y esto que hizo Santo Domingo?»

Estas preguntas pueden parecer típicas de alguien que intenta vivir una vida «santa», pero no hay que olvidar que Ignacio nunca se sintió cómodo en el camino de tales preguntas. En cierto modo, su alivio solo se produciría mucho más tarde a través del discernimiento de que *no* estaba llamado a ser ni Francisco ni Domingo, sino él mismo, una revelación importante que motivará su posterior fervor por la misión.

Es también en este momento cuando Ignacio manifiesta su voluntad de tratar de buscar la diferencia entre los distintos espíritus que se agitaban dentro de él. En aquel punto, aún luchaba por saber cuál era la diferencia que había entre ellos. Fue visitado, según sintió, por una visión de nuestra Señora, la virgen María, y, de repente, le fue revelada su pecaminosidad, y dejó atrás «los asuntos de la carne». Pero mientras su fervor se había encendido para seguir a Jesús y a nuestra Señora, su comprensión aún no era suficiente. Él era, como él dice, «un ánima, que aún estaba ciega, aunque con grandes deseos de servirle en todo lo que conociese». Se trata de una honesta valoración de su propia persona, una voluntad de reconocer lo poco que sabía sobre la vida de fe que con tanto fervor estaba emprendiendo. Ignacio se da cuenta de que «no sabía qué cosa era humildad, ni caridad, ni paciencia, ni discreción para reglar ni medir estas virtudes, sino toda su intención era hacer destas obras grandes exteriores, porque así las habían hecho los Santos para gloria de Dios, sin mirar otra ninguna más particular circunstancia». El ejemplo que mejor ilustra y que realmente describe lo que Ignacio estaba tratando de unir dentro de sí mismo fue su encuentro con el moro, un musulmán del sur de España, con quien habla de temas religiosos y que se niega a aceptar que la virgen María siguió virgen tras dar a luz. Nótese lo que Ignacio cuenta en sus memorias:

> Y en esto le vinieron unas mociones, que hacían en su ánima descontentamiento, pareciéndole que no había hecho su deber, y también le causan indignación contra el moro, pareciéndole que había hecho mal en consentir que un moro dijese tales cosas de nuestra Señora, y que era obligado volver por su honra. Y así le venían deseos de ir a buscar el moro y darle de puñaladas por lo que había dicho.

¿Qué hace Ignacio? Decide dejarlo al «azar» de Dios: si su mula iba por un lado, mataría al hombre, y si iba por otro, lo dejaría en paz, una comprensión ingenua del discernimiento de la voluntad de Dios en nuestro mundo. La mula, al azar pero afortunadamente, va en la dirección que termina evitando la muerte del hombre. En lo que debemos fijarnos de la historia es que este relato ilustra a Ignacio hablándonos de su falta de comprensión de la fe y de la participación de Dios en los asuntos de nuestro mundo. Ignacio critica una comprensión tan simplista de Dios en el mundo.

Finalmente, Ignacio se dirige a Montserrat y se compromete con Dios y el uso de las «armas de Cristo». Al instalarse por un tiempo en la cercana Manresa, comienza a tener visiones espirituales que no es capaz comprender, pero que luego creerá que han sido tentaciones venidas del demonio. Lo interesante es que en su propia descripción de lo que estaba experimentando en aquel momento, fue que un mundo que una vez había estado completamente, aunque superficialmente unificado dentro de él, se vuelve más complejo y variado: «Hasta este tiempo siempre había perseverado cuasi en un mesmo estado interior con una igualdad grande de alegría, sin tener ningún conocimiento de cosas interiores espirituales». Pronto descubrirá una gran fluctuación de estados espirituales internos de los que antes no era consciente y que le hicieron hacerse la pregunta: «¿Qué nueva vida es esta, que agora comenzamos?» La complejidad de su interior da paso a la forma reflexiva en la que comienza a ver la complejidad del mundo externo que lo rodea, y esto marcará una gran diferencia en el desarrollo de la vida interior de Ignacio. Sus experiencias interiores comienzan a abrir de par en par su comprensión, su definición de sí mismo. Los códigos de honor españoles ya no dictarían sus acciones como persona de fe. Comienza a ver que hay más cosas debajo de la apariencia externa de las personas y también debajo de su propio exterior.

Como ejemplo de tal descubrimiento de esta compleja vida espiritual interior, Ignacio relata su lucha contra sus propios grandes escrúpulos y cómo busca el consejo de personas espirituales que pudieran ayudarle a superarlos. Intuyó que estos escrúpulos eran un obstáculo para una fe más auténtica. A través de sus conversaciones personales con los demás, se liberará de ese control que tenían sobre él y comenzará a diversificar su visión de sí mismo en medio de esta creciente sensación de gran complejidad. Creo que lo fundamental es que lo que Ignacio estaba descubriendo era que la fe crece en la vida de una persona a través de esa apertura hacia lo que está más allá de la propia definición de uno mismo, un proceso que entrelaza el autodescubrimiento y la introspección crítica con la búsqueda de algo que va más allá de nuestra propia persona. Y esto no tiene lugar por sí solo, en una especie de lugar aislado y alejado dentro de nuestra cabeza, sino en diálogo con otros, conversando con aquellos que pudieran ayudarle a encontrar un lenguaje para lo que estaba ocurriendo y ayudarle a seguir hacia adelante. A lo largo de las memorias, las descripciones de Ignacio sobre su vida interior son vagas e incluso desprovistas de recuerdos específicos. Busca un lenguaje que se corresponda con su experiencia. Como él mismo expresa, «nunca supo explicar, ni se acordaba del todo bien de aquellas noticias espirituales, que en aquellos tiempos le imprimía Dios en el alma».

La primera crisis real para Ignacio es su sentimiento de vergüenza por sus pecados pasados. Pero la vergüenza y el orgullo son solo dos caras de la misma moneda. El orgullo y la vergüenza no son conceptos opuestos, ya que ambos son una exageración de uno mismo: si el orgullo es verse mejor de lo que realmente uno es, la vergüenza es verse peor de lo que uno es en realidad. Ni el orgullo ni la vergüenza reflejan quién es realmente una persona; más bien, ambos son distorsiones. Ignacio aún no está seguro de su propia valía, y está tan convencido de que no vale nada ante Dios que su propia valoración anula la posibilidad de recibir misericordia y absolución. Quiere analizar una y otra vez su vida pecaminosa hasta que finalmente su confesor le dice: basta. Ignacio obedece este mandato y esto le aporta cierta humildad. Hay algunos momentos desgarradores en los que Ignacio se siente desesperado, pero escuchar a su mentor le permite recibir el don de la misericordia, como si fuera la primera vez. Deja de verse a sí mismo como un superhombre en su orgullo, y como un infrahumano en su vergüenza, acepta humildemente su igualdad con los demás seres humanos. Se acepta y tiene una percepción precisa y veraz de sí mismo como pecador, pero amado y apreciado por Dios.

Reflexionar sobre este primer movimiento hacia el autoconocimiento llevará a Ignacio a abandonar algunas de sus prácticas espirituales extremas, como ayunar y dejarse crecer las uñas y el cabello, porque ahora desea encontrar un cierto equilibrio en su vida de fe. Ese sentido del equilibrio y la moderación se manifiesta como fruto del discernimiento. Se da cuenta de que en un día había dedicado siete horas a la oración, algún tiempo a conversaciones para ayudar a «algunas almas, que allí le venían a buscar, en cosas espirituales», y apenas un poco de tiempo «a pensar en cosas de Dios». Cuando se acostó aquella noche, dice que comenzaron a llegarle grandes revelaciones y consolaciones espirituales privándole del sueño. ¿Qué vislumbra Ignacio? «Vino a pensar consigo que tenía tanto tiempo determinado para tratar con Dios, y después todo el resto del día; y por aquí empezó a dubdar si venían de buen espíritu aquellas noticias, y vino a concluir consigo que era mejor dejallas, y dormir el tiempo destinado, y lo hizo así». Aunque Ignacio estaba extasiado con el consuelo espiritual, se dio cuenta de que, en la terminología moderna, estaba sufriendo una sobredosis y, por lo tanto, aquello no podía provenir de Dios si lo fatigaba y lo inquietaba tanto después. Ignacio se vuelve más claro en su percepción de sí mismo y más equilibrado en su discernimiento de los estados espirituales de su interior: «Y esto fue en tanta manera de quedar con el entendimiento ilustrado, que le parescía como si fuese otro hombre y tuviese otro intelecto, que tenía antes».

Ignacio siguió teniendo visiones de Cristo, experiencias de lo que él llama un gozo «sobrenatural» al visitar los lugares sagrados, y nos habla de sus lágrimas de consuelo al pensar en su propia muerte y posterior unión con Dios. Pero también aprendió a examinar de manera crítica toda su experiencia a la luz de la tradición católica y la autoridad de la propia iglesia, así como, finalmente, de su formación teológica que aún estaba por llegar. Su lucha por crear una nueva orden religiosa, especialmente en el contexto de la Inquisición española, le enseñó muchas cosas, incluidos sus muchos días en prisión esperando noticias sobre si lograría o no permiso para emprender su vocación personal. Ignacio desea algo nuevo. Lo que finalmente presenciamos gracias a la historia de su vida es su deseo de no predicar el evangelio directamente, como lo hacían los dominicos, sino «hablar con algunos familiarmente de cosas de Dios, como después de comer con algunas personas que nos llaman». Ignacio estaba vislumbrando un camino para sí mismo, no imitando el de otros que habían sido llamados a vocaciones muy específicas como Francisco y Domingo, sino buscando la manera de que sus propios talentos y dones únicos cumplieran con el cometido que sentía que Dios le estaba encomendando exclusivamente a él.

Me gustaría concluir este tema señalando la relación de Ignacio con la tercera persona de la trinidad, el Espíritu Santo, a la luz de su comprensión del discernimiento de los espíritus. En un momento determinado, poco después de su conversión, fue desafiado por un fraile que se preguntaba «¿De qué cosas de Dios habláis?, vosotros no sois letrados», una prueba sutil de su discernimiento espiritual, ya que aquellos que a menudo afirmaban trabajar como motivados por el espíritu estaban igualmente deseosos de desafiar a la autoridad de la iglesia como un todo. El fraile se preguntó si estaría hablando del Espíritu Santo. De hecho, Ignacio y los primeros jesuitas fueron acusados de ser alumbrados, *illuminati,* un término utilizado para describir a los practicantes heterodoxos del cristianismo místico en España durante el siglo XVI, pero también un término que se usa para describir a los infiltrados luteranos en la España católica. En un momento en que los movimientos heréticos dentro y fuera de la iglesia se basaban en afirmaciones vagas del Espíritu Santo como argumento para subvertir la autoridad institucional, Ignacio fue impulsado por su propio deseo de aprender más sobre la fe de otras personas más instruidas. Es decir, deseaba una vez más poner su vida en diálogo con las estructuras externas de la fe, y no incorporarlas ciegamente. Observamos en Ignacio esta tensión dialéctica para adecuar la propia experiencia a la enseñanza y la doctrina de la iglesia.

Esto es lo que hace que la historia de Ignacio sea aún más fascinante para nosotros, porque ganamos mucho viendo cómo consentirá convertirse en un estudiante de la iglesia y aprender teología de quienes la enseñaban, mientras que al mismo tiempo esas ideas *se equilibran* con su propia experiencia de Dios y su propia intuición sobre vivir la vida espiritual. El aprendizaje proveniente de la autoridad y el de su propia experiencia (Ignacio a menudo utiliza el verbo «sentir», que en inglés se traduce mejor como un conocimiento *sentido,* un conocimiento visceral) irían de la mano en la vida de Ignacio. Sencillamente, no podía someterse a una forma de comunicación unidireccional, ni enteramente desde su propia experiencia, ni desde una estructura institucional externa. Si bien se comprometió con la instrucción catequética, «se esforzó también por suprimir algunos abusos, y con la ayuda de Dios se puso orden en alguno». Creo que esa frase podría decepcionarnos, pero para mí, este es la clave del viaje de Ignacio: se puso orden en alguno. Sin obrar ningún milagro *per se*, sin cielos que se abrieran para revelar los misterios del paraíso, solo un buen trabajo que persistió en sus esfuerzos por poner orden en un mundo desafiado por el caos. Por decirlo de otra forma, y de una manera que hace que Ignacio nos resulte interesante en el siglo XXI, la misión de Ignacio no fue hacer milagros o buscar la intervención divina en situaciones materiales difíciles, sino simplemente usar cualquier recurso que estuviera disponible «para poner las cosas en orden». Esto señala la realidad de la presencia divina en nuestra vida cotidiana. Si ocurriese un milagro, está claro que no deberíamos rechazarlo sin más, pero se trata de un regalo desinteresado de Dios, y no de algo que alguien busque necesariamente como medio principal para construir su fe e interactuar con su mundo. También demuestra la indiferencia ignaciana, la libertad interna para estar lo suficientemente desapegado de las cosas, las personas o las experiencias, para poder tomarlas o dejarlas, dependiendo de si nos ayudan o no a «alabar, hacer reverencia y servir a Dios». Lo vemos en las propias palabras de Ignacio en el Primer Principio y Fundamento (23) en los Ejercicios Espirituales.

> Las otras cosas sobre la faz de la tierra son creadas para el hombre y para que le ayuden a conseguir el fin para el que es creado. De donde se sigue que el hombre tanto ha de usar de ellas cuanto le ayuden para su fin, y tanto debe privarse de ellas cuanto para ello le impiden. Por lo cual es menester hacernos indiferentes a todas las cosas creadas, en todo lo que cae bajo la libre determinación de nuestra libertad y no le está prohibido; en tal manera que no queramos, de nuestra parte, más salud que enfermedad, riqueza que pobreza, honor que deshonor, vida larga que corta, y así en todo lo demás, solamente deseando y eligiendo lo que más nos conduce al fin para el que hemos sido creados.

Se trata de la capacidad de dejar ir lo que no me ayuda a amar a Dios o a amar a los demás, mientras mantengo mi compromiso con lo que sí lo hace.

Por lo tanto, ubicar a Dios en lo cotidiano, los aspectos ordinarios de la vida diaria fue, a mi modo de ver, un cambio revolucionario en el discernimiento de la presencia de Dios dentro de la vida de fe, uno que permitió a las personas de fe dejar de buscar las acciones de Dios por encima o por detrás de las actividades superficiales de nuestro mundo, como si Dios estuviera detrás de una cortina, manejando las cosas como por arte de magia a nuestras espaldas. No, la experiencia de Ignacio de la presencia de Dios se halla en los encuentros transformadores que lo llevaron a replantearse su propia historia y naturaleza. Buscará compañeros con los que conversar dentro de la iglesia, para obtener datos más precisos sobre la realidad que tiene frente a él, e identificará los puntos en los que su experiencia resuena con esa realidad.

Este equilibrio, este orden, esta manera de percibir la forma de proceder se convirtió en la forma de organización de las Constituciones de la Compañía de Jesús, y sirvió como fuerza precursora para la práctica que dio lugar a los Ejercicios Espirituales. Desde el impacto de la bala de cañón, pasando por su convalecencia en Loyola, hasta su lucha contra el orgullo y la vergüenza en Manresa, lo que acontece en la vida del converso Ignacio es algo para lo que estaba destinado y que le guiaría en el futuro. Y, sin embargo, al mismo tiempo, la conversión de Ignacio es curiosamente un movimiento que tiene una cualidad de equilibrio y verosimilitud completamente abrumadora. Su propia comprensión de sus experiencias espirituales de Dios se equilibra con su disposición a someterlas a debate con las enseñanzas oficiales de la teología. Honra y da prioridad a este movimiento dialéctico entre una tradición teológica estructural y una reflexión profunda sobre su vida porque le ofrece una perspectiva equilibrada de qué podría haber más allá de su visión inmediata del mundo. No se trata de una dialéctica hegeliana que deba ser conquistada o integrada en la vida espiritual, sino que es en sí misma una forma de proceder, un mecanismo de discernimiento que mantiene unidos dentro de nosotros movimientos que aparentemente compiten entre sí. Muestra la complejidad de la vida interior, que resuena con nuestras categorías psicológicas actuales.

Lo que me lleva de vuelta a 1521 y a ese otro hombre de fe, Martín Lutero, que también tuvo la experiencia de la misericordia y la gracia inmerecidas de Dios de ser salvado y dedicarse a la misión de compartir esa gracia. La figura de Lutero es mucho más mordaz y obvia que la de Ignacio. Se podría decir que si Ignacio era capaz de vivir con la complejidad, con el color gris, Lutero necesitaba el blanco y negro. Lutero no pudo hacer lo que hizo Ignacio, que fue convivir con la tensión y confiar en su habilidad para establecer relaciones. Tal vez fuera una cuestión de temperamento o de posición social. Ignacio era hispano, educado cerca de la corte real española. Podía acceder a personas importantes de una manera que Lutero nunca pudo. Sin embargo, se enfrentaron a la misma cuestión y con una agudeza bastante novedosa que surgió de su experiencia personal de la misericordia de Dios.

> Ignacio es importante para nosotros porque también nosotros estamos atrapados en las mismas tensiones.

Los creyentes actuales sienten la vida de fe como un acto de equilibrio precario entre la tradición y sus símbolos, la realización de rituales y nuestras propias experiencias reales, pero a menudo indescriptibles. Ignacio es importante porque nos muestra una sensibilidad muy práctica y cotidiana sobre cómo vivir la vida espiritual en medio de esas tensiones. Y su historia nos devuelve al verdadero significado del servicio a los demás. El servicio a una persona, amar a una persona, es nuestro acceso a Dios. En lugar de dirigir nuestra mirada a lo milagroso o reflexionar sobre el vasto reino de las maravillas y los poderes divinos, podemos dirigir nuestra atención a la única persona que necesita que estemos presentes para ellos. Lo que ocurre desde la convalecencia de Ignacio en su dormitorio de Loyola hasta su vida en una cueva de Manresa es una transformación entre intentar sin éxito centrarse en todos los aspectos de Dios a la vez, y acabar conformándose simplemente con poner algunas cosas en orden y ocuparse de la realidad misma y las relaciones que tenía ante él. Su camino es a la vez teológico y psicológico, la transformación de una vida que había sido insatisfactoria o desordenada, un movimiento hacia las palabras y el diálogo con los demás en lugar de conquistar y coaccionar, y una disposición a entregarse al servicio de Dios. Nosotros mismos nos encontramos en mitad de un cambio cultural más radical que el que tuvo lugar en el siglo XVI. Ignacio y Lutero modelaron formas fundamentalmente nuevas de ser religiosos, basadas en la experiencia personal, en el conocimiento sentido de la acción salvadora de Dios sobre ellos. La pregunta para nosotros hoy es esta: ¿estamos preparados para dejar que Dios nos moldee de nuevo mientras atravesamos nuestro propio momento de bala de cañón, como remodeló la iglesia medieval a través de la forma y la figura de Ignacio y de otras personas? ¿Hemos aprendido a dejar que nuestro deseo de Dios ordene nuestros deseos desordenados? ¿Podemos aprender a escuchar el espíritu en nuestras relaciones, tanto dentro como fuera de la iglesia? ¿Podemos aceptar que cada uno de nosotros estamos llamados por Dios a descubrir quiénes somos de una manera más profunda? En tal caso, no solo podríamos unificarnos a nosotros mismos divididos, sino ayudar a la iglesia y al mundo a hacerlo también.

# 3. De Manresa a Roma

P. Diego M. Molina Molina S.J.
Profesor de Teología dogmática, Universidad Loyola
Miembro del Grupo de Espiritualidad Ignaciana (GEI)
de la Provincia de España de la Compañía de Jesús

## 1. INTRODUCCIÓN

Cuando en 1522 Ignacio abandona su Loyola natal para iniciar un peregrinaje a la búsqueda de la voluntad de Dios sobre su vida, le movía el deseo de servir. Si las lecturas de libros de caballería habían espoleado su fantasía haciéndole imaginarse al servicio de una dama, otras lecturas harán que el deseo de servir se dirija hacia su Señor divino, de forma paralela al caballero que sirve a señor humano.

En este primer momento el servicio a Dios se concreta como un deseo de hacer lo que los santos hicieron, el deseo de penar por la vida pasada... Será en Manresa, concretamente en la experiencia del Cardoner cuando Ignacio integre su deseo de servir a Dios con el de ayudar a las ánimas, algo que ya no le abandonará. A partir de aquí, el ayudar a las ánimas llegará a convertirse en una de las reglas de discernimiento fundamentales de cara a la vida y al apostolado de la naciente orden, y de alguna manera, el último fin que se persigue con la variada gama de acciones apostólicas.

En el tiempo que media entre la salida de Manresa y la llegada de Ignacio, ya con compañeros, a Roma para ponerse a las órdenes del Papa, la vida de san Ignacio va a estar marcada por tres realidades de distinto calibre, realidades a las que dedicaremos esta presentación: en primer lugar, el deseo de la peregrinación a Jerusalén; en un segundo momento la dedicación al estudio, y en un tercer apartado la búsqueda de compañeros con los que iniciará la Compañía de Jesús y con los que se pondrá al servicio de la Iglesia, concretando dicho servicio en la ofrenda al papado.

## 2. JERUSALÉN EN LA COSMOVISIÓN DE SAN IGNACIO

En la mente de Ignacio, Jerusalén aparece como el destino en el que quiere vivir su seguimiento.[17] Ignacio no es un caso aislado en su deseo de peregrinación a los santos lugares. De hecho, son muchos los peregrinos conocidos que visitaron Jerusalén desde el siglo XV.[18] Lo que diferencia a Ignacio de otros muchos viajeros a tierra santa es el deseo claro que lo anima. En medio de una realidad en la que las peregrinaciones a Tierra Santa, «modificados sus argumentos ideológicos, se convertirán en viajes de lujo para personas principales de los estamentos privilegiados, a los que algunos de

---

17  Como relata Ignacio en su autobiografía, ya durante su convalecencia en Loyola: «Y cobrada no poca lumbre de aquesta lección, comenzó a pensar más de veras en su vida pasada, y en cuánta necesidad tenía de hacer penitencia della. Y aquí se le ofrecían los deseos de imitar los santos, no mirando más circunstancias que prometerse así con la gracia de Dios de hacerlo como ellos lo habían hecho. Mas todo lo que deseaba de hacer, luego como sanase, era la ida a Jerusalén, como arriba es dicho, con tantas disciplinas y tantas abstinencias, cuantas un ánimo generoso, encendido de Dios, suele desear hacer» (*Autobiografía*, 9, en SAN IGNACIO DE LOYOLA, *Obras*, Madrid: BAC, 2013, p. 34).

18  Puede consultarse una relación de la literatura ibérica de las peregrinaciones a Jerusalén, así como una antología de diarios de viaje, en JONES, Joseph R. (ed.), *Viajeros españoles a Tierra Santa (siglos XVI y XVII)*, Madrid: Miraguano Ediciones – Ediciones Polifemo, 1998, pp. 95ss.

sus protagonistas calificarán de "camino sin pesadumbre"»[19], Ignacio pretende pasar una vida de penitencias y abstinencias en servicio de Dios.

El deseo de habitar en Jerusalén está en conexión con el deseo de vivir en el lugar en el que Cristo vivió... la cercanía a Cristo, incluso la cercanía física que proporciona contemplar, tocar... los lugares en los que Cristo vivió es una característica de la llamada *devotio moderna*... Dicha corriente de espiritualidad llega a contactar con lo divino a través de ver sensiblemente la humanidad de Cristo. El método que usa para ello es la contemplación y meditación acerca de dicha humanidad. Se profundiza en los detalles de la vida de Cristo, especialmente de la pasión. Se entiende, pues, que el deseo de viajar al lugar físico en el que se pueden encontrar más huellas de Cristo aparezca en Ignacio, como en otros de forma clara e insistente, algo a lo que también contribuyó sin duda la lectura del *Vita Christi*, en el que se afirma:

> Santo e piadoso ejercicio es por cierto contemplar la tierra santa de Jerusalén [...], pues que aquel soberano rey nuestro Cristo, morando en ella y alumbrándola con su palabra y doctrina, la consagró al fin con su preciosa sangre. Es aun negocio más deleitable verla con los ojos corporales y revolverla con el entendimiento, pues que en cada uno de sus lugares el Señor obró nuestra salud.[20]

---

19 GARCÍA MARTÍN, Pedro, «La Odisea al Paraíso. La peregrinación a Jerusalén de Don Fadrique Enriquez de Ribera», *Arbor*, nº 711-712, 2005, pp. 559-580, aquí 576.

20 VITA CHRISTI CARTUXANO, I, impreso en Sevilla 1537, folio 7v. En la experiencia de Manresa este deseo no varía (así aparece en la *Autobiografía* 34-35 (en SAN IGNACIO DE LOYOLA, *Obras*, Madrid: BAC, 2013, p. 48): «Íbase allegando el tiempo que él tenía pensado para partirse para Jerusalén. Y así al principio del año de 23 se partió para Barcelona para embarcarse. Y aunque se le ofrecían algunas compañías, no quiso ir sino solo; que toda su cosa era tener a solo Dios por refugio», como tampoco lo hará cuando comience la aventura grupal en París. Lo que sí varió, como ya se ha dicho es que ahora se trata de ir «a Jerusalén y gastar su vida en provecho de las almas» (Autobiografía 85, en SAN IGNACIO DE LOYOLA, *Obras*, Madrid: BAC, 2013, p. 85).

Ciertas características de la manera como san Ignacio realizará su peregrinación se mantendrán durante toda su vida (aun cuando externamente deban cambiar ciertas concreciones). San Ignacio peregrina sin provisión, sin dinero y sin compañero. Esto le ayudará a poner su confianza solo en Dios, a practicar las tres virtudes teologales de la fe, la esperanza y la caridad (que también tienen su origen y su fin en Dios) y el realizar la peregrinación en solitario se pondrá más en relación consigo mismo y con su mundo interior, por lo que será también un momento importante para profundizar en la práctica del discernimiento.

## 3. EL TIEMPO DE LOS ESTUDIOS

El segundo tema de este periplo ignaciano son los estudios, tarea a la que consagrará 13 años de su vida: desde febrero de 1524 a junio de 1537.

La motivación que llevó a san Ignacio a dedicarse al estudio cuando ya no era un muchacho va a ser la misma que le moverá en todo lo que decida a partir de Manresa. Como dice él mismo:

> Después que el dicho pelegrino entendió que era voluntad de Dios que no estuviese en Jerusalén, siempre vino consigo pensando *quid agendum* (qué haría), y al fin se inclinaba más a estudiar algún tiempo para poder ayudar a las ánimas, y se determinaba ir a Barcelona; y así se partió de Venecia para Génova.[21]

Antes de iniciar sus estudios en orden al sacerdocio, san Ignacio se consagró durante dos años al estudio de la lengua latina en Barcelona (desde febrero de 1524 a febrero / marzo de 1526). Como dice en su autobiografía:

---

21 *Autobiografía* 50, en SAN IGNACIO DE LOYOLA, *Obras*, Madrid: BAC, 2013, p. 57.

Acabados dos años de estudiar en los cuales, según le decían, había harto aprovechado, le decía su maestro que ya podía oír artes y que se fuese a Alcalá. Más todavía, él se hizo examinar de un doctor en teología, el cual le aconsejó lo mismo; y ansí se partió solo para Alcalá.[22]

Y a partir de aquí, tres son las universidades por las que san Ignacio pasó tras su vuelta de Jerusalén: Alcalá, Salamanca y París. El paso del santo por Alcalá y Salamanca no dieron el resultado apetecido en el campo de los estudios. Como afirma Pozo:

> Al final del período español de estudios, sus resultados pueden resumirse de la siguiente manera: estudió durante dos años con bastante aprovechamiento gramática latina en Barcelona; en Alcalá empleó algo más de un año en un conjunto bastante desorganizado de estudios filosóficos (lógica menor y física) y teológicos (Sentencias), del que obtuvo muy poco fruto; no llegó a realización el proyecto de estudiar en Salamanca.[23]

Llegamos así a la tercera universidad, que es la que se convertirá en el alma mater de san Ignacio. Este llega a París en febrero de 1528 y permanecerá allí hasta 1535. De hecho, la universidad de París quedará en la memoria de los primeros compañeros jesuitas como el lugar del encuentro y de la formación del grupo que dio origen a la Compañía de Jesús, pero también como el centro de estudios donde asimilaron un método que luego se recomendará y se impondrá en los colegios de la naciente orden.

En París estudiaron además de Ignacio, Fabro y Javier, Laínez y Salmerón, Claudio Jayo y Jerónimo Nadal. Allí aprendieron el amor humanista por los clásicos y la vuelta a los padres de la antigüedad cristiana, pero también afianzaron su aprecio por la teología escolástica.

---

22 *Autobiografía* 56, en SAN IGNACIO DE LOYOLA, *Obras*, Madrid: BAC, 2013, p. 60.
23 POZO, Cándido, «San Ignacio de Loyola y la teología», *Archivo Teológico Granadino*, n° 59, 1990, pp. 5-17, aquí 9.

La renombrada universidad de París tenía claras tendencias galicanas y defendió, en general, las ideas conciliaristas expuestas en Constanza y Basilea. En ella también se dan cita las corrientes humanistas de finales del s. xv y todo el siglo xvi.

Ignacio estudió las artes en el colegio de Monteagudo, mientras que escuchó la teología en el colegio de Saint Jacques, que era el convento dominico donde habían dado clase san Alberto Magno y santo Tomás de Aquino durante el siglo xiii, y que en ese momento, después del paso de Pedro Crockaert (1514) y de Francisco de Vitoria como profesores por sus aulas había tomado como libro de texto la Suma del Aquinate.

Aquí podemos encontrar el aprecio con el que san Ignacio siempre se refirió a santo Tomás, y cómo la Compañía se considerará tomista desde el principio, si bien dicha opción clara por Santo Tomás como el maestro al que hay que seguir se conectó siempre con una libertad de pensamiento para no quedarse totalmente atado en todo a lo que Tomás había enseñado, por lo que podemos hablar desde el principio de un tomismo abierto.

Así san Ignacio mandará en las constituciones que «en la Teología leeráse el viejo y nuevo Testamento y la doctrina escolástica de Santo Tomás [B]», por los que los estudiantes jesuitas van a tener desde el principio como libro de texto la *Summa Theologica,* algo que hasta ese momento sólo se producía en los conventos de los dominicos; pero al mismo tiempo, deja la puerta abierta tanto para que también se estudien las *Sentencias* de Pedro Lombardo, como para que pueda cambiarse el libro de texto cuando aparezca otro más acomodado a los tiempos que corrían, como aparece en la aclaración de las constituciones a esa prescripción sobre Santo Tomás:

> B. También se leerá el Maestro de las Sentencias. Pero si por tiempo paresciese que de otra teología no contraria a esta se ayudarían más los que studian, como sería haciéndose alguna suma o libro de Teología scolástica que parezca más

accomodada a estos tiempos nuestros, con mucho consejo y muy miradas las cosas por las personas tenidas por más aptas en toda la Compañía, y con approbación del Prepósito General della, se podrá leer.

Conocemos el nombre de algunos profesores que Ignacio tuvo en París, a partir de una carta que Fabro escribió a Diego de Gouvea en 1538, a los que felicita. Estos son Thomas Laurent y Jean Benoist (Johannes Benedictus) —dominicos—, Jacques Berthelemy —en la Sorbona—, François Le Picart y Jean Adam —Colegio de Navarra—, Pierre de Cornibus —franciscano— y Robert Wauchope. Otros autores citados por los jesuitas son Matthieu Ory y Gilles Binet y los franciscanos Michel Foullon y Richard Du Mans. Aparece también Martial Mazurier que, habiendo sido el único que tuvo simpatías por la Reforma, se convirtió después en un defensor de la ortodoxia e hizo los ejercicios espirituales con Ignacio.

Aunque no se puede decir que estos autores sean muy conocidos, se ha de admitir que fueron respetados en su época, como demuestra el hecho de que cinco de ellos estuvieran en el comité que debía asistir al coloquio propuesto con Melanchthon. Aunque no podemos rastrear las doctrinas que estos maestros de los primeros compañeros han defendido en cada uno de los puntos de la teología (entre otras cosas, porque las noticias que tenemos de ellos no nos permitirían un conocimiento detallado de su pensamiento teológico), sí que podemos captar la actitud general, la tendencia que estos autores defendían en el mundo universitario parisino. Todos ellos fueron serios oponentes del movimiento reformado que había iniciado Lutero y, también, con reservas de la línea propugnada por Erasmo.

Sobre los colegios que Ignacio frecuentó me detengo en los dos principales: Monteagudo y Santa Bárbara. El colegio de Monteagudo estuvo guiado por Standonck (al que sucedió Noël Beda), mientras que Santa Bárbara tuvo a su frente al portugués Diego de Gouvea. Ignacio no pudo conocer a Standonck, pues murió en 1504, pero su conocimiento de

Noël Beda es incuestionable, puesto que la actividad que desarrolló este autor en la facultad de París fue tal, que es el doctor en teología más conocido de París entre 1500 y 1536. Muy pronto se unió a Standonck para llevar adelante el programa de reforma de la vida colegial en París, programa que sirvió de modelo para la reforma de muchos monasterios y abadías en las cercanías de París. Desde 1504 a 1535 fue él mismo el director de Monteagudo. Al mismo tiempo, se mostró activo en todos los campos problemáticos del momento, dedicándose fundamentalmente a la lucha contra la herejía luterana: censuró libros, persiguió a humanistas y reformadores, reformó estatutos, perteneció a diversos gremios de la universidad, participó en todas las discusiones teológicas del momento, intervino en numerosas disputas y fue encargado para dar su parecer en bastantes consultas. No es extraño que fuera considerado la bestia negra de humanistas y reformadores

También Diego de Gouvea, nacido alrededor del año 1470 en Beja al sur de Portugal y principal del colegio de Santa Bárbara entre 1520 y 1548, se movía en las mismas coordenadas que Beda en cuanto a su aversión por la herejía y todo aquello que, según él, la potenciara o posibilitara. De hecho, Gouvea fue el «más vehemente oponente del erasmismo en la conferencia de Valladolid en 1527, que había sido convocada para decidir sobre la ortodoxia de Erasmo».[24] Sirvió a la inquisición en Rouen en 1532 e hizo gala de un carácter inquisitorial cuando denunció a su propio sobrino al santo tribunal. Si estuvo en contra al principio de Ignacio en Santa Bárbara, después de convirtió en uno de sus admiradores y al final defendió junto a Le Picart a la Compañía de Jesús contra la universidad.

Tenemos, por lo tanto, a Ignacio (y a sus compañeros) en contacto con claros oponentes, Standonck, Beda y Diego de Gouvea, de las corrientes humanistas que buscaban desbancar la teología escolástica, los cuales, además, hicieron de sus cole-

---

24 FARGE, James K., *Biographical Register of Paris Doctor of Theology 1500-1536*, Toronto: Pontifical Institute of Mediaeval Studies, 1980, p. 203.

gios un claro exponente del conservadurismo en la universidad. Los profesores citados por ellos son claramente abanderados de la lucha contra la herejía y se puede considerar que fue, de hecho, la universidad la que, en unión con el Parlamento, se constituyó en bastión de la tradición, que consiguió mantener libre de la herejía a Francia durante el siglo XVI.

Por la importancia que después tendrá en el devenir de la Compañía, existe un tema en el que es más difícil encontrar el entronque entre la universidad de París y la doctrina defendida por Ignacio posteriormente. Me refiero al papel del papa en la estructura eclesial. De hecho, la universidad parisina había defendido y seguía defendiendo con ahínco ciertas ideas que están en clara oposición con la doctrina que después defenderán Ignacio y los jesuitas, en especial en el tema del primado papal.

Si bien fue doctrina común de la facultad de teología de París la superioridad del concilio sobre el papa y no es difícil encontrar actuaciones de la universidad en las que ésta ha coartado el poder del papa, sería inexacto imaginar una universidad defensora de un conciliarismo radical y totalmente opuesta al papado. De hecho, la universidad siempre se ha entendido a sí misma bajo la dirección de la sede apostólica y con una función secundaria con respecto a ella y a partir de 1521 la facultad y el papado se encuentran mucho más unidas al tener que enfrentarse a un enemigo común, que no es otro que Martín Lutero y la reforma protestante, y en los artículos de fe de 1543 se declara tanto que el papa debe ser obedecido, como que es la cabeza de la Iglesia militante.

En definitiva, se puede decir que París siempre defendió que el Papa es el rector y el gobernador de la Iglesia universal, el vicario de Cristo y el sucesor de San Pedro, pero ello no la obligaba a defender también una línea eclesiológica de marcado carácter papalista y, de hecho, París nunca aceptó que el papa, en virtud de su misión recibida de Cristo, fuera infalible o que estuviera por encima del concilio universal.

La opción que Ignacio hizo, y que los primeros jesuitas profundizarán en cuanto a su defensa clara del primado papal los convirtieron, de hecho, en sus antagonistas.

## 4. LA FORMACIÓN PAULATINA DE LA COMPAÑÍA DE JESÚS

Desde los tiempos de Alcalá, Ignacio ha querido reunir compañeros, o, al menos, a partir de las conversaciones espirituales que Ignacio mantenía, empezaba a forjarse una amistad que podía dar comienzo a algo nuevo. Sin embargo, el grupo que se juntó en Alcalá fracasó por diversas razones, y no fue hasta París que floreciera un grupo más estable y que estaba dispuesto a secundar los ideales de Ignacio. El primero al que ganó Ignacio fue a Pedro Fabro, saboyano con el que convivía en el colegio de santa Barbara, y al que en el año 1532 le comunicó su deseo de vivir en Jerusalén siguiendo a Jesús y sirviendo a los prójimos. Javier era el tercero que convivía con Ignacio y Fabro y, aunque con más dificultades, acabó por rendirse a la vocación para la que Dios le llamaba. En el año 1534 Diego Laínez y Alfonso Salmerón hicieron los ejercicios y también se unieron al grupo. Los dos últimos fueron el español Nicolás de Bobadilla y el portugués Simón Rodrigues.

Este grupo de siete compañeros fueron los que hicieron el que conocemos como voto de Montmartre. El 15 de agosto de 1534 en la capilla de san Dionisio de Montmartre, los siete compañeros pronuncian sus votos. Simón Rodríguez describe así la liturgia realizada:

> El Padre Fabro celebra la Misa. Antes de dar el alimento divino a los compañeros, se dirige a ellos teniendo en las manos la Hostia Santa. Estos, de rodillas por tierra, el espíritu en Dios, pronuncian su voto, uno tras otro (desde su puesto) con voz clara de modo que todos pudieran oírle; después todos recibieron la Eucaristía. Entonces el Padre se volvió hacia el altar y, antes de recibir el pan vivificador, pronunció su voto con voz clara y decidida de modo que todos pudieron oírle.[25]

---

25 *Fontes Narrativi de S. Ignatio de Loyola et de Societatis Iesu initiis*, (edición de Cándido Dalmases), III, Roma: IHSI, 1960, pp. 24-27.

Este voto, como afirma el P. Kolvenbach «comporta la elección de un estado de vida concreto: el sacerdocio; la elección de un género de vida concreto «predicar en pobreza» y un programa apostólico concreto: «Jerusalén», es decir, ir en *peregrinación a la Ciudad Santa*».

Pero además se da el hecho de que en Montmartre la referencia al Papa aparece por primera vez. Jerusalén es todavía el objeto del deseo de Ignacio (y de sus compañeros). Pero Jerusalén no es ya un absoluto. El absoluto es «el servicio y la gloria de Cristo, ayudando a las almas»[26]. Es por ello que los primeros compañeros establecen que «si llegados a Venecia pasa un año sin encontrar ocasión de embarcar para Jerusalén, darán por cumplido el voto y, vueltos a Roma, se postrarán ante el Papa, Vicario de Cristo, ofreciéndose a él para la misión que quiera encomendarles».

La cláusula papal, por tanto, no es otra cosa que la posibilidad de llevar a cabo el servicio al que se sienten llamados. Por ello, la cláusula papal del voto de Montmartre está sujeta a tres condiciones: no poder ir a Jerusalén dentro de un año; no poder permanecer allí; no poder conseguir lo que desean, aun permaneciendo en Jerusalén. Como bien dice Leturia, el recurso al Papa es eso, un recurso. No querían ayudar al Papa, sino ser ayudados por él.[27]

El papa es el garante de que se acierta y la instancia más indicada para señalar la misión, debido a su mayor conocimiento. Con todo, esta fidelidad a la Iglesia en el Papa no supone una sacralización del papado, o de la persona del papa, por la que todo se esperaría de él, ni conduce a una pasividad por parte de Ignacio. Al contrario, Ignacio, que siempre quiere que lo que el Espíritu le dice a él sea asumido por la Iglesia-institución, en último término, por el papa, se mueve libremente y de forma espectacular para conseguir cosas de los pontífices.

---

26  GERHARTZ, Günther, «*Insuper promitto...*». *Die feierlichen Sondergelübde katholischer Orden*, Roma: Universitas Gregoriana, 1966, p. 213.
27  LETURIA, Pedro, «A las fuentes de la "romanidad" de la Compañía de Jesús (1534-1541)», en *Estudios Ignacianos*, I, Roma, IHSI 1957, pp. 239-256, aquí 244.

Por ello, la ofrenda que Ignacio y sus compañeros realizarán al papado no eliminó, en modo alguno, el discernimiento personal de Ignacio. Hugo Rahner ha sintetizado muy bien la tensión que existe en esta actitud:

> Ignacio es «romano» y «papal» en razón de su teología del discernimiento de espíritus: el vicario de Cristo en Roma es para él, por así decirlo, el factor clásico de la esencial visibilidad de la Iglesia, en función de la cual es preciso medir y juzgar lo invisible.[28]

El hecho fue que efectivamente los primeros compañeros no pudieron viajar a Jerusalén en el plazo de un año, por lo que cumplieron lo dispuesto para dicho caso, y se presentaron al papa para que él los enviara en misión. Ante la dispersión a los que iban a ser sometidos para cumplir con el envío papal, y la posible ruptura del grupo, los primeros compañeros (ya diez) realizarán una deliberación que los llevará a elegir constituirse en orden religiosa, algo que será aprobado el 27 de septiembre de 1540 por Pablo III.

Desde este momento san Ignacio vivirá en Roma dieciséis años hasta su muerte, acaecida el 31 de julio de 1556. Son el tiempo del Ignacio, prepósito general de la Compañía, organizador de una institución que a su muerte contaría ya con casi mil miembros y, a la par, místico que en la fase postrera de su vida «siempre y a cualquier hora que quería encontrar a Dios, lo encontraba».[29]

---

28  RAHNER, Hugo, «Espíritu e Iglesia», en *Ignacio de Loyola: el hombre y el teólogo,* Bilbao-Santander-Madrid: Mensajero-Sal Terrae-U.P. Comillas, 2019, pp. 373-396, aquí 378.
29  *Autobiografía 99,* en SAN IGNACIO DE LOYOLA, *Obras,* Madrid: BAC 2013, p. 103.

# 4. San Ignacio y San Juan de Ávila. Dos Reformadores

P. Antonio Llamas

Canónigo de la Santa Iglesia Catedral de Córdoba

No cabe duda que este congreso internacional de S. Ignacio de Loyola posee una fuerza mayúscula. Han sido muchas las personas que configuraron la personalidad de este Congreso Internacional. El Obispo de Córdoba, Excmo. Rvdmo. Sr. Dr. D. Demetrio Fernández González, el Cabildo Catedral, la Compañía de Jesús, y muchas personas nos han animado, para que este Congreso fuese una realidad.

S. Ignacio fue pionero de sendas nuevas, de caminos roturados en el ejercicio de servicio, el amor apasionado, de la vida agitada por las dificultades, los desamores y los entresijos de la existencia, sus problemas y angustias, sus necesidades y logros.

S. Ignacio nació en Logroño el 1 de Junio de 1491, era el menor de trece hermanos. Su nombre original era *Iñigo* que procedía del alemán *Innich, Enmech*, «*íntimo*», latinizado como *Ennecus*, popularizado en España, a causa de S. Iñigo, abad benedictino del s. XI, reformador del monasterio de Oña (Burgos)[30].

---

30  J. GARCÍA DE CASTRO (dir.), *Diccionario de Espiritualidad Ignaciana*, Mensajero, Bilbao 2007.2 975.

A partir del año 1535, aparece registrado en París, bajo el nombre de *Ignacio*, probablemente por su devoción a Ignacio de Antioquía, como consta en una carta dirigida a Francisco de Borja en 1547. De 1506 hasta 1521 vive su juventud como gentilhombre en los palacios de Arévalo y Nájera[31].

Es herido en una pierna en la defensa de Pamplona. Durante su convalecencia en Torre de Loyola se convierte a Dios leyendo la *Vita Christi* de Ludolpho de Saxonia y la *Leyenda Aurea* de Jacobo de Vorágine el año 1521. Decide ir a Tierra Santa pero antes se detiene un año en Manresa (marzo de 1522 a febrero de 1523). Su deseo de permanecer en Tierra Santa es frustrado y se ve obligado a regresar.

Estudia gramática en Barcelona, durante dos años (1525-1526), luego estudia en *la Universidad de Alcalá* (1526-1527). Se traslada a París, donde reside durante siete años (1528-1535). Recibe el título de Maestro en Artes el 14 de febrero de 1535.

Hace una estancia de tres meses en su tierra natal por razones de salud (mayo-julio de 1535), en la que no había estado desde su conversión[32].

Con la intención de volver a Jerusalén pasa un año en Venecia, donde se ordena de presbítero el 30 de Junio de 1537, junto con otros seis de sus compañeros. No celebra su primera misa hasta la medianoche del día de Navidad del año 1538, en el altar del pesebre del Señor de la Basílica de Santa María la Mayor, en Roma.

La Iglesia católica declaró santo a Ignacio de Loyola. Fue canonizado en Roma, junto a S. Francisco Javier, el doce de marzo del año 1622.

Estas dos personalidades, Juan de Ávila e Ignacio de Loyola, constituyeron un proceso importante en la historia de España. Ellos fueron dos reformadores, lucharon con las ambigüedades y controversias, en la que se debatía la Iglesia en el siglo XVI. Son dos gigantes de la espiritualidad. La centuria del siglo dieciséis los forjó en santidad para la vida.

---

31  ÍDEM, o. c., 975.
32  ÍDEM, o. c., 976.

Juan de Ávila nació en Almodóvar del Campo (Ciudad Real) en el 1500. Era nueve años menor que Ignacio de Loyola. Su familia era adinerada. Fue hijo único. Cinco periodos en la vida del Maestro Ávila.

Durante su juventud es enviado por sus padres a Salamanca para cursar cánones y leyes[33]. Poco tiempo después va a Alcalá de Henares a cursar estudios de Prima Teología. El segundo período, se produce su ordenación de presbítero, pero su afán misionero lo transforma en predicador y Apóstol de Andalucía. Sobre él revoleteaba la sombra de la Inquisición y su posterior labor en la archidiócesis de Sevilla, así como su pertenencia a la Iglesia de Córdoba. Le otorgaron un beneficio en la Parroquia de Santaella[34].

El tercer período refiere su intensa actividad en Granada, la creación de la universidad de Baeza, su encuentro con los condes de Feria, sus múltiples relaciones humanas y los últimos de su vida en Montilla[35].

El cuarto período narra su gloria, la beatificación y la canonización, así como la proclamación solemne del doctorado por Benedicto XVI. Todos querían y anhelaban que la Iglesia, inscribiera a Juan de Ávila en el catálogo de los santos. Después de no pocas vicisitudes, el Papa León XIII, lo beatifica con el breve *Apostolicis Operariis*. Era el día seis de Abril de 1894.

Concluida la beatificación del Siervo de Dios, debería iniciarse la causa de Canonización. Después de la guerra española 1936-1939, adquiere rango jurídico, como modelo de sacerdote español. Es el *Papa Pío XII* quien declara a Ávila, *patrono del clero secular español*, con el breve *Dilectus Filius*. El promotor fue el arzobispo de Granada, el Cardenal Parrado[36]. Pero pasaron dieciocho años antes de ser canonizado. El Papa Pablo VI, el día 31 de Mayo de 1970, canoniza

---

33  Creo que huye de Salamanca, posiblemente después de una fiesta de *vinos y cañas*, donde le propinan una serie de agresiones físicas y huye. Se marcha a Almodóvar del Campo, en busca de su casa paterna. Véase A. LLAMAS, Lectura orante del Audi Filia de S. Juan de Ávila, BAC, Madrid 2013, 4-12.
34  ÍDEM, o. c., 12-25.
35  ÍDEM, o. c., 25-58.
36  ÍDEM, o. c., 68.

a Juan de Ávila, elevándolo al esplendor de la santidad, como una figura sacerdotal a imitar.

El año 1971, la Plenaria de la Conferencia Episcopal Española, crea la Junta Episcopal Pro Doctorado, y el año 1990 la Conferencia Episcopal Española solicita el Doctorado de S. Juan de Ávila a la Santa Sede. La misma Conferencia Española nombra a S. Juan de Ávila, Maestro de evangelizadores el año 1999. Al año siguiente se produce un encuentro en Montilla (Córdoba), durante los días 30 y 31 de mayo. La ciudad acogió al episcopado en pleno y a más de mil sacerdotes, venidos de todas las diócesis españolas[37].

El 18 de Abril de 2002, la Congregación para la Doctrina de la Fe aprueba la *eminens doctrina* de S. Juan de Ávila. El 10 de Abril del año 2010, se entrega la Positio urbis et orbis. Concessionis tituli Doctori Eclesiae Universali Santo Ioanni de Avila. Sacerdote Diocesano, «Magistro» nuncupato.

El 18 de Diciembre del año 2010, el Congreso Plenario de los Consultores Teólogos de la Congregación de la Causa de los Santos, votó unánimemente a favor del Doctorado del Santo Maestro.

El 20 de Agosto del año 2011, el Papa Benedicto XVI, al finalizar la Eucaristía con los seminaristas de todo el mundo, con ocasión de las Jornadas Mundiales en la Catedral de Santa María Real de la Almudena, metropolitana de Madrid, proclamó que en fecha próxima San Juan de Ávila, patrón del clero secular español, será declarado doctor de la Iglesia.

El día 27 de mayo del año 2012, día de Pentecostés, durante el rezo del Ángelus, el Santo Padre Benedicto XVI dijo: «Estoy contento de anunciar que el próximo 7 de octubre, al inicio de la Asamblea ordinaria del Sínodo de Obispos, proclamaré a San Juan de Ávila doctor de la Iglesia universal»[38].

Nos aproximamos a estos dos maestros de espiritualidad, forjadores de formas nuevas de vivir la fe cristiana, en un tiempo y en unos ambientes, muchas veces contrarios a la fe, a la práctica de la esperanza y a la vivencia del amor.

---

37  ÍDEM, o. c., 68.
38  ÍDEM, o. c., 69.

El tiempo que les tocó vivir e interpretar era convulso. La Iglesia se devanaba en la ambigüedad unas veces, otras en la desidia, muchas veces, desde la primacía de la Iglesia, pero se vivía de forma contraria al mensaje de Cristo.

Estos dos santos, fueron para la vida y para el amor, para la generosidad y el servicio, para la gratuidad y el compromiso, siempre abiertos a Dios y a los hermanos. Escucharon a Dios en su Palabra, leyeron, oraron, meditaron muchas veces, diríamos diariamente, al Verbo de la vida, Jesucristo el Señor. Esa es su actitud. Luego, ellos crecieron y maduraron, cincelados por el fuego del Espíritu que impregnó su existencia. Su vida estaba redimida por Aquel que fue la Palabra divina entre los hombres.

Exponemos tres aspectos fundamentales en nuestra reflexión. El primero versa acerca de la terminología: reforma, contrarreforma, reforma protestante. El segundo trata acerca de los rasgos comunes en ambas personalidades. El tercero expone a dos reformadores en aquella hora de la Iglesia.

## 1. REFORMA, CONTRA REFORMA, REFORMA PROTESTANTE

La *Reforma* es el resurgir de nuevas nacionalidades, aunque su origen debe situarse en una reacción general contra la situación de abuso y de corrupción que se había producido en la Iglesia católica, durante los últimos años de la Edad Media. La ruptura de la unidad cristiana está, pues, dentro de esa honda preocupación que va a recorrer todo el siglo XVI, y se manifiesta en una multitud de movimientos; aunque la mayoría tienen su origen en la rebelión de Lutero, aunque no en todos era necesariamente así[39].

El Renacimiento se concreta en características distintivas de la filosofía reinante.

---

39  J. L. ABELLÁN, *El erasmismo español*, Espasa Calpe, Madrid, 1982, 54.

a) Una crítica a fondo de las doctrinas filosóficas: esco-
lasticismo y aristotelismo que conducirá a una reno-
vada influencia de Platón, del neoplatonismo y del
agustinismo.

b) Una vuelta a la filosofía grecolatina en sus fuentes originales. Así se sustituyen las doctrinas medievales por
otras más acordes con su interpretación original.

c) Un rechazo del criterio de autoridad «magister dixit».
Ello inducirá a una libertad intelectual se rechazan las
autoridades medievales para apoyarse en los filósofos
clásicos[40].

En realidad se buscaba un regreso del hombre a sí mismo:
la vuelta a los orígenes, a lo natural, donde el hombre toma
pie para desarrollar sus potencialidades. Se trata de lograr
un desarrollo de la personalidad humana, mediante un crecimiento de la libertad crítica y creadora, que caracteriza
radicalmente al Renacimiento[41]. Pero España no ha vivido
un solo Renacimiento[42].

Ortega y Gasset afirmó: «en España no ha habido de
verdad Renacimiento, ni, por tanto subversión»[43]. Pero la
negación en bloque del Renacimiento español parece exa-
gerada. Ahí están las obras de Boscán, Garcilaso, Quevedo,
Cervantes que se hicieron eco de la influencia italiana renacentista. Nos parece sensato, afirmar que nuestro país no se
ajustó a un modelo del Renacimiento previamente estable-
cido, sobre el ejemplo de uno o varios países, porque nada
indica en contra de su existencia[44].

El Renacimiento español no se adaptó a los módulos ale-
manes e italianos impuestos por la crítica, y se niega su existencia. Si no hubo Reforma, no existió el Renacimiento. Es
más, la Contrarreforma española es una reacción contra el
Renacimiento y la Reforma, sin caer en la cuenta que no

---

40  ÍDEM, o. c., 57.
41  ÍDEM, o. c., 58.
42  F. ÜBERWEG, *Grundriss der Geschichte der Philosophie III*, 1953, 206.
43  J. ORTEGA y GASSET, *La idea de principio de Leibniz y la evolución de la teoría
deductiva*, Madrid, 1958, p. 437.
44  ÍDEM, o. c., 61.

era así. La Contrarreforma es una forma peculiar —«nacional», de acuerdo con el más puro espíritu renacentista— de entender el Renacimiento, y no está en principio reñida con la Reforma[45].

No hay tal Contrarreforma, porque dicho movimiento no está inspirado exclusivamente ni principalmente en una reacción contra la Reforma protestante[46].

Es como indica en un libro reciente, el Prepósito de la Compañía de Jesús: «La idea de la Reforma y de la Contrarreforma me resulta una camisa de fuerza que puede llevar a ver en blanco y negro una historia que fue multicolor»[47].

En aquella hora, los hombres y mujeres más sensibles espiritualmente al problema de la reforma de la Iglesia empezaban por transformar su propia vida y se dedicaban a las obras de misericordia.

Hemos de ir al lenguaje, y zambullirnos en él, como si de un mar se tratara. Allí nos encontraremos con la semántica. Ella nos muestra las cualidades del lenguaje. Lo que existe en el habla y lo que hay en ella, es peculiar, individual. Lo primero es el objeto de la gramática; lo segundo, de la estilística, que, a su vez, puede ser del habla corriente o del habla literaria, pues entre una y otra no hay diferencia, sino de matiz y de grado. Aunque se puede hablar de una estilística literaria, no se puede estar de acuerdo con que la literatura es una potenciación del habla corriente, porque las unidades significan dentro de un sistema y en situación, y las mismas palabras, están insertadas en otro sistema. Sin embargo, en la medida en que son las mismas palabras, sus posibilidades de codificación lingüística interesan a los estudios literarios[48].

La oposición significante–significado es reinterpretada en la poesía española en clave idealista. Significante no es sólo la imagen acústica, sino también su exteriorización, es

---

45  ÍDEM, o. c., 65.
46  ÍDEM, o. c., 66.
47  A. SOSA S. I., *En camino con Ignacio, Sal Terrae,* Santander, 2021, p. 33.
48  M. A. GARRIDO, *Nueva Introducción a la teoría literaria,* Síntesis, Madrid, 2006, p. 105.

decir, todo lo que en el habla modifica leve o grandemente nuestro sistema psíquico.

*Significado* tampoco es igual a concepto, sino como indica Dámaso Alonso, implica un complejo entramado de *aspectos objetivos y subjetivos que representan la realidad*. El significado incluye características individualizadoras de la misma realidad, recibidas sensorialmente. La vinculación a un género actúa intelectualmente, la actitud del hablante se descarga afectivamente[49].

Los significados contemplan horizontes insospechados. Porque una obra literaria es una totalidad, un signo total, compuesto de un *significante total* y *un significado total*, porque contienen respectivamente un conjunto de *significantes* parciales y una combinación de *significados* parciales.

La expresión es el objeto de la semántica, como el sonido es de la fonética. La manifestación es la materia de contenido de la semántica funcional. La unidad del contenido lingüístico es el *significado*. Es el conjunto de los rasgos distintivos que oponen un contenido lingüístico, al resto de contenidos de su mismo paradigma (*valor*), y reflejan sus potencialidades combinatorias en la secuencia (*valencia*)[50].

Nosotros pertenecemos al siglo veintiuno. Optamos por el *significado* de ambas personalidades. Porque dicha acepción es la que describe de manera aproximada lo que estos dos gigantes de la fe cristiana, manifestaron y experimentaron en la vida diaria, y ahora conjugamos con nuestras pobres palabras.

Estamos a varios siglos de distancia de S. Ignacio de Loyola y de S. Juan de Ávila, modelos de santidad y evangelización en la Iglesia de Dios. La distancia temporal, nunca puede ser óbice, para acercarnos a ellos, en aspectos, cualidades y perspectivas. Nunca podremos juzgar, los hechos, las decisiones, los objetivos y los pensamientos de aquella hora. La historia ha cambiado, se han multiplicado los estudios, y, sobre todo, se han transformado los conceptos, la lingüística, la historia.

---

49  ÍDEM, o. c., p. 105.
50  S. GUTIÉRREZ ORDOÑEZ, *De pragmática y semántica*, Arco, Madrid, 2002, p. 313.

Evaluar objetivamente los significados que entonces tenían los conceptos, los hechos, el pensamiento, nos resulta una tarea ardua.

Es un hecho innegable que tanto Ignacio de Loyola como Juan de Ávila, fueron dos grandes reformadores que iniciaron su proceso desde sí mismos. Influyeron en la sociedad de su tiempo, pero sus posibilidades estaban condicionadas, tanto por la misma historia, como por el lenguaje, sobre todo, por los significados que ellos mismos aportaron.

Una realidad es leer y otra saber leer. Lo que muchas veces leemos son los datos históricos que manifiestan las realidades que los protagonistas de la historia revelan. Pero a los datos hemos de otorgarle el verdadero significado, no aquel que nos parece, porque concuerda con nuestra opinión, y es evidente, para un determinado grupo de pensamiento.

No podemos inventar la historia, porque ésta se escribe. Sus referencias nos hacen percibir realmente lo que sucedió. Es obvio que nunca podemos saber con objetividad los hechos acaecidos, las características de las personas que intervinieron en el proceso de ambos santos. Se impone el dato científico, la palabra adecuada, la interpretación aproximada, porque ella se compone de los signos, los símbolos, las expresiones que revelan el hecho en sí.

Es muy importante manifestar con verdadera objetividad, la historia de lo sucedido, pero con rigor histórico. Éste no es lo que el autor cree acerca de una afirmación encomendada por otros, sino contemplar en sí dicho acontecimiento, producido en el tiempo, para delimitar sus sentidos y lograr el propósito. Los que informan del hecho en sí, han de valorar con objetividad de qué se trata. Así delimitando sus acepciones, lograrán que el lector o los lectores, capten objetivamente lo que el autor o autores afirmaron sobre un hecho concreto.

*Reforma* es la acción y efecto de reformar o reformarse. Se trata de un movimiento religioso que se inició en el siglo XVI y motivó no solo la reforma de las iglesias protestantes, sino también de la Iglesia católica.

*La historia es la maestra de la vida,* decía el sabio de la antigüedad, Herodoto. La fidelidad al dato histórico no se puede obviar. Otra realidad será la interpretación. Pero la pragmática se constituye en disciplina, porque estudia el lenguaje en cuanto uso, el significado en cuanto dependiente de los elementos que intervienen en el proceso de comunicación, es decir: los emisores, los receptores, las circunstancias, el mensaje[51].

Respetar la diversidad de aproximaciones, que hasta hace poco, ha sido unilateralmente contemplada como Reforma católica, o como Contrarreforma, pero este periodo era de transición y manifestaba características de la Iglesia moderna[52]. Esta realidad es diferente de la realidad protestante en el siglo XVI, conocida tradicionalmente como la Reforma.

Jedin menciona la fundación oficial de la Compañía en el año 1540, como uno de los primeros eventos de la Contrarreforma y, en otro momento, describe el espíritu de combate con el que Ignacio, impregnó a la Compañía, especialmente mediante los Ejercicios Espirituales. El historiador jesuita H. Jedin advierte acertadamente que S. Ignacio y la Compañía han de verse también como parte de la reforma católica, recordándonos que nuestras categorías de interpretación transmiten una claridad que no se corresponde perfectamente con la complejidad de la realidad histórica. «El fin de la orden era promover la reforma dentro de la Iglesia, especialmente frente a los graves problemas suscitados por la Reforma»[53].

Dicha reforma se centraba durante los siglos XI y XII en la reforma disciplinaria y moral del episcopado. La reforma de la Iglesia se centraba en los ministerios eclesiales —*papado, episcopado y presbiterado*—. Esta legislación se contempla en los concilios de Constanza y Basilea.

---

51  M. A. GARRIDO, o. c., 81.
52  J. W. O' MALLEY, *¿Santos o demonios? Estudios sobre la historia de los jesuitas* (Mensajero, Bilbao 2016) 73.
53  ÍDEM, o. c., p. 73.

Tal definición de reforma indica por qué S. Ignacio y sus compañeros, utilizaron poco este término, aunque sí ocasionalmente. En la correspondencia de Ignacio, aparece con insólita frecuencia en tiempo de la elección del papa Marcelo II el año 1555. Ignacio habría dicho que el Papa debía reformarse a sí mismo, la casa papal o curia y a los cardenales de Roma; de hacerlo así, todo lo demás se arreglaría[54].

Los primeros jesuitas raramente hablaban de la reforma de la Iglesia, pero usaban la palabra *reformatio*. Por ella entendían dos cosas: la labor de ayuda a los conventos, para elegir mejores superiores y mantener su conducta moral y su observancia religiosa. Pero se refería con frecuencia, al cambio de corazón, efectuado en los individuos mediante los Ejercicios Espirituales y sus otros ministerios. Significaba «convicción»[55].

Otro término es *christianismus* o *christianitas* que consistía en introducir al individuo en las prácticas esenciales y tradicionales de la religión cristiana y en las responsabilidades y oportunidades sociales del creyente, mediante las obras de misericordia espirituales y corporales. Aunque no equivale a *reformatio*, la *christianitas* se relaciona con ella como con su marco[56].

La *reformatio* se puede entender como una articulación de lo que los humanistas esperaban lograr con su programa educativo. Los jesuitas entendieron el beneficio como uno de los modos de trabajar en el objetivo medieval del bien común. La expresión que mejor capta la autodefinición de los primeros jesuitas era «la ayuda de las almas»[57].

Al mirar atrás e interpretar la vida de Ignacio en este momento tardío, en ningún pasaje habla de reforma o se sugiere que él o la Compañía tuvieran algo que ver con ella[58].

---

54  ÍDEM, o. c., p. 75.
55  G. B. LADNER, *The Idea of Reform: Its Impacto on Christian Thought and Action in the Age of the Fathers*, Harvard University Press, Cambridge, 1959).
56  J. W. O' MALLEY, o. c., p. 76.
57  Esta realidad aparece con frecuencia en la *Autobiografía* de Ignacio que era una especie de testamento o espejo en que pudieran descubrir el verdadero sentido de su vocación.
58  J. W. O' MALLEY, o. c., p. 77.

La Compañía emprendió la lucha contra la Reforma con especial ardor, y lo hizo con la bendición de Ignacio. Incluso antes de esa fecha, Ignacio y sus colegas se mostraron deseosos de parar el avance del luteranismo en Italia y en otras partes. Ignacio apoyó la creación de la Inquisición romana en 1542 y fundó una década después el Colegio germánico de Roma.

¿No contribuyeron Ignacio y sus primeros compañeros a mejorar el catolicismo y, por tanto, a su reforma, con su dedicación a la *reformatio* personal, a la *christianitas*, a la *pietas*, «la ayuda de la almas», convirtiéndose, después de todo, en reformadores de la Iglesia?

Por reforma entendemos renovación, resurgimiento religioso, «gran despertar», «nuevo florecimiento» y otros muchos términos afines[59]. Las denominaciones habituales de los que sucedió en el catolicismo durante los siglos XVI y XVII, son a menudo inexactas y que, por consiguiente, oscurecen lo que por otra parte sabemos que es verdad.

Renacimiento y humanismo no son términos intercambiables, aun cuando uno no puede entenderse sin el otro. Necesitamos aplicar de alguna manera el mismo tipo de análisis riguroso a lo que se llama «catolicismo de principios de la edad moderna», por una parte, y «Reforma católica y Contrarreforma», por otra. Ambos conceptos no pueden entenderse el uno sin el otro, pero no son precisamente lo mismo. El primero es más amplio. El último no capta la realidad y, de hecho, en gran medida a veces la distorsiona.

S. Ignacio y la Compañía de Jesús deben situarse más apropiadamente bajo la primera categoría, y que solo entonces deberían relacionarse, como debe ser, con la «Reforma católica y Contrarreforma», pero, incluso así, no como fenómenos únicos. Hay otros dos que destacan[60].

En primer lugar, pocas empresas de los siglos XV y XVI tuvieron una repercusión tan importante en definitiva para el futuro del catolicismo como las misiones de nuevo mundo.

---

59  ÍDEM, o. c., 78.
60  ÍDEM, o. c., p. 79.

En segundo lugar, la reforma del Papado era un tema crucial, pero nunca llegó a realizarse de la forma que se deseaba y preveía, como indica Barbara Hallman[61]. Paolo Prodi sostiene, sin embargo, que la institución experimentó cambios significativos en su funcionamiento y en la forma de entender la autoridad política del papa, y que estos cambios se debieron no a la Reforma católica, sino a otras formas operativas en el gran cambio cultural que produjo el paso de la Edad Media a lo que llamamos Europa de comienzos de la edad moderna[62].

Como indican algunos autores, el término «reforma» exige cierta intencionalidad, cierta intención autoconsciente no solo de reanimar instituciones existentes sino de reorganizarlas según un modelo claro o sustituirlas por otras nuevas. Esta intencionalidad no estaba ausente en S. Ignacio y sus discípulos. Porque no aplicamos los términos «reformador» o «reforma» a personajes o movimientos, sencillamente porque nunca afirmaron que la reforma fuera su intención[63].

El término «reformador» terminó aplicándose a Ignacio en gran medida por ósmosis. Ignacio manifiesta en general poca conciencia de estar viviendo en una época irreligiosa o inmoral. Él era un reformador tridentino. En el marco de la *reformatio* personal, de la *christianitas*, etc., el programa jesuita consistía en sus ministerios.

Los jesuitas administraban la Palabra divina y los sacramentos, pero trabajaban fuera de la estructura parroquial. Tenían programas elaborados de formación de adultos en las Escrituras y tratamiento de temas específicos mediante «lecciones sacras», programas de predicación en las calles, los astilleros, los hospitales y las cárceles; creación de cuerpos voluntarios de adultos y niños para la enseñanza de la

---

61  B. HALLMAN, *Italian Cardinals, Reform, and the Church as Property* 1492-1563, University of California Press, Berkeley, 1985.
62  P. PRODI, The Papal Price: One Body and Two Souls: *The Papal Monarchy in Early Modern Europa*, University Press, Cambridge, 1987.
63  J. W. O' MALLEY, o. c., p. 81.

*christianitas*, ministerios de interioridad, retiros y dirección espiritual[64].

Mientras Lutero y sus seguidores destruían la fe; Ignacio y los suyos fueron suscitados por Dios para confirmarla y defenderla. Pero a pesar de todo, no describieron a Ignacio como un reformador. Sabemos que su oposición a la Reforma era fuerte, pero sus ojos en los primeros años estaban puestos en Jerusalén, no en Witenberg[65].

## 2. RASGOS COMUNES EN SAN IGNACIO DE LOYOLA Y SAN JUAN DE ÁVILA

Estos dos santos *reformaron su vida, sus circunstancias y el medio en que vivían*. Forjaron realidades nuevas. Fueron originales en la vivencia de la fe, auspiciaron el compromiso cristiano con su decisión acerca de *la pobreza* (siendo ambos de familias acomodadas). Esta realidad les permitió ser libres, responsables y ellos mismos.

Escucharon la *Palabra de Dios*. La escucha les condujo al *discernimiento*, es decir, *elegir el bien y rechazar el mal*[66]. Esta realidad común es una fundamentación original desde su propia vida, desde su fe sólida que transmite vida. Se trata de una vivencia que genera y asegura la conciencia, la acción, la decisión sopesada desde el compromiso de una verdadera *discreción*.

Fueron *líderes y servidores* de los demás en las circunstancias que vivieron. Su bien era el Señor, su dinero la riqueza de la Palabra divina que les comprometió para la vida y para el amor. Todo lo que vivieron y experimentaron fue obra del Espíritu que vive en la Iglesia, la Iglesia del siglo XVI, la época del Concilio de Trento. Europa estaba acosada por el protestantismo, no sólo de Lutero y Calvino, sino de otros

---

64  ÍDEM, o. c., 82.
65  ÍDEM, o. c., 85.
66  J. GARCÍA DE CASTRO, *Diccionario de Espiritualidad Ignaciana I* (Mensajero, Bilbao 2007) 607-615.

muchos. También existían algunos médicos de almas: Pedro Canisio, Felipe Neri, Francisco de Sales.

Muchos santos superaron controversias eclesiales, donde se midieron tomistas y molinistas, mientras el agustinismo de Bayo y de Jansenio dio lugar a nuevas confrontaciones.

La teología batalla nuevos caminos, junto a la neoescolática que es cultivada en Salamanca, Coímbra y Roma. Aparecen grandes personajes: Belarmino y Suarez, cuyo resurgimiento es la teología positiva, las ciencias bíblicas, la patrología y la historia de la Iglesia. La nueva mística consigue las metas más altas, con Santa Teresa de Jesús y S. Juan de Cruz. Reviven formas devocionales del medievo que se habían interrumpido por la penetración del protestantismo, mientras el barroco romano se afirma victoriosamente al final del siglo. El gran Jubileo del año 1600 llega a ser un gran triunfo del Papado y de la Iglesia restaurada.

Faltaba mucho para que la Iglesia se regenerase. Debía existir plena conciencia de la historia, como tuvieron tanto Ignacio de Loyola como Juan de Ávila. La misma Iglesia se regeneraba en aquel tiempo de tantas incertidumbres. Pero la llamada era a la salvación que el mismo Cristo generó con su sangre.

Los grandes santos del siglo XVI son casi exclusivamente sanadores de almas: Ignacio de Loyola, Juan de Ávila, Pedro Canisio, Felipe Neri y Francisco de Sales. La teología marcaba nuevos caminos, junto a la escolástica que se cultivaba en Salamanca y Coímbra[67].

### 3. DOS REFORMADORES: IGNACIO DE LOYOLA Y JUAN DE ÁVILA

La historia es la maestra de la vida, y como tal, hemos de acudir a ella, para conocer los datos y los hechos producidos, de la manera más correcta y concreta, sin desvirtuar la reali-

---

67  H. JEDIN, *Il Concilio di Trento*. Vol IV. Tom II (Morcelliana, Brescia 1981) 367.

dad de lo que sucedió. La Iglesia de aquella hora, se debatía muchas veces entre luces y sombras.

El historiador Hubert Jedin publicó un estudio: Reforma católica o Contrarreforma. La espiritualidad de la Contrarreforma surgió, por así decirlo, de una triple alianza entre las clarificaciones tridentinas de la doctrina ortodoxa sobre la gracia y la justificación, la insistencia práctica del momento en las obras activas y ciertos nuevos desarrollos en la enseñanza y la práctica ascéticas que promovieron esta perspectiva[68].

Jedin analizaba magistralmente la confusa historiografía sobre el catolicismo de los siglos XV-XVII y especialmente los esfuerzos de los historiadores por inventar denominaciones que indicasen adecuadamente su carácter[69].

El jesuita *Jedin* reconocía cierta validez a expresiones como «restauración católica» e incluso «renacimiento católico», pero en último término las rechazaba. Con más vehemencia aún, denegaba la categoría *Contrarreforma*, porque implicaba que todo lo importante en el catolicismo posterior a la Reforma protestante, era una reacción contra esta que se consiguió en gran medida, mediante su represión a través de la fuerza y coerción[70].

Las similitudes entre ambos santos, no solo nos sorprenden, sino que sitúan ambas personalidades como grandes garantes del Renacimiento. Todos los movimientos intelectuales de aquella hora, debían transcurrir por el tamiz personal y crítico de estos dos gigantes de la fe. Ésta estaba impregnada del humanismo de la época que conlleva una sólida vivencia reflejada en su propia existencia. Eran personas acrisoladas por la fe y el Evangelio de Cristo y llegan a ser santos y modelos de fe.

Ambos Santos fueron reformadores. La reforma comienza su andadura en cada persona que debe transformarse para el bien común. Conocemos que Ignacio creó el Colegio Romano, hoy Universidad Gregoriana de Roma que forma

---

68  J. W. O' MALLEY, o. c., 128.
69  ÍDEM, o. c., 71.
70  ÍDEM, o. c., 71.

junto al Pontificio Instituto Bíblico y el Pontificio Instituto Oriental, centros de prestigio internacional. Junto al Archivo histórico de la Universidad Gregoriana que dispone de una gran cantidad de manuscritos de época, actualmente en un arduo proceso científico de datación y estudio[71].

Juan de Ávila fue el *mentor y creador de la Universidad de Baeza*, con su perspicacia y madurez. El maestro Ávila, como acendrado fundador, sabe dirigir dicha institución, infundiéndole su sello personal, con la pedagogía propia y el método más adecuado. Las humanidades junto con la latinidad, constituían un sano ejercicio para la madurez de un método de estudio, de lectura, y al mismo tiempo, de investigación[72].

Ya en 1452 el sol de la fundación se alza en el horizonte: el recién nacido colegio se transforma en universidad. Juan de Ávila planifica y Rodrigo López paga y activa la legalización del plan. La Penitenciaria romana otorga el rescripto: *Ad hoc nos Deus pretulit*. Contiene dos concesiones de importancia capital. En primer lugar, se crea una *facultad de Artes* que consistía en el estudio de la filosofía en sus variadas manifestaciones. En segundo lugar, no habiendo en dicha ciudad otra universidad de Estudio General, se pueden conferir los grados de Bachilleres, Licenciados y Doctores[73].

En aquel siglo existía un gran intercambio entre los humanistas que escribían en latín. Juan de Ávila mantiene un gran

---

71   J. E. NIEREMBERG, *Ideas de virtud en algunos claros varones de la Compañía de Iesus. Para los religiosos della* (Madrid 1643); S. IZQUIERDO, *Noticia práctica de los exámenes de conciencia, modo de oración y addiciones que N. S. P. Ignacio enseña en el libro de sus Exercicios* (1600); S. IZQUIERDO, *Noticia práctica de los exámenes de conciencia, modo de oración y addiciones que N. S. P. Ignacio enseña en el libro de sus Exercicios (s. XVII)*; C. A. CATANEO, *Exercicios espirituales de San Ignacio* (Madrid 1754); P. SEÑERI, *Sacros panegyricos del padre Pablo Señeri* (Madrid 1758); CRETINEAU-JOLI, *Historia religiosa, política y literaria de la Compañía de Jesús* (5 vols) (Barcelona 1853); A. SALCEDO RUIZ, *Ignacio de Loyola* (Madrid 1899).

72   A. LLAMAS, *Lectura orante del Audi Filia de S. Juan de Ávila* (BAC, Madrid 2013) 160-164.

73   ÍDEM, o. c., 162.

intercambio con Ignacio de Loyola. Se conocerían posiblemente en Alcalá de Henares. Después se escriben cartas[74].

La fundación de la Universidad de Alcalá de Henares
fue concebida por Cisneros como un instrumento poderoso
para llevar a cabo la reforma cultural y espiritual del clero
y, subsidiariamente de los fieles de castilla, imprescindible,
según su criterio. No se trató de crear un centro universitario por simple amor a las *humaniores litterae,* sino con la
intención muy concreta de que el conocimiento riguroso de
las Sagradas Escrituras, en particular, y de las demás ciencias
necesarias para alcanzar el conocimiento en general, redun-
dase en una mejor formación de eclesiásticos y, por consiguiente y a largo plazo, de sus fieles[75].

Ambos santos procedían de familias adineradas. Ignacio
como ya hemos indicado, era el más pequeño de una nume-
rosa familia. Cuando Ignacio asume con plenitud la fe cristiana, fundando la Compañía de Jesús, realiza no solo los
votos de pobreza, castidad y obediencia, sino un cuarto voto,
obediencia al Papa, como sucesor de S. Pedro. Ávila hablará
del Papa, en el Segundo memorial para el Concilio de Trento
que escribe para D. Pedro Guerrero, arzobispo de Granada.

Ávila vivió pobremente en una casa de la antigua calle de
la Paz de Montilla. No poseía nada. Vive pobremente con su
secretario y discípulo, *Juan de Villarás.* Se alimentan de limosnas, es decir, lo que le ofrecían los vecinos, las monjas de
Santa Clara y a veces, los Sres. Marqueses de Priego que habi-
taban en el Palacio, cerca del monasterio de Santa Clara.

Estos dos santos reformadores vivieron los grandes males
de la vida eclesial de aquella hora. Muchos estaban arrastra-
dos por las penalidades que la Iglesia vivía. La conducta de
los sacerdotes, algunos obispos y muchos fieles, no era la adecuada. Mientras tanto, el galicanismo y el febronianismo, es
decir el rebajamiento de la autoridad del Papa, condujo a la

---

74  Muchas de ellas se refieren en la obra jesuítica *Monumenta histórica Societatis Jesu.*
75  A. ALVAR EZQUERRA, *La Universidad de Alcalá de Henares a principios del siglo XVI* (Universidad de Alcalá 2008) 15.

Iglesia hasta la revolución y la secularización que no parecía superarse.

El fundador de la Compañía de Jesús sentía la fragilidad, la desazón y los sufrimientos de su corporalidad que influenciaban en su espíritu. A veces sufría indecisiones hechas silencio, lleno de misterio. Pero sabía rumiar su existencia con los silencios del pasado.

Hasta los veintiséis años amaba la vanidad, porque le preocupaba la honra mediante las armas: torneos, duelos y desafíos que le conducían a leer libros de caballería. Rivadeneira decía que era colérico y su mente fantaseaba. Pero era grande de noble ánimo y liberal, afirmaba Polanco. Nadal aseveraba que era *populariter christianus*.

Su protector, el *Duque de Gandía* lo desamparó alguna vez. Fue herido en la defensa de Pamplona y se intervino en la rodilla, su fortaleza soportó las pruebas y recuperó la salud. Se aficionó a los libros de caballería.

Ignacio lee *Flos sanctorum*, versión libre de la leyenda aurea de Jacobo de Varazze (s. XIII). Ignacio reflexiona porque el dolor físico le clavó sus garras sin compasión durante muchas semanas. Su conversión fue única e irrepetible. Pero dicha conversión llegó a ser una subversión que le conduce a una ruptura y sacudimiento, es decir, a una a-versión. Su proceso fue largo y delicado, razonando consigo mismo en la casa de Torre Loyola.

*Ignacio* escribió los *Ejercicios Espirituales* que se practican hasta la actualidad[76]. Los ejercicios ignacianos suponen una reforma por parte de director y de los ejercitantes; de manera que su vida entrevista mediante el *discernimiento* y la *discretio*[77], configuran una nueva vida en aquel que las rea-

---

76  J. I. TELLECHEA IDÍGORAS, I*gnacio de Loyola. Solo y a pie* (Sígueme, Salamanca 1990)

77  S. G. ARZUBIALDE, Discretio en: J. GARCÍA CASTRO (dir.), *Diccionario de espiritualidad Ignaciana I*, o. c., 623-636. La palabra *discernimiento* no aparece ni una sola vez en todo el texto, en su lugar hallamos *discretio* (discreción), a la que él denominará *discreta caritas* (discreta caridad). Dicha palabra aparece cuatro veces en las *Constituciones* y veinticuatro en el *Epistolario*. Ignacio la denomina también discreta caridad y humildad. Tanto la caridad como la discreción del Espíritu Santo mostrará el modo que se debe tener. Cf. I. IGLESIAS, en *Diccionario de espiritualidad Ignaciana I*, o. c., 616-623.

liza. El santo de Loyola supo muy bien lo que decía y experimentaba, mediante este método creado por él[78].

Durante la época que Ignacio pasa en Manresa (1522-1523) compuso el núcleo de sus *Ejercicios Espirituales,* una especie de registro escrito de su propia trayectoria religiosa para la ayuda de los demás. Los ejercicios fueron aprobados por el Papa Paulo III en 1548. Como ha observado certeramente H. Outram Evennett: «Los Ejercicios eran en cierto sentido la quintaesencia, sistematizada y clarificada, del proceso de la propia conversión y decidido cambio de vida de Ignacio, y fueron concebidos para producir un cambio similar en los demás»[79].

S. Ignacio sitúa los Ejercicios Espirituales en un contenido eclesiológico. Para Ignacio la auténtica espiritualidad tenía que fundamentarse en el conocimiento de la propia pertenencia a una comunidad religiosa más grande y de la necesidad de verificar las propias inspiraciones con la ayuda de las tradiciones objetivadas de esa comunidad. Los Ejercicios se encuentran dentro de la tradición espiritual cristiana. La finalidad suena a estoica y racionalista, se apoya menos en la lógica que en la activación de los afectos, especialmente mediante las meditaciones y reflexiones fundamentales[80]

*Su autobiografía y diario espiritual.* El *peregrino,* generó cientos de vocaciones, debido a su celo apostólico y su urdimbre de Dios, capacitado para dilucidar la interioridad de muchos. Muchas personas acudían a él, para dejarse dirigir espiritualmente por su amor y su ciencia de Dios.

Pero Ignacio hasta los veintiséis años, amaba la vanidad, porque le preocupaba la honra mediante las armas: torneos, duelos y desafíos. Estas realidades le condujeron a leer libros de caballería. L. Lavelle afirma: «No dejamos de estar divididos entre lo interior y lo exterior, entre la verdad y la opinión, entre lo que quisiéramos y lo que podemos»[81].

---

78  I. DE LOYOLA, *Ejercicios espirituales* (Sal Terrae, Santander 2013).
79  J. W. O' MALLEY, o. c., 122.
80  ÍDEM, o. c., 123.
81  ÍDEM, o. c., 105.

Cabalgando en una mula salió de Loyola[82]. Iba acompañado por dos criados: Andrés de Narbaitz y Juan de Landeta. Partió solo en su mula, camino de Monserrat. Ya cerca del lugar, compró el bordón y la calabacita, atuendo obligado de peregrinos. Llega a Monserrat el 21 de marzo de 1522. Debía ejercitarse con paciencia y constancia. Se fue a hincar de rodillas delante del altar de Nuestra Señora, y unas veces de esta manera, y otras en pie, con su bordón en la mano, pasó la noche del 24 al 25 de marzo, fiesta de la Anunciación de María. Participó en la eucaristía y al amanecer se desvió a un pueblo que resultó ser Manresa[83].

Ignacio no reforma, se reforma. Era caballerosamente cristiano. Le esperaban sorpresas no imaginadas, vencerse a sí mismo y ordenar su vida, sin determinarse por afección alguna por desordenada que fuese[84].

Ávila era maestro de espíritus. Escribe el *Audi Filia*. Es autor de *Cartas* dirigidas a diversas personas. Escribe *dos Memoriales* para el Concilio de Trento, a petición del arzobispo de Granada, D. Pedro Guerrero. Realiza comentarios bíblicos: *La Carta a los Gálatas*, y otro, sobre la *Primera Carta de S. Juan*.

Era un excelente consejero de pastores y nobles, un director ecuánime del negocio de Dios. Era maestro de la fe, con la eficiencia lúcida y real de la acción pastoral.

Ávila fue un *reformador*. Parece ser que en una fiesta de toros y cañas, el Señor le manifiesta la ligereza con que los compañeros exponían a la perdición el tesoro de la vida[85]. El Maestro de Santos consideraba la necesidad de una reforma en la Iglesia, porque su enfermedad era grave y el remedio debe ser proporcionado «para llagas tan afistoladas»[86].

---

82  El símil de la *mula* nos conduce a pensar en el *discernimiento*. No porque el animal tenga capacidad para comprender. Sino porque dicho animal puede seguir un camino u otro, con tal que sea bien dirigida por quien la guía.

83  ÍDEM, o. c., 113.

84  ÍDEM, o. c., 117.

85  A. GARCÍA MORALES, *Historia de Córdoba* (Ms. Biblioteca Municipal de Córdoba) T. 2 1.10 c.117f. 522r. véase L. SALAS BALUST – F. MARTÍN HERNÁNDEz, *S. Juan de Ávila*. Obras completas I (BAC, Madrid 2007) 24-25.

86  M. E. GONZÁLEZ RODRÍGUEZ (ed.), *S. Juan de Ávila. Magisterio vivo* (BAC, Madrid 2013) 65-73.

Las causas de la enfermedad eclesial de aquella hora eran, la mala conciencia que buscaba justificación a las pasiones, la justicia divina que parece permitir uno pecados como castigo de otros. Se hace necesaria una cura de humildad y aspirar a confiar en la Providencia de manera constante. Es imprescindible una reforma integral, es decir, de la mente y del corazón y de las obras[87].

Es obvio que *Ignacio* es al que Dios, en palabras del mismo Ávila, había encargado esa obra a otro que es vuestro Ignacio, a quien ha tomado por instrumento de lo que yo deseaba hacer y no acababa. Repitió la misma idea poco después a Jerónimo Nadal: «Yo he sido como un niño que trataba muy de veras subir una piedra por una cuesta boltando, y nunca puede, y viene un hombre y fácilmente sube a piedra: ansi ha sido el P. Ignatio»[88].

De tal manera que el mismo Ignacio se había referido a la similitud de proyectos en 1550 «[...] que en tanta uniformidad de voluntades y modo de proceder del Mtro. Ávila y nosotros, que no me parecer que quede sino que, o nosotros nos juntemos con él, o él con nosotros, para que las cosas del divino servicio mejor se perpetúen»[89]. Existe otra variante de esta réplica de Ignacio:

S. Ignacio dijo respondiendo un día al P. Nadal: «Quisiera el santo maestro venirse con nosotros, que le traxéramos en hombros como al arca del Testamento, que diferencia se ha de hacer en las personas[90]. Existe otra variante de esta réplica de Ignacio: «Quisiera el santo maestro venirse con nosotros, que le trajéramos en hombros como al Arca del Testamento, por ser el archivo de la Sagrada Escritura, que si esta se perdiere, el sólo la restituiría a la Iglesia»[91]

¿Cuál es el significado de Arca de Testamento? ¿Cúal es el significado de Arca de la Alianza? La expresión hebrea

---

87  ÍDEM, o. c., 73.
88  EPISTOLAE P. HIERONYMi NADAL SOCIETATIS JESUS ab anno 1546 ad 1577 (Madrid – Roma 1898-1962): I, 226.
89  W. SOTO ARTUÑEDO, o. c., 13.
90  J. DE PINEDA RAMÍREZ DE ARELLANO (Madrid 1790) 60-61.
91  *Proceso de Beatificación de Juan de Ávila*, f. 1016, b. Véase también: L. SALA BALUST, *Obras Completas I* (1970) 60-61.

`arôn b'rît estaba construida por una casa de madera de aca-
cia revestida de oro, equipada con dos varas, para ser trans-
portada y cubierta por una tapa de oro, soportado por dos
querubines con las alas abiertas. Contenía las tablas del
Decálogo y según una tradición rabínica, tomada de la Carta
a los Hebreos (Hb 9, 4), un vaso de oro con maná y la vara
de Aarón. Era el signo más sagrado de la presencia de Dios
que constituía el trono. El arca a acompañó a los israelitas a
través de sus múltiples vicisitudes históricas hasta la época
salomónica[92].

Ambos santos fueron *creadores y reformadores*, para vivir de
manera auténtica, la vida cristiana. Eran dos creyentes de
oración intensa y vida humilde, transformaron con su comportamiento la vivencia de la fe cristiana y fueron verdaderos
fermentos del Evangelio.

La textura espiritual de esos dos santos que vivieron sus
momentos existenciales con gran intensidad. Ignacio decía:
*no el mucho saber harta y satisface el alma, sino sentir y gustar inte-
riormente*[93] *y da reglas para sentir con la Iglesia*[94].

Ávila poseía una fe inquebrantable en la providencia
divina, pues la *misericordia divina es sin tacha*. La «verdad de
vida cristiana se ha de procurar, para que, mirándola Dios,
se amanse con su pueblo y sea servido de convertir a los erra-
dos o tener en pie a los que hemos quedado»[95].

Estos dos santos deseaban una reforma integral de la cristiandad, *in capite et in membris*[96]. Ambos poseían una vida
intensa de oración al Señor. Discernían cada movimiento
interior y cada experiencia, bien de la oración, de la lectura
o del estudio, porque se adiestraron como maestros de espíritu. Aconsejaban, escribieron libros, nacidos de su mente y
de su amor a la Iglesia y a los creyentes que la configuraban.

92  J. HERIBAN, *Dizionario terminoloico-concettuale di Scienze Bibliche e Ausilairie*
    (Las – Roma 2005) 153.
93  I. DE LOYOLA, *Ejercicios Espirituales*, 151.
94  ÍDEM, 353-370
95  M. E. GONZÁLEZ RODRÍGUEZ, o. c., 72.
96  ÍDEM, o. c., 76-83.

*S. Ignacio* tenía el discernimiento como centro de su vida y de su actividad. Todo hecho pasaba a través de este análisis de sí mismo y de los demás. El Espíritu le sugería y él se dejaba llevar y conducir por Él. Nunca le puso reparos y dejó que la divinidad le ocupara su ser íntegro en las dificultades, las experiencias, los sinsentidos de su propia vida, la cotidianidad.

Los *ejercicios espirituales* escritos por S. Ignacio suponen un gran impulso hacia la interioridad, es decir, hacia la aceptación sincera de la acción de Dios en la propia vida mediante el cultivo de la oración. Dicho impulso hacia la interioridad se manifestó en la enseñanza del catecismo a los adultos y a los niños[97].

Los contenidos de dicha enseñanza eran el creado apostólico, los diez mandamientos y las oraciones básicas, las obras de misericordia. En el tiempo de Ignacio la práctica de estas obras, era llamado *christianitas*. En definitiva se trataba cómo ser cristianos en el sentido pleno de la palabra, con conciencia de responsabilidad social[98].

Ignacio convertido en el torreón de Loyola el año 1521, pasó meses en oración y contemplación en la ciudad de Manresa y que Dios le estaba enseñando de manera personal y directa, para guiarle en su vida y en sus elecciones. Los Ejercicios espirituales se basaban en esta convicción, pues Dios opera en toda vida humana[99].

Ignacio se reconcilia también con el mundo. Porque llegó a amar y a ver, como don de Dios, las cosas que antes temía. Estaba en el camino de desarrollar una espiritualidad amiga del mundo. Desarrollaba también otro aspecto de su espiritualidad, la llamada a ayudar a los demás. La *ayuda de las almas* es lo que quería que fuera la finalidad de la Compañía de Jesús. Serán las instituciones sociales los que serán poderosos para dicha ayuda[100].

---

97  J. W. O' MALLEY, *¿Santos o Demonios?* o. c., 203.
98  J. VAN ENGEN, *"The Christian Middle Ages as an Historigraphical Problem":* The *American Historical Review 91* (1996) 519-552.
99  J. W. O' MALLEY, o. c., 204.
100 ÍDEM, o. c., 205.

*S. Juan de Ávila* nunca se dejó vencer por el mal espíritu, sino que se ofrecía cada día al mismo Espíritu que insufló en la mente de Ignacio escribir los Ejercicios Espirituales, sus cartas y consejos a los que formaban la Compañía de Jesús. Él procuraba mediante sus pláticas y consejos instruir a todos. Su oración era larga, confiada y se dejaba interpelar por el mismo Espíritu en quién depositaba su fe y su propia vida.

Ambos santos reformaron su propia vida, influyeron en la sociedad de su tiempo. Vivieron pobremente siguiendo los consejos evangélicos. Nunca sintieron el miedo del mal, el afán de las riquezas y los méritos para adquirir puestos de honor y prebendas. Eran pobres siguiendo los consejos evangélicos.

S. Juan de Ávila escribió el *Audi Filia* y los *Memoriales al Concilio Tridentino, Cartas, Comentarios a la Carta a los Gálatas y a la Primera Carta de S. Juan*. La misericordia divina se hace patente en Cristo. La reforma ha de ser de mente, de corazón y obras. Reforma de las personas, reforma de las estructuras.

El primer memorial tiene *tres partes* fundamentales, a saber: La *primera*, es la reforma del estado eclesiástico. La *segunda*, propone un remedio general: Dificultar la entrada en el estado eclesiástico. La *tercera*, ofrece un remedio particular: La educación de los candidatos al estado eclesiástico.

Se insertan en este memorial dos notas específicas: La *primera, la necesidad y condiciones de la educación* de los candidatos. La *segunda* venía sugerida por una *adecuada elección de los candidatos*.

Estas realidades nacieron de una mente cincelada por la fe en la Iglesia y la exigencia de la Palabra divina. Los rasgos peculiares de la eclesiología contenían los acentos cristológicos y un amor sin medida al hombre, es decir, a toda persona, depositaria de los bienes de la salvación acontecidos en Jesucristo, Salvador del mundo. Pero también nacía de la necesidad de una gran reforma en la Iglesia. Los *papeles avilistas* surtieron efecto, no cabe la menor duda, junto al trabajo de exposición de Guerrero y otros muchos que se unieron para llevar a cabo este proyecto, cuyas sombras y luces, se alargan en el tiempo.

Dos términos claves constituyen a nuestro parecer, la clave hermenéutica para dilucidar todos los significados que se contienen en él, mediante dos palabras: *buenas leyes* y *graves penas*.

Las *buenas leyes* comportan la actitud de conducirse en la propia vida, como fundamento de una vida cristiana auténtica y llena de la vivencia del Evangelio. Esta conducta se realiza mediante la escucha de la Palabra divina que nos transporta a la vivencia de una moral auténtica, nunca forzada, de la propia vocación cristiana. La sabiduría se impone como clave interpretativa de la realidad, para hacer de la escucha de la Palabra divina, una vida llena de contenidos, junto a la vivencia del misterio cada día.

Mientras que las *graves penas* son el resorte necesario, para cambiar de rumbo y realizar la propia tarea, a favor de los demás, en la vida e historia de la misma Iglesia. No caer en las graves penas supone una actitud constante de conversión para la vida, para el amor, para expresar la filiación de muchos en la Iglesia. La misma realidad eclesial despertará en las conciencias las actitudes que dimanan del amor de Dios, manifestado en todas sus criaturas. Los *cristianos han de obedecer a Dios, antes que a los hombres* (Hch 5, 29). La manifestación de la ley de Dios se compendia en la Antigua Alianza que es la enseñanza de Dios, su pedagogía, su misma voluntad.

El *segundo memorial* supuso *unos grandes hitos históricos*, la teología del *episcopado*, la *formación* de los futuros *presbíteros*, las grandes preocupaciones eclesiales y la vivencia del misterio de Cristo, en los *sacramentos* del Bautismo, Penitencia, Confirmación y también la Sagrada Eucaristía. Todos ellos serán decretados por el Concilio Ecuménico Tridentino y llegarán a ser doctrina de la Iglesia católica, ordenados en decretos tales, como el símbolo de la fe, en la sesión segunda.

El *segundo memorial* se fundamenta en dos términos, los *lastimeros males*. Estos dos vocablos constituyen el cimiento y el fundamento teológico, eclesial y pastoral, así como la realidad social, política y económica de la sociedad del siglo dieciséis.

Los *males* son *lastimeros* no ya porque provocaban dolor, tedio, miedo y desidia e indiferencia, en aquel momento de la Iglesia. Los males son *lastimeros espectáculos*. Dichos males son tristes porque provocaban desazón, división, inseguridad en los cristianos, sin rumbo, ni perspectivas, debido a las doctrinas del luteranismo y calvinismo que pervertían en muchos, la vivencia de la fe cristiana católica.

Dos hombres, dos santos, dos creyentes forjados por el Espíritu divino. Muchas acciones llevadas a cabo por estos dos santos, en la pluralidad de la Iglesia de Dios. Ellos fueron dos reformadores para la vida cristiana y para la Iglesia. Todos nos alimentamos de sus vidas, de sus escritos, de sus obras, de sus hechos. Estaban cincelados por el Espíritu divino que los ungió para la vida y para comunicar al mundo a Dios.

Me sorprende muy gratamente que ambos hablaran siempre de Dios. El Señor era el centro de su vida y de su historia. ¿A cuántos consolaron? ¿A quiénes ayudaron mediante sus palabras, explicándoles siempre las de Dios? ¿Cuántas horas oraban? El trato con Dios era el asidero de su propia existencia. No apetecieron títulos, prebendas, privilegios. Sus vidas, aquella de Ignacio y la de Juan de Ávila, estaban al socaire de Dios. Se alimentaron de la Palabra divina cada día, educaban para la paz y el amor, para la justicia y el bien común, porque en todos estos menesteres, estaba el amor de Dios.

Sorprende que estos santos, S. *Ignacio de Loyola* y S. *Juan de Ávila*, se comunicaran por carta, algunas de sus realidades y experiencias. Pudieron verse alguna vez, quizás en Alcalá de Henares, de manera puntual y rápida. Creo que se veían en el agudo trato que tenían con Dios. Esas horas dedicadas al Creador, en los diálogos quietos de la oración, hicieron de ellos, dos hombres de Iglesia, dos personas inconformistas con situaciones muchas veces injustas, dos cristianos para la vida y para el amor. La sobriedad de Ignacio se unía a la pobreza real de Ávila. Ambos coincidieron en una persona: Jesucristo. Él les unió para forjar la aventura de la fe, la generosidad siempre real del servicio y la práctica del amor a Dios, la Iglesia y los hermanos.

Dos reformadores para la Iglesia española y para la Iglesia universal. Dos maneras de insinuar la vida cristiana que crece como la pequeña simiente, pero al desarrollarse se hace un árbol tan grande que anidan en él toda clase de aves. Al hilo de los días y al compás de la música divina hemos insinuado algunas pinceladas históricas, personales e íntimas, sobre estos dos hombres, dos creyentes en Jesús, el Cristo. Ellos fueron reformadores de sí mismos y se transformaron en generadores de muchos que siguen y seguimos ahora su huella.

Los caminos no se roturan solos. Es necesario el trabajo, la vida de cada día, el tesón, la generosidad, la música callada, la oración, cultivando nuevos senderos para Dios, al encuentro siempre de los hermanos. La vida de estos dos gigantes de la fe para la vida, para el amor, para la Iglesia de ayer de hoy y de siempre. La figura estelar de Ignacio de Loyola surca los mares y está allá donde exista una persona. La sencillez y la generosidad de Ávila, maestro de Santos, de silencios y súplicas que saben a Dios.

Dos santos para la vida, dos cristianos para el amor. Dos hombres y dos sacerdotes. Dos ricos que se hacen pobres por el Reino. Dos hombres que amaban a Dios y enseñaron a amarlo como indica el precepto del Decálogo: con todas sus fuerzas, con toda su mente, con todo el corazón. Ama era el verbo conjugado por ambos santos durante su existencia. La Iglesia, *maestra de la vida* como la definiera otrora el Papa Santo Pablo VI, fue la que siempre guio sus pasos por obra del Espíritu.

Dos hombres para la vida y para el amor. Dos presbíteros cuajados de aventuras, cinceladas al son de vida y de la historia de cada uno de ellos. Estaban hechos para amar y su horizonte era la vida en Dios.

# 5. Mesa Redonda «San Ignacio y la Educación»

D. Francisco de Borja Martín Garrido

Director de Relaciones Internacionales Universidad Loyola

El moderador, tras presentar a los ponentes y sus perfiles profesionales y académicos, introdujo el tema de la Educación apoyándose en la reciente obra de *En camino con Ignacio*, donde Darío Menor entrevista en una conversación ágil y fluida al Prepósito General de la Compañía de Jesús, Arturo Sosa S.J. que trato de esta manera el tema:

> Luego de su frustrado deseo de quedarse en Jerusalén y llegado a Barcelona, Ignacio decide que debe estudiar. Estudia dos años en Barcelona y luego se traslada a Alcalá de Henares para estudiar artes. En Alcalá daba ejercicios y gastaba tiempo en declarar la doctrina cristiana, dando mucho fruto. Por su capacidad de convocar personas a través de su predicación, llamó la atención de los inquisidores. No encontraron en sus enseñanzas ninguna herejía, pero le pidieron que no hablara de cosas de fe en los próximos cuatro años, es decir, hasta que terminara los estudios. Esto no dejó tranquilo a Ignacio; no quería dejar de hablar de las cosas de Dios a la gente y con ello ayudar a las almas. Se marchó a Salamanca. Allí le ocurrió de modo parecido. Tuvo problemas por no haber estudiado teología y andar hablando de cosas de Dios. Al final, le prohibieron simplemente no hablar de la diferencia entre el pecado mortal y

venial. Pero Ignacio sentía que se le impedía mucho con esa pequeña prohibición. Se marchó a París. Y al llegar ahí descubrió que hallábase muy falto de fundamento. Estudiaba con los niños, pasando por la orden y manera de París. En su inmenso deseo de ayudar a las almas, se dispuso a estudiar con los niños, con tal de sentar las bases necesarias para poder hablar de las cosas de Dios a los demás. Dirán años más tarde los estudiantes jesuitas: cuando el estudio puramente es ordenado al divino servicio, es harto de buena devoción. Y la Constitución 307, de las Constituciones que definen a la Compañía de Jesús, afirmará que será de procurar el edificio de letra y el modo de usar de ella para ayudar a más conocer y servir a Dios nuestro creador y señor. Para esto abraza la compañía los colegios y también algunas universidades[101].

Después de esto se realizó una breve reflexión según la cual la educación, que ha sido adoptada por la Compañía de Jesús incluyendo colegios y universidades, no era inicialmente parte del carisma de la Compañía, sino que se fue desarrollando con la expansión de los colegios como instrumento de evangelización y formación. La Ratio Studiroum (1599) fue un hito como primer currículum pedagógico integrado e internacional, que llegaría a aplicarse a los más de 700 centros educativos que la Compañía tuvo en todo el mundo antes de su supresión en 1776. Tras esto se resumió el paradigma Kolvenbach-Ledesma, basado en cuatro grandes pilares: *utilitas, humanitas, iustitia* y *fides*. Estos principios buscan formar personas útiles para la sociedad, desarrollar una dimensión humanística en la educación, buscar la justicia social y abrirse a la trascendencia y el discernimiento.

Tras esta introducción, el moderador dio paso al Padre Hendrickson, que profundizó sobre las características de la Compañía de Jesús y la influencia de San Ignacio en la educación superior.

---

101 Sosa, A., Menor, D. Kafka, J., España 150-158: *En camino con Ignacio,* Córdoba, Sal Terrae, 2021.

El Padre Hendrickson explicó en su intervención que el tema del congreso, sobre San Ignacio, la conversión y la educación, es relevante para la misión de la Compañia de Jesús, ya que busca convertir a los estudiantes y transformar sus vidas para que puedan cambiar el mundo. Los educadores deben trabajar para transformar la vida de sus estudiantes para que sean capaces de tomar acción en la realidad que ven y mejorarla. La identidad de la universidad o escuela debe definirse por la conciencia, competencia, compasión y compromiso de sus alumnos. La herramienta utilizada para aplicar esta dinámica de evaluación continua en las 27 universidades jesuitas norteamericanas (AJCU) en Estados Unidos se ha cristalizado en un instrumento de evaluación denominado *Mission Priority Examen*, que evalúa el liderazgo y compromiso público, la vida académica, la promoción de la fe, la justicia y la reconciliación, la cultura ignaciana, el servicio a la Iglesia, la relación con la Compañía de Jesús y la integridad institucional. En resumen, la idea es que la educación debe ser una experiencia peregrina, en constante evolución y en contacto con el mundo, siguiendo el ejemplo de la vida de San Ignacio en el siglo XXI.

A continuación, se le cedió la palabra a D. Javier Murube, quien centró su exposición en los aspectos clave de la espiritualidad ignaciana y su relación con el mundo educativo y en especial en la escuela primaria y secundaria. Profundizó en la idea de que San Ignacio descubrió que el mejor servicio a las almas podía encontrarse en la educación como instrumento de transformación personal y social. Siguiendo está tradición, hoy en día existen más de 2.500 escuelas jesuitas de educación infantil, primaria y secundaria en todo el mundo.

D. Javier abundó en la idea de que cuidar a los alumnos en su itinerario educativo es una forma de cumplir esta misión, que implica asegurar su desarrollo integral. El proceso educativo implica mucho más que el aprendizaje de materias académicas; incluye nutrir la personalidad del alumno, fomentar sus primeras experiencias de amistad y cimentar los valores de la persona. Además, explicó que los jesuitas han insistido recientemente en la necesidad de que la educación promueva la competencia, la conciencia, la compasión y el compromiso. Competencia significa ayudar a los alumnos a crecer en los retos personales, éticos y sociales, mientras que conciencia implica ayudarles a ser conscientes de sí mismos, de los demás y del complejo mundo que les rodea. La compasión implica reconocer el mundo herido como una llamada a la misericordia y al amor, mientras que el compromiso significa trabajar por una sociedad más justa y humana. Concluyó subrayando que el estilo educativo y la misión de los jesuitas se centran ahora en promover redes globales, educar para la ciudadanía y alimentar la reconciliación y la fraternidad. Estos aspectos se adaptan a la edad y situación de los alumnos y constituyen la base de la educación jesuita actual.

Posteriormente, realizó su intervención Dña. Amparo Osorio. En ella destacó la experiencia en radio EECA en la educación, ya que fue pionera en llevar la educación a través de la radio a lugares con difícil acceso y con gran cantidad de personas analfabetas. Esto fue posible gracias al uso de la tecnología, lo que le permitió romper fronteras educativas y geográficas. El lema de ECCA, «No dejar a nadie atrás», inspirado en el sueño de Francisco Villén, sigue siendo una prioridad en la actualidad. La institución se dedica a la educación formal y no formal, la acción social, la cooperación internacional y la acción comunicativa. Doña Amparo resaltó la importancia de la inspiración ignaciana en el trabajo de ECCA y la necesidad de reconocer y respetar las capacidades de las personas, en lugar de enfocarse en sus carencias. El servicio a la sociedad se realiza poniéndose a disposición de las personas y respetando su valía. En resumen, Radio ECCA sigue comprometida con su misión de empoderar a las personas y las comunidades a través de la educación y la acción social, utilizando la tecnología como herramienta para superar las barreras geográficas y educativas. Una de las frases más representativas que dijo hablando sobre radio ECCA, que resume perfectamente su labor, fue: «Esta comunidad-alianza solo es posible cuando es para la misión, en cuanto es para la actuación en la dispersión por las distintas realidades en las que nos toca vivir y actuar».

Después de las intervenciones, el moderador lanzó una serie de preguntas para el debate y reflexión en un mundo hiperconectado y multitarea de las que citamos una a modo de ejemplo: ¿cómo enfrentamos la globalización de la superficialidad y la sensación de aislamiento a pesar de estar más conectados que nunca? D. Javier Murube reaccionó explicando la importancia de la internacionalización y la conexión con el concepto de ciudadanía global en la educación, lo que implica no solo la movilidad, sino también la conexión con otras personas y la apertura a aprender de los demás. Se mencionaron dos iniciativas exitosas: un programa de inmersión virtual dual y cursos en línea colaborativos para el aprendizaje internacional. También se destacó la importancia de trabajar la profundidad en la educación, ayudando a los alumnos a ver la realidad con profundidad, sentir, pensar, relacionarse con su inteligencia intrapersonal y tomar decisiones y comprometerse. Se enfatiza la necesidad de ayudar a los alumnos a pasar de la externalidad al interior y vivir de acuerdo con sus conciencias.

Posteriormente, el padre Scott Hendrickson reflexionó sobre el concepto de «humanismo tecnológico» y cómo se puede utilizar la tecnología de manera más humana y centrada en la persona, especialmente en el ámbito educativo. También se subrayó la brecha digital y el analfabetismo del siglo XXI como una realidad preocupante, ya que la exclusión digital limita el acceso a la información y a la sociedad en general. Se menciona la importancia de establecer regulaciones y códigos de conducta que garanticen la privacidad y la ética en la relación del ser humano con la tecnología. Dña. Amparo Osorio resumió ambos conceptos recordando la llamada a trabajar en la inclusión digital y en el desarrollo de una tecnología más humanizada, que tenga en cuenta las necesidades y el bienestar de las personas.

Después de estas reflexiones, el público hizo algunas preguntas y los ponentes de la mesa respondieron. En resumen, una estudiante habla de su experiencia con un programa de aprendizaje a través del servicio. Explica cómo ayudar a los niños de un barrio de bajos ingresos con sus deberes y jugar con ellos no sólo ha repercutido en los niños, sino también en ella misma. Esto da pie a que se reproduzca un vídeo por doña Amparo Osorio, que emociona a los participantes y audiencia, donde se destaca la importancia del aprendizaje servicio y cómo beneficia tanto al que lo recibe como al que lo ofrece, que haciéndolo, se transforma. Otra persona plantea una pregunta sobre el sistema educativo actual, concretamente sobre la relación entre profesores y alumnos. D. Javier Murube describe que el sistema educativo moderno hace hincapié en un enfoque centrado en el alumno, en el que éste es el protagonista de su propio aprendizaje y el papel del profesor consiste en guiarle y apoyarle. Cree que el contenido no es tan importante como la capacidad del alumno para aprender y crecer mediante la orientación y el apoyo. Recalca la importancia de preparar a los estudiantes para que lleven una vida extraordinaria y no sólo para que memoricen información.

Tras un poco más de una hora de debate, el moderador agradeció a los participantes su asistencia, la presencia del numeroso público presencial y aquellos que atendían desde todo el mundo en conexión virtual, agradeciendo al Obispo y Cabildo de la Mezquita Catedral el apoyo a la Compañía de Jesús y la Universidad Loyola Andalucía en la organización del Congreso.

# 6. Mesa redonda «San Ignacio y la Educación»

ALGUNAS APORTACIONES DE LA ESPIRITUALIDAD
IGNACIANA AL MUNDO ESCOLAR


D. FCO. JAVIER MURUBE FERNÁNDEZ-PIEDRA
DIRECTOR ÁREA PASTORAL
DE LAS FUNDACIÓN SAFA
Y FUNDACIÓN LOYOLA

Buenos días, agradecido por poder participar en esta mesa redonda en el Congreso, comienzo diciendo que son muchos los enfoques desde los que abordar este tema. Elijo uno: «Algunas aportaciones de la espiritualidad ignaciana al mundo escolar».

Sin ser su intención inicial, a la muerte de San Ignacio ya hay más de 200 colegios por toda Europa. Y es que pronto Ignacio descubre que *el mejor servicio a las ánimas* pueden ser los colegios.

Hoy existen más de 2500 colegio por todo el mundo y en ellos se forman más de un millón seiscientos mil estudiantes… En España hay 67 centros, 32 de los cuales están en el sur (Andalucía, Extremadura y Canarias), en muy diversos contextos: *urbanos y en pueblos,* colegios *grandes y pequeños,* en barrios económica y socialmente bien desarrollados y en barrios más desfavorecidos, como en Sevilla…

Ese «mejor servicio a las ánimas» podría traducirse hoy en educación como «querer cuidar a los alumnos en sus procesos educativos»… Cabe preguntarse: ¿por qué la Compañía de Jesús sigue apostando por el sector de educación?

Y para responder a esto hay que entender que la educación se desarrolla a través de un largo *proceso* que permite el *cuidado de la persona*, que es esencial para Ignacio. Hablar en lenguaje moderno d*el cuidado de las ánimas* en educación sería, *hablar de procesos* que tratan de asegurar el *desarrollo integral* de los chavales y jóvenes.

En la escuela «ocurren muchas cosa*s*» que van desde *los aprendizajes* al desarrollo de la personalidad de los alumnos, o al nacimiento de las primeras experiencias *serias* de amistad. Cuidar todo eso es parte de la misión de la Compañía.

Esto nos lleva a preguntarnos por la relación entre la misión de la Compañía y la misión educativa. La Compañía ha experimentado un fuerte impulso dado por los últimos Padres Generales y las últimas Congregaciones. Y ese impulso se ha bajado a la realidad educativa.

Con Arrupe se ha avanzado en el *binomio fe – justicia, hombre – mundo…* Y eso no hay que explicarlo.

Con Kolvenbach se desarrolló y enfatizó el modelo de las «4 C», desde las que educamos: es decir, que nuestros alumnos vayan creciendo en ser conscientes, competentes, compasivos y comprometidos…

> Conscientes de sí mismos y su realidad más personal, pero también conscientes de los demás y de la realidad compleja del mundo que les rodea.
>
> Competentes para saber dar respuestas a los desafíos personales, laborales, sociales de su época.
>
> Compasivos como clave desde la que vivir, es decir, donde el reconocimiento del mundo herido se perciba como llamada del Señor a la misericordia y el amor.
>
> Comprometidos con el mundo para acabar con las injusticias que deja tirados a millones de hermanos y hermanas en las cunetas de la vida.

Con Adolfo Nicolás escuchamos y acogimos la llamada a educar en y para la profundidad. En una sociedad que fomenta la superficialidad, queremos educar para la profundidad.

Y con el actual Padre General, Arturo Sosa, vemos con claridad que los colegios están llamados a *vivirse en red global* y, junto a la Iglesia, a *educar para la Ciudadanía Global*, es decir, educar para la reconciliación y la fraternidad de la que nos habla el Papa Francisco.

Todo esto constituye el «desde dónde» educamos, y va calando en el mundo educativo, en *el estilo* y *el norte* de la educación de la Compañía hoy día.

En los colegios, además de los procesos de aprendizajes más formales que se apoyan en el Paradigma Pedagógico Ignaciano, fomentamos experiencias personales y comunitarias en las que la espiritualidad ignaciana *dispone a los alumnos a encontrase, como criaturas, con el Creador.*

Termino con cuatro claves de la espiritualidad ignaciana que ayudan a aterrizar todo lo anterior en el día a día de los alumnos, a través de lo curricular, lo tutorial, lo extraescolar y la pastoral.

1. Agradecer. Frente a una sociedad que impone *vivir desde la exigencia (tengo derecho a...)*, la competitividad que impide la gratuidad... San Ignacio nos ayuda a *poner en el agradecimiento* el centro de nuestra existencia... Vivir agradecidamente... nos lleva a vivir gratuitamente.

2. Vivir desde el discernimiento. Nuestros alumnos, como todos los adultos, comienzan ya en la edad escolar a tener que tomar decisiones... Darles claves o herramientas para saber tomar decisiones es algo que nuestra escuela, apoyada en la espiritualidad ignaciana, puede claramente ofrecer... Ayudar a discernir, es ayudar a saber elegir entre lo bueno y lo mejor, *a saber elegir todo aquello que desarrolla mi talento...* («talento» entendido como la capacidad de tomar las mejores decisiones conforme a mis circunstancias y mis capacidades...).

La meditación de las dos banderas que Ignacio nos propone en los Ejercicios, sigue inspirando el sentido de nuestra propuesta educativa. Ayudar a ver la realidad y a descubrir en ellas llamadas del Señor, nos permite, poco a poco, curso a curso, a plantearles con sus palabras a los alumnos para quién quieren vivir... «Mi vida para qué, mi vida a favor de quién» ¿Estudiar para ser los números uno de las mejores universidades y para las mejores empresas (nos buscan muchos padres para eso...)? ¿O estudiar para vivir con dignidad y servir a los demás en el empeño de transformar el mundo? Y es que no educamos para fomentar únicamente la *excelencia académica*, sino también, y sobre todo, para crecer en una *excelencia humana y cristiana* como seguidores del resucitado...

Se trata de que nuestros colegios sean algo así como «fábricas de sentido», es decir, *lugares donde les demos herramientas para que, cuando se hagan las grandes preguntas de la vida* (cómo ser libre, cómo ser feliz, cómo tener unas relaciones sanas y duraderas..., o cómo responder a los grandes desafíos éticos; qué es la vida o quién es Dios para mí...), sepan dónde buscar respuestas. Si nuestros centros no dan estas herramientas, ¿qué ofrecen distinto a otros colegios? «Fábricas de sentido» que nos hagan ver el mundo y a las personas con los ojos de Dios, con los ojos del Evangelio...

3. Y para que el discernimiento sea real en la vida de los alumnos, la llave es enseñarles a vivir la práctica del «examen ignaciano», que, por las connotaciones negativas de la palabra *examen* en el mundo escolar, lo estamos llamando «pausa ignaciana». No un examen entendido como el medirse diariamente con el ideal de lo que yo debería ser (y que nunca logro... y acaba frustrándome), sino desde la parada para descubrir agradecidamente lo bueno de cada día y el paso del Señor por la propia vida.

4. El silencio. Y también desarrollamos la necesaria capacidad de hacer silencio. En una sociedad que todo lo llena con ruido, enseñar a parar, a entrar en el interior, a dejar espa-

cio para que Dios hable… es revolucionario. Y estamos en ello en los colegios, con muchas dificultades, pero lo intentamos. Frente a la persona adulta «multitarea», frente a la sociedad de la sobreinformación y la sociedad barroca que llena todos los espacios y tiempos de la persona, ayudar a hacer el silencio en el que Dios pueda hablar, es un gran servicio a la fe.

Espero haber hecho un recorrido breve por lo esencial de la realidad de los colegios de la Compañía de Jesús y que ello les haya ayudado a conocerla más y mejor. Muchas gracias.

## 7. Radio ECCA, una radio educativa inspirada por la espiritualidad ignaciana

D.ª M.ª Amparo Osorio Roque
Directora gerente y subdirectora general
de Radio ECCA[102], Fundación Canaria

Antes de comenzar mi intervención, quiero agradecer a la comisión organizadora la invitación a participar en esta mesa redonda. Esta participación la considero una gran oportunidad para la escucha, aprendizaje, crecimiento y diálogo que nos inspiran en nuestra misión de apostolado educativo. Gracias.

En concreto, se me pedía que presentara cómo la inspiración ignaciana se proyecta en la labor social de la educación a través de la tecnología, la creatividad y las herramientas, que se viven desde Radio ECCA con un enfoque a los más desfavorecidos y facilitando la inserción profesional. Para mostrar precisamente esa inspiración voy a volverme brevemente a la historia.

---

102 Radio ECCA es una institución educativa, comunicativa y de acción social, nacida en las islas Canarias el 15 de febrero de 1965, presente hoy en día en toda España y cuya actividad se extiende a América Latina y África occidental. Radio ECCA utiliza la tecnología (la radio o las TIC) para hacer su labor educativa. Tiene un sistema propio de enseñanza, el Sistema ECCA, que se sustenta en tres elementos interdependientes: material pedagógico, clase en audio y acción tutorial.. http://www3.radioecca.org/home

En 1962, Francisco Villén Lucena, jesuita cordobés, aterrizó en Canarias y allí se encontró con una realidad que sintió le pedía dar una repuesta: gran número de personas analfabetas, con paupérrimas condiciones económicas y en un territorio de difícil acceso. Ante esta realidad, el P. Villén tuvo un sueño que identificaba en la «TIC» del momento, la radio, una oportunidad para romper fronteras geográficas y educativas. Así lo expresaba el P. Villén: «Tenemos que enseñar a leer y escribir por radio a la gente más necesitada, a las que no tienen una escuela cercana, a los pobres». Esta idea se convirtió en el principio inspiracional, en lenguaje ignaciano podríamos hablar también del el *magis*. Esta misma idea, hoy en día en ECCA, la traducimos como «no dejar a nadie atrás».

Los motivos que impulsaban al P. Villén a buscar una respuesta a esa demanda de educación eran variados: otros no llegan, por lo que hemos de intentar llegar nosotros; otros no pueden o no saben llegar a esas fronteras; la conciencia de que estamos mejor preparados para esa misión que otros; o el principio ignaciano de que por ser un bien más universal es, por tanto, más de Dios. Eso llevó a Villén a comenzar esta aventura de Radio ECCA.

Así, en 1965 Radio ECCA —el sueño compartido entre Villén y cinco maestros y maestras— se convierte en respuesta para quienes más necesidades educativas tienen, poniendo a su servicio la tecnología como entorno natural para la formación, la generación de alianzas y la tradición educativa de la Compañía de Jesús.

Avancemos ahora en la historia. En 2022, 58 años después, desde el *magis* institucional, seguimos evaluando de manera continua cada escenario, fieles a ese lema del Padre Arrupe de «no dar respuestas de ayer a los problemas de hoy» en el desempeño de nuestra misión. Al mirar a nuestro alrededor, nos encontramos con un mundo que es cambio, incertidumbre, pobreza creciente, diversidad, generosidad solidaria y egoísmos, vida y muerte… ECCA, ahí, se vive desde el «sentir y gustar» en medio de todas esas maravillas y disrupciones que el mundo tiene y se pone en camino para:

—Asegurar el ejercicio efectivo del derecho a la educación de todas las personas, en la actualidad, tanto en España como en algunos países de África.

—Buscar oportunidades para la igualdad.

—Acompañar a las supervivientes de la violencia de género.

—Cuidar nuestra casa común.

—Acompañar la diversidad.

—Superar la brecha digital y el abandono escolar temprano.

—Acompañar, para la integración, en los desplazamientos forzados.

—Promover la ciudadanía global.

—Aportar discernimiento y profundidad.

En este camino, la inspiración ignaciana sigue proporcionando principios, al igual que lo hacía con el P. Villén, a cerca de 700 profesionales comprometidos. La comunidad que formamos Radio ECCA, nos guiamos por la misma llamada al *magis* que movía al P. Villén para nuestra actuación en la suma del empoderamiento de las personas y de las comunidades a través de la formación formal (GES/Bachillerato/FP), no formal (más de 200 cursos), la acción social, la cooperación internacional y la acción comunicativa.

Esta inspiración, este *magis* de Radio ECCA, podemos encontrarla en las mismas fuentes de la espiritualidad ignaciana.

Así, al comienzo de los *Ejercicios*, Ignacio propone a la persona un sueño, un horizonte hacia el que caminar que, como sabemos, lo llama *principio* y *fundamento* y se concreta en tres verbos: alabar, hacer reverencia y servir. Esta expresión puede ser una buena expresión de la espiritualidad ignaciana. Pues bien, ese sueño podemos reconocerlo inspirando también directamente la actividad de Radio ECCA:

—Alabar. ECCA se acerca a la realidad desde el reconocimiento, desde la alabanza que nos merece la historia de las personas que acompañamos, sus esfuerzos personales, sus búsquedas… El acento no se pone en sus carencias, sino en sus capacidades.

—Hacer reverencia. ECCA respeta a las personas para las que trabaja; no sustituye a la persona en su responsabilidad y búsqueda, no la lleva a donde no quiere ir. La escucha, la acompaña.

—Servir. ECCA se pone a disposición de la persona, de la sociedad, porque las respeta, porque reconoce su valía. El servicio sin respeto ni alabanza es paternalismo engreído. En el servicio hay mucho de voz pasiva. San Ignacio lo formula como que Dios «se sirva de mí». De eso se trata, de que la sociedad se sirva de nuestra institución, de nuestro trabajo, de nuestro saber hacer…

Asimismo, cuando San Ignacio funda la Compañía de Jesús, habla de ella como una «comunidad para la misión». Incluso usa la expresión comunidad para la «dispersión» y dice que los jesuitas son para «discurrir por el mundo». De esta manera, Ignacio está mostrando la centralidad de la misión y sus exigencias en la vida del jesuita, centralidad que también configura, sin por ello desvalorar, la propia vida de comunidad.

Recogiendo esa misma inspiración, ECCA es, desde su fundación, comunidad. En la Casa solemos usar la expresión *alianza*. Somos constitutivamente una alianza entre la Compañía de Jesús, la Administración pública, la sociedad civil, profesionales de la educación, del acompañamiento social y de la comunicación, voluntariado y las personas a las que servimos, nuestro centro.

Esta comunidad-alianza solo es posible y plena en cuanto es para la misión, en cuanto es para la actuación en «dispersión» por las realidades diferentes en las que nos toca vivir y actuar. En el caso de ECCA, esas realidades diferentes son hoy las siguientes:

- —Siete comunidades autónomas en España: Canarias, Andalucía, Extremadura, Galicia, Madrid, Murcia y Valencia.
- —Cinco países africanos diferentes: Mauritania, Guinea-Bissau, Senegal, Cabo Verde y República Democrática del Congo.
- —En alianza, con cerca de 250 entidades socias[103] presentes en España, Europa, América Latina y África.
- —Acompañando a grupos sociales muy diferentes: menores, jóvenes, mujeres, personas desempleadas, personas discapacitadas, migrantes y profesionales.

En nuestro todo «amar y servir» —tomando la expresión de Ignacio— en el marco de las Preferencias Apostólicas Universales[104] de la Compañía de Jesús, en ECCA sabemos que las tecnologías son un medio. Sabemos que se usan en muchas ocasiones para la mentira y para la banalidad, para globalizar la superficialidad… Pero es un medio que, con profesionalidad, experiencia, innovación multicanal del Sistema ECCA, entrega y compromiso sirve para acompañar, para respetar, alabar y servir… a más de 69.000 personas cada curso.

En la *Contemplación para alcanzar amor*, la última oración que San Ignacio propone en los Ejercicios espirituales, se nos dice en una nota previa que, en palabras de Ignacio: «El amor se debe poner más en las obras que en las palabras». Esta expresión clásica de la espiritualidad ignaciana la hacemos también nuestra en ECCA. Para nosotros, ese amor al que Ignacio nos invita a dirigirnos debe ponerse en obras. En nuestro caso, esas obras son formar a hombres y mujeres para los demás, personas agradecidas, abiertas a la trascen-

---

103 123 en España, 105 en Europa, 10 en América Latina y 7 en África occidental.
104 Las Preferencias Apostólicas Universales son cuatro líneas preferentes de acción que conforman el horizonte de la misión de la Compañía de Jesús de 2019 a 2029: Mostrar el camino hacia Dios, caminar con los excluidos, acompañar a los jóvenes en camino, cuidar de nuestra casa común. https://www.jesuits.global/es/uap/introduccion/.

dencia. Ser conscientes de que esta misión es de Dios y de que Él la llevará a buen término es lo que nos impulsa.

# 8. Claves para vivir la espiritualidad ignaciana hoy

Hna. Mariola López Villanueva, RSCJ

Profesora de Teología, Universidad Loyola

Vengo a este Congreso Internacional sobre la figura de San Ignacio de Loyola como caminante de a pie en la vía ignaciana, me mueven el ánimo jesuitas amigos y también la oportunidad de volver a visitar esta hermosa ciudad de Córdoba enclave de culturas. Después de dar algunas vueltas al título que me habían propuesto me preguntaba: ¿realmente lo que queremos es saber cómo vivir la espiritualidad ignaciana, como si esta se convirtiera en el objetivo a alcanzar? Me tomé entonces la libertad de parafrasearlo de la siguiente manera: ¿Cómo la espiritualidad ignaciana nos ayuda a vivir hoy? ¿Cómo nos ayuda a vivir con gusto y con sentido en un mundo donde tantas personas lo pierden? El gusto y el sentido de la vida lo dan la experiencia del amor y la capacidad de servir. Algo que Ignacio pedía poder hacer en todo.

Venimos de haber experimentado mucha fragilidad física y emocional, y vivimos tiempos afligidos que se ven agravados por la guerra de Ucrania, y tantas guerras que se están sucediendo en este instante y no somos tan conscientes y, a la vez, son tiempos extraordinarios porque Dios está viniendo en ellos, y Él viene de manera sanadora y viene siempre por el lado más frágil de la vida.

En un momento de gran fragilidad, Dios tomó la vida de Iñigo, cuando se frustraron los que hasta entonces eran sus proyectos vitales, por aquella bombarda que explotó en su pierna, y la debilidad física lo mantuvo postrado y desbaratado. Y va a ser a través de esa grieta por donde Dios se cuela en su ser y lo va a ir transformando progresivamente, poco a poco, hasta hacerle ver nuevas todas las cosas en él. Hoy celebramos cuánta luz ha brotado y sigue manando de esa herida.

La realidad era la misma, esa realidad que el caballero Iñigo conocía y en la que se situaba con ansias de éxito y grandeza, sin embargo, su mirada se ha transformado y es esta mirada nueva la que le hace cambiar su ubicación en la vida, y situarse en ella de un modo desarmado y bendiciente.

Ignacio va a ir descubriendo que aquello que realmente necesitamos, lo esencial, no nos va a venir de fuera, los acontecimientos, las circunstancias, las ideas… sino de un encuentro en profundidad con nosotros mismos y con el Dios que se nos muestra en lo cotidiano de nuestras vidas. Se recordará en muchas ocasiones a sí mismo y a sus compañeros algo así: Hagas lo que hagas, lo que te hace sentir más vivo… ahí es donde está Dios.

Y poco a poco a través de testar sus vivencias interiores, de escuchar e interpretar sus movimientos de consolación y desolación, se va a ir dejando modelar y configurar por su Maestro y Señor y va a consignar sus propias experiencias como un itinerario, un mapa de ruta que pueda servir a otros: los Ejercicios Espirituales. Prácticas interiores y exteriores para llegar a ordenar la vida desde el reconocimiento del amor primero de Dios.

Y será al final de este libro, en la Contemplación para alcanzar amor, donde encontramos estas palabras que hoy nos inspiran: «en todo amar y servir». Se trata de un deseo hondo de Ignacio que él convierte en petición: «Pedir conocimiento interno de tanto bien recibido, para que yo, enteramente reconociendo, pueda en todo amar y servir» (EE. 233).

¿Cómo va a vivir esto el peregrino? ¿cómo podemos vivirlo hoy nosotros en el fragor del trajín cotidiano, en esta realidad global y tecnificada que compartimos?

## 1. LA LUMINOSA FRAGILIDAD DEL PEREGRINO

Peregrino es el nombre con el que Ignacio se llama a sí mismo y con el que se identifica: con una manera de estar en la vida caminando sin cesar, siempre en movimiento, en proceso, en aprendizaje constante… a la búsqueda de ese Dios que le irá sorprendiendo y llamando a su servicio través de todas las cosas.

También cada uno de nosotros somos peregrinos, y peregrinas, en este viaje, en este tiempo inédito de la historia que nos ha tocado habitar, muy distinto del que Ignacio vivió, pero capaz de ser iluminado por la espiritualidad que él donó a la Iglesia y que en cada época necesitamos recrear. Tuve la oportunidad de hacer Ejercicios con el jesuita Bert Daelemans a través del arte y él nos mostró una escultura de San Ignacio del canadiense William McElcheran, *San Ignacio peregrino* (1964). Daelemans nos mostraba a través de esta imagen «la laboriosa transformación del Íñigo voluntarista que no reconoce su fragilidad hasta el Ignacio vulnerable que la elige como camino y pórtico de encuentro». Un Ignacio en movimiento, inclinado hacia adelante, desarmado, que lleva únicamente una capa para protegerse, queriendo escuchar por el gesto de su rostro, y unido a otros con la carta en su mano derecha. En la inclinación de su cuerpo parece que va siguiendo al Espíritu sin adelantársele, dejándose conducir suavemente hacia donde no sabe, mientras se va abriendo ante él ese camino que irá recorriendo con otros. Escribe bellamente Daelemans sobre esta escultura de Ignacio caminante:

> Ahí anda un santo a la intemperie. Solo a primera vista solo. Inclinado hacia adelante, siempre adelante. Contracorriente y valiente, resiste todos los vientos: seguro, determinado,

sólido, anclado en una fe que originalmente significa, peso, firmeza y solidez. Con su mano izquierda a la altura de su corazón, agarra la capa que apenas lo abriga y que acentúa su vulnerabilidad. No obstante, con resolución hace avanzar un pie: el camino se abre paso a paso. Tiernamente inclina su rostro para encontrar a otros y levantar ánimos. Un peregrino.

Inclina su cabeza en escucha, porque sabe que no puede avanzar sin escucha. Su deseo es ser contemplativo en la acción. Actuar, sí, pero desde la hondura atenta. En su mano derecha sostiene una carta que se une tanto con su cuerpo que no se percibe a primera vista, una carta que mantiene unido el cuerpo de la mínima Compañía de Jesús, movido por un espíritu único. Es una carta como tantas que lo mantiene unido con sus compañeros en las fronteras del mundo, todos ungidos por el mismo Espíritu [...] no sabe a dónde va, pero «sabiamente confía» en que va bien porque no va solo, va empujado por el espíritu de Cristo y con el corazón apoyado en Cristo, aquel Dios igual de peregrino [...][105].

## 2. MODOS DE CAMINAR

Esta manera de peregrinar vulnerable y confiada de Ignacio irá configurando una espiritualidad encarnada, atravesada por un estilo de estar en la vida: el *discernimiento* del que Ignacio será el gran pedagogo y cuya matriz se encuentra en los padres y madres del desierto. Esos terapeutas del Espíritu que descubren que cada persona necesita una medicina específica, que lo que es bueno y conveniente para uno no lo es para otro, e insisten en un tratamiento personalizado, un tratamiento humano y sapiencial. Ignacio pone a nuestro alcance un método que nos lleva a afinar y a sintonizar, en

---

105 DAELEMANS, B., *La vulnerabilidad en el arte. Un recorrido espiritual*, Madrid, PPC 2021, p. 112. La escultura de *San Ignacio peregrino* se encuentra en el Centro de Espiritualidad en Guelph, Ontario (Canadá).

las pequeñas decisiones de cada día y en las grandes elecciones, con los modos de Jesús y con el Evangelio: «Contigo, lo que tú, como tú».

Se trata de una espiritualidad bien enraizada en los acontecimientos históricos, que quiere sumergirse en los avatares y conflictos de los hombres y mujeres de nuestro tiempo, una espiritualidad de ojos abiertos y pies en la tierra que se pregunta ante la realidad: ¿cómo estás, Dios, aquí y ahora?, ¿y qué quieres de mí, qué quieres de nosotros?

Y para crecer en esta actitud de discernimiento, Ignacio propone una herramienta sencilla y cotidiana, el examen: tomar cada día en nuestras manos y ponerlo bajo la luz de Dios. Recoger lo vivido, agradecer —la gratitud siempre como primer movimiento— revisar lo que necesita ser reparado y pedir gracia para volver a retomar el camino tras Jesús, a su manera.

Desde esta clave del discernimiento como talante, como un modo de estar ubicados en la realidad, quiero expresar la virtualidad de la vía ignaciana para nuestro tiempo como peregrinos del siglo XXI, en tres modos concretos o maneras de andar el camino con fruto:

—Un modo de caminar que nos va limpiando y afinando la mirada. La transformación de la sensibilidad.

—Un modo de caminar donde crecemos en capacidad de agradecer, de reconocer el paso discreto de Dios en la historia.

—Y un modo de caminar que nos vincula, que nos entrelaza con otros para ayudarnos mutuamente a cuidar y a desplegar la vida, sobre todo allí donde se encuentra más amenazada.

## 3. UN MODO DE CAMINAR QUE NOS VA LIMPIANDO Y AFINANDO LA MIRADA

Recordaba una delicada y hermosa película de la directora japonesa, Naomi Kawase: *Una pastelería en Tokio*[106]. Sentaro, es un joven que regenta una pequeña pastelería y busca un ayudante. Una mujer anciana se ofrece para ayudarle y él accede de mala gana, pero ella le demuestra que tiene un don especial para hacer dulces. Gracias a su receta secreta, el pequeño negocio comienza a prosperar, y Sentaro y Tokue abrirán sus corazones. En un momento dado la anciana le dice: «Te vi trabajando con tristeza en tus ojos».

¿Qué vamos cargando que nos roba ánimo, que nos hace trabajar y servir, con tristeza en los ojos...? Contemplamos nuestro mundo como espectadores, cada vez más a través de pantallas. Pero el Señor nos quiere cómplices y compañeros, colaboradores de su actuar en el mundo.

Nacemos de una mirada creadora y vivificadora (cf. Gn 1, 31) pero esta *bendición original* del Dios, que ve bueno y precioso todo lo que ha hecho, se nos va volviendo opaca a lo largo del viaje y necesitamos volver a recuperarla; experimentarla sobre nosotros para poder ofrecerla a otros. Esta mirada primordial que da la justificación de la existencia, que le dice a cada criatura: Eres bienvenida a esta tierra. Una mirada que transmite confianza como experiencia de seguridad, y confianza como atrevimiento para afrontar el mundo y para arriesgarnos.

En ocasiones vivimos cegados por la prisa, el autocentramiento, la saturación, y participamos de otro tipo de miradas, que aparecen en los evangelios. Miradas de los que murmuran (cf. Lc 15, 2), de los que miran con desconfianza (cf. Mc. 8, 11-13), de los que no esperan nada nuevo, de los que ponen el ojo en lo que falta, miradas que oscurecen y lastiman (cf. Jn. 8, 4-6).

---

106 Guión y dirección NAOMI KAWASE. Coproducción Japón-Francia-Alemania (2015).

En la manera de saludar en lengua sudafricana se dice: *Sawubona* que significa «te veo». Hoy tenemos la mirada colonizada por las pantallas y podemos mirarnos sin vernos, esto nos roba presencia y calidez en las relaciones. Sentirnos vistos es sentirnos queridos, y cuando no sabemos vernos unos a otro, algo de lo humano está fallando. ¿No es verdad que nuestras mutuas miradas pueden desalentarnos o recrearnos? Tristemente tenemos experiencia de que podemos vivir juntos y mirarnos cada día sin vernos realmente.

Ignacio nos invita a un doble movimiento para sanar la mirada: el primero ponernos bajo la mirada de Jesús, darle la oportunidad de posar su mirada sobre nuestras vidas... como miró junto al pozo la de aquella mujer de Samaria a la que él le pide su agua primero, para hacerla sentir valiosa y poder alumbrar toda la capacidad de amar que había en ella (cf. Jn. 4). Ignacio quiere que nos expongamos cada día a esta mirada sanadora y posibilitadora de Jesús y que aprendamos a recibirnos enteramente de ella. De esa mirada de Dios que ve bueno y lleno de belleza todo lo que ha hecho, incluida mi vida.

El segundo movimiento es mirar nosotros detenidamente a Jesús: mirar cómo se relaciona con un sorprendido Zaqueo que a esas alturas de su vida entrampada no pensaba que tuviera nada bueno dentro de sí para dar (cf. Lc 19, 1-10). Mirar cómo dejó marchar a aquel joven rico con pena, porque no puede imponerse ni forzarse el cariño (cf. Mt 19, 16-30).

«¿Ves a esta mujer?» (Lc 7, 44), le preguntará Jesús a Simón el fariseo, pues se había escandalizado de que con la mala fama que ella tenía Jesús dejara que le derrochara su perfume y su afecto. Claro que Simón la estaba mirando, pero no era capaz de ver cuánta herida y cuánta sed de ternura había en ella. Jesús le irá mostrando a cámara lenta a Simón cuanta belleza y generosidad, cuanta donación hay en los gestos de esta mujer que él juzga y critica. Todo su cuerpo se expresa hacia Jesús de un modo absolutamente vulnerable: con caricias, lágrimas y besos. La mujer se embellece cuando Jesús la mira. Recupera la luz del amor que transfigura secretamente su vida, y había mucho en ella por alumbrar. También nosotros necesitamos exponernos a esta mirada de Jesús que reubica la nuestra. Sin abrir nuestros sentidos a la realidad del otro, sin cercanía, sin proximidad, sin contacto real, no podemos limpiar la mirada.

No puede haber contemplación en lo cotidiano, ni atención a los dolores secretos de los otros, si no rehacemos la mirada con instantes suaves y apacibles, de no hacer, de no calcular, de no aprovechar... sencillamente siendo, estando; asombrándonos de la maravilla de existir-junto-a-otros.

El rostro para iluminarse necesita acoger una mirada, una amistad, un amor. Hay dicha cuando podemos ver, y vemos con los pies, vemos según el lugar donde pisamos, y por eso Ignacio nos invita a transitar por espacios pobres y humildes como los que anduvo Jesús. Mirarle a él para que se imprima en nuestros sentidos su modo de proceder. «Quisiera conocerte como eres, tu imagen sobre mí bastará para cambiarme», oraba Pedro Arrupe.

«Te vi trabajando con tristeza en tus ojos...», le había dicho la anciana Tokue al joven Sentaro, por eso fue a su encuentro para devolverle luz. Y poco a poco, con una paciencia delicada, ella le irá desvelando su secreto: hacer su trabajo, despacio, en un mundo en el que parece que siempre vamos con prisas, cocinar poniendo atención amorosa, tiempo y gusto en lo que hace.

Algo así fue lo que Ignacio de Loyola aprendió a lo largo de su azarosa vida: trabajar y servir cada vez con más luz en la mirada, con una mirada más lucida y sensibilizada ante las necesidades de los otros, y descubrir que lo importante no es lo que tenemos que hacer: dar una charla o cocinar, trabajar en el campo o escribir, dar clase o visitar a un enfermo... Lo importante es el modo en que lo hacemos, la presencia y el cariño con el que estamos en las cosas.

Pedir conocimiento interno de tanto bien recibido (EE. 233), es pedir una mirada nueva sobre nosotros mismos, una mirada interior sobre los rostros, que nos hace presentir cuanto amor los atraviesa. Una mirada limpia que nos ayude a descubrir los puntos de luz que brotan de las heridas y las perlas de humanidad ocultas en los márgenes de la vida.

## 4. UN MODO DE CAMINAR DONDE CRECEMOS EN CAPACIDAD DE AGRADECER

Pasamos temporadas, incluso años, en que nos cuesta encontrar el hilo de la madeja de la propia vida, perdemos eje, perdemos sentido. A Agar, esclava de Saray y Abram, le pregunta el ángel cuando vaga por el desierto, perdida, con un hijo en sus entrañas ¿de dónde vienes y a dónde vas? Ella le dice: «huyo», el ángel le dirá: «vuelve». Pero solo puede volver cuando se descubre y se sabe bendecida (cf. Gn 16, 8 y ss.).

Vivimos tiempos precipitados, llenos de multitud de estímulos, y vamos experimentando como internet coloniza nuestra intimidad y nuestro modo de relacionarnos Los móviles nos tienen anestesiados, hacemos muchas cosas, pero en ocasiones no sabemos muy bien hacia dónde vamos, solo que lo hacemos muy muy deprisa… tan enajenados y ocupados que perdemos la orientación y así resulta imposible gustar y saborear la vida.

Recuerdo una anécdota que me ocurrió hace unos años. Vivíamos en comunidad con una joven laica de Guatemala que estaba acabando su máster y recién llegada a Granada salimos las dos una noche a tomarnos algo. Fuimos a un lugar de tapas y Adriana pidió una tabla de quesos. Cuando me fui a dar cuenta, yo ya me había comido mi parte. Ella me miró sorprendida y me dijo:

—Qué rápido te lo has tomado.
—Sí —dije yo un poco avergonzada —tenía hambre.
—¿Qué queso te ha gustado más? —me preguntó ella.
—Ah, ¿es que eran diferentes?

Me los había tomado tan deprisa que apenas había podido saborearlos. Fue una llamada de atención y sentí que así iba también por la vida, sin concederme el tiempo y el silencio de gustar las relaciones y las cosas. Aún recuerdo cómo disfrutaba Adriana y todo el tiempo que se tomó en saborear.

Cuando perdemos la capacidad de atención, de gustar internamente, se nos nubla también la posibilidad de agradecer. Hay modos de pasar por la vida exigiendo, como si todo se nos debiera o creyendo que lo que tenemos lo hemos ganado por nosotros mismos. Así estaban aquellos que se creían buenos en tiempos de Jesús, y él nos invita a no hacer como ellos (cf. Mt 23, 3).

El fariseo de la parábola orgulloso de sí, erguido, autosuficiente, da gracias a Dios por lo que él hace y cree merecer; agradece ser mejor que otros a los que enjuicia. No es consciente de que el virus de las *tres C* (competir, compararnos y criticar) ha ido tomando y dañando su disco duro. Se siente seguro de sí mismo y de su currículo espiritual, y mejor que aquel hombre que tiene a su lado (cf. Lc. 18, 9-14). Mientras, el publicano en la sombra, agazapado y manteniendo la distancia, solo pide en su indigencia que Dios tenga compasión de él. Y cuando pueda experimentarla, aunque el relato ya no nos lo cuenta, agradecerá, no lo que él ha sido capaz de hacer por sí mismo, sino lo que Dios ha hecho en él sin merecerlo.

El verdadero agradecimiento es el que nos lleva a reconocer que todo cuanto tenemos de bueno lo recibimos de Otro y de los otros. La gratitud nos pone en nuestro verdadero lugar de criaturas: pertenecemos a Dios y necesitamos unos de otros para salir adelante. La vida es dar y recibir. Ojalá que pudiéramos reconocer esas interdependencias cotidianas, esos cuidados silenciosos, que nos nutren en nuestro día a día sin los cuales no podríamos subsistir.

Diez leprosos habían sido curados por Jesús, pero sólo uno de ellos se volvió para agradecérselo, él preguntó: «¿No quedaron limpios los diez? ¿Dónde están los otros nueve? ¿Tan solo ha vuelto a dar gracias a Dios este extranjero…?» (Lc 17, 11-19). Diez leprosos quedaron limpios, pero sólo uno, el samaritano, el *outsider*, fue capaz de reconocerlo: «al verse curado, volvió alabando a Dios en alta voz y se postró a los pies de Jesús dándole gracias» y es esta inclinación, este agradecimiento el que completa en él una curación más honda: «levántate le dirá Jesús, tu fe te ha salvado».

Cuando Ignacio aprende a agradecer la luz que va brotando de su herida, le parecerán nuevas todas las cosas en él: los rostros, los paisajes, los fracasos, los intentos, los compañeros que vendrán.

Esa es la inclinación primera de nuestra vida -la principal para Ignacio- inclinarnos para reconocer el paso discreto del Señor en la historia. Su modo de pasar levantando, sanando, capacitando, obrando…y su modo de hacerlo por el lado más débil de la vida. Necesitamos reconocerlo para poder agradecerlo y para colaborar con él y ponernos a su servicio. ¡Qué distinto es servir desde la gratitud, y no desde la obligación, ni para ganarnos nada, ni para conseguir nada! Un indicador para saber cómo ando internamente es caer en la cuenta de qué manera ejerzo, en el día a día, mi capacidad para apreciar y agradecer en lo concreto. Aliviamos a otros cuando vivimos agradecidos.

El servicio ignaciano brota en la tierra de la gratitud, crece con la percepción honda de tanto amor y tanto bien recibidos, sin merecerlos, y eso dilata el corazón. Como rezan unos versos de Gabriela Mistral en su poema el placer de servir: «Hay una alegría en ser sano y en ser justo; pero hay, sobre todo, la hermosa, la inmensa alegría de servir»[107].

## 5. UN MODO DE CAMINAR QUE NOS VINCULA CON OTROS PARA AYUDAR A CUIDAR Y A DESPLEGAR LA VIDA

Siempre me emociona volver sobre el relato de la mujer cananea y contemplar cómo Jesús se deja convertir por aquella mujer extranjera y pagana que le pide que alivie el sufrimiento de su hija (cf. Mc 7, 24-30). Esta mujer necesitada curó a Jesús de su mirada judía condicionada, y ensanchó en

---

107 MISTRAL, Gabriela, *Poesía reunida*, México D.F., Fondo de Cultura Económica, 2020.

él espacios inimaginables, ayudándole a disolver sus propias fronteras interiores.

En ese encuentro En ese encuentro la mujer fue la acompañante de Jesús: ella le revela la dignidad sagrada de cada criatura más allá de su raza o su religión, y le ayuda a discernir su imagen de Dios y su propia misión. En la traducción más pegada al griego Jesús le dice: «Tú me has evangelizado a mí» (Mc 7, 29) o, dicho de otra manera: Tú me has hecho más humano.

Ser ayudados es ser humanos. Todos buscamos personas que puedan decirnos palabras para vivir y somos urgidos a entregar a los otros una palabra de vida. Otra herramienta capital en la espiritualidad ignaciana, junto al examen es el ser acompañados y el acompañar a otros. No podemos ver bien solos. Necesitamos pasar de la autogestión a una vida compartida. Precisamos de otras voces, de otras miradas, para no perdernos y andar el camino con fruto.

Ayudar al otro se convertirá en una de las acciones fundantes en la espiritualidad de Ignacio. Ayudar es el centro de su proyecto vital y el de sus compañeros, por eso se irá a estudiar a París siendo ya mayor para mejor poder acompañar a otros, es su manera de quererlos.

A veces sólo necesitamos de alguien que nos ayude a nombrar, a mirar aquello que se va desajustando en nosotros, que nos tiene bloqueados, y a reconocer por donde nos viene la vida abundante que Jesús ofrece. El discernimiento como estilo de vida, requiere que transitemos nuestro camino dejándonos acompañar para poder ir viviendo nuestro viaje como un proceso transformador.

Toni Catalá, jesuita muy querido y maestro del discernimiento en lo cotidiano, tenía un don especial para ayudarnos a exponernos ante el Señor sin dejar nada fuera, sin ocultar nada. Él mostraba su vulnerabilidad y eso hacía que pudiéramos sentir acogida la nuestra. Perder miedos para abrir nuestra vulnerabilidad a Dios y a los otros. Jesús descubre que, en lo fuerte, en lo duro, en lo rígido, en lo seguro, el Espíritu no puede vibrar y que Dios vibra siempre en lo tierno, en lo frágil, en lo débil, en lo vulnerable (cf. Mt 11, 25).

En otro momento de la película la anciana Tokue le dice al joven Sentaro: «Hemos venido a este mundo a verlo y escucharlo, no importa en qué nos convirtamos. No hace falta ser alguien en la vida, lo importantes es que cada uno de nosotros le da sentido a la vida de los demás».

Esta fue también la experiencia de Ignacio, dar sentido a otras vidas y él une los dos verbos, amar y servir, porque para él el servicio es la forma cotidiana y concreta del amor. «Un amor que no puede quedarse solo en palabras, aunque también las necesite» (D. Mollá).

Formamos parte de la vida de otras personas, unos a otros nos damos alimento emocional con la amabilidad, el aprecio, la calidez en la relación, la confianza que nos otorgamos. Ignacio irá aprendiendo, como reza una canción de Santiago Benavides que «sin amor las manos no ayudan a nadie» y encontrará a lo largo de su viaje personas que fueron mediación para él. Irá tejiendo vínculos de apoyo y de crecimiento con todos aquellos que encuentra. Cuanto más se va asemejando a Jesús más saludable, más bendiciente, se vuelve su vida para los demás. Servir es sabernos medicina unos para otros. Mutuamente nos ayudamos a sanar y a crecer.

Se preguntaba en una hermosa oración el querido Adolfo Nicolás, anterior general de la Compañía de Jesús: «Señor, ¿Qué flaquezas has visto en nosotros que te han decidido a llamarnos, a pesar de todo, para colaborar en tu misión?».

La espiritualidad ignaciana nos lleva a descubrirnos frágiles y llamados. Amados en nuestras debilidades. Vulnerables y resilientes. Enviados junto a otros a colaborar en la misión de Jesús. Pidiendo poder amar y servir en todo, con los sentidos bien abiertos, a la escucha de la realidad; siempre desde un talante discernidor. Tendiendo la mano allí donde la otra persona está y acompañándola a caminar un poco más adelante. Descentrándonos de nosotros mismos, poniendo en el centro a los pequeños y descartados. Ayudándonos mutuamente a caminar hacia unas vidas más vinculadas y plenas.

Esta espiritualidad de ojos abiertos y pies en tierra genera un estilo de vida atento y una gran apertura a las fracturas y potencialidades de nuestro mundo. Creo que el *magis* ignaciano no tendría que ver con más eficiencia, ni con más cantidad, ni con más excelencia…sino con ayudar más y mejor, con volvernos personas más cuidadosas, más tiernas y menos endurecidas, menos autosuficientes y más interdependientes, más compasivas y generosas; y frágilmente confiadas en su amor que transforma para bien todas las cosas. Hasta las florecillas le hablaban, a un Ignacio ya mayor y débil, de la delicadeza y la ternura de Dios para con él.

Concluyo con esta historia recreada de una joven discípula que pregunta a su maestra, «¿Qué es más importante en la vida, el viaje o el destino?», y la maestra le responde: «la compañía».

Agradecer a la Compañía de Jesús su fecundo legado espiritual a lo largo de estos quinientos años, tan necesario y trasformador en nuestro tiempo, y agradecer también esa «compañía luminosa» que podemos ser unos para otros en nuestro transitar cotidiano; como Tokue lo fue para Sentaro. En una de sus conversaciones ella le había contado que la luna le dijo un día: «Mírame bien que estoy brillando por ti».

# 9. El discernimiento ignaciano

P. Carlos Coupeau Dorronsoro S.J.

Profesor de Teología, Universidad de Deusto. Miembro del Grupo de Espiritualidad Ignaciana (GEI) de la Provincia de España de la Compañía de Jesús

## 1. INTRODUCCIÓN

Para salir al paso de algunas expectativas, comenzaré declarando que estas páginas quieren demostrar la relevancia actual del discernimiento. Introduciré el tema y haré referencia a una afirmación que se ha hecho recientemente acerca del lugar del discernimiento ignaciano en la historia. Me posicionaré críticamente ante la afirmación de que Ignacio de Loyola y la Compañía hayan impulsado la clericalización del discernimiento, sometiéndolo al rígido control de la institución, con evidencias bibliográficas recientes, especialmente desde 2010, comparando publicaciones en foros universitarios y extraeclesiales y extraeclesiales con los acostumbrados foros jesuíticos, pastorales o *internos,* especializadas en discernimiento. En fin, seleccionaré algunas aproximaciones al discernimiento ignaciano en tres niveles que caracterizan este congreso: a) entre especialistas en san Ignacio de Loyola; b) en el ámbito internacional, c) en el nivel universitario de investigación desde el año 2010.

## 2. CONCEPTUALIZACIÓN

*Discernimiento* es un término de moda. Parecería que, al menos el concepto del discernimiento, está más presente en la cultura secularizada que solía estar en la cultura de cristiandad. Constatamos con cierta sorpresa que, por ejemplo, una galería online para la promoción y venta artística (*Artmajeur*) ha etiquetado como *discernement* una serie de pinturas y obras de arte. La etiqueta *discernement* permite identificar más de 31 obras en aquel catálogo. Dos ejemplos que pueden estimular la aproximación de los interesados en el discernimiento son las de Flavien Couche y la de Gilles Clement Eugene[108]. También en el foro universitario, el discernimiento se ha hecho mucho más presente. Por ejemplo, «discernir» y «discernimiento» son términos recogidos por los *abstracts* de 97 disertaciones doctorales defendidas desde comienzos de 2020 y hasta primeros de mayo de 2022 en las universidades españolas. Las investigaciones a que nos estamos refiriendo fueron defendidas en departamentos tan distantes los unos de los otros como ciencias jurídicas y derecho[109], filosofía[110], teoría económica y organización industrial[111], matemática y lenguajes digitales[112], o crítica literaria[113].

En este contexto, el discernimiento ignaciano es un tipo de discernimiento *espiritual*. El discernimiento espiritual es una práctica que cuenta con una historia ya secular. El

---

108 Otros autores son: Corinne BROSSIER, Magali AUGRIS, Eric LEROY o Sarah LESEIGNEUR.

109 PASCUAL SUAÑA, Oliver, *Defensa de las personas jurídicas en el proceso penal español. Especial referencia a los informes periciales de compliance*, Valladolid, Universidad de Valladolid, 2022.

110 GÓMEZ RINCÓN, José F., *Hegemonía cultural, estrategia populista y crisis. La construcción del discurso político de Podemos*, Valencia, Universitat de València, 2022.

111 ALONSO, Irma, *The macro financial transmission of shocks*, Madrid: Universidad Carlos III, 2022.

112 DE OLIVEIRA, Ana P., *Proposition d'intégration des outils de tal pour une classe de fle, à travers le cas complexe du corpus d'archives de la presse de la première guerre mondiale*, Salamanca, Universidad de Salamanca, 2021.

113 MURGA AROCA, Aurora, *An ecocritical approach to the Gothic supernatural hybrid in the fin de siècle*, Alcalá de Henares, U. Complutense de Madrid, 2021.

*Dictionnaire de Spiritualité* resumió lo más notable de esta historia en un denso artículo, que recorre setenta columnas[114]. Aquel complejo artículo del *Dictionnaire* informa tanto de la relevancia que el tema iba adquiriendo en la década inmediata al Concilio Vaticano II, como de la necesidad que para la década de los años sesenta se sentía de contar con una visión de conjunto. Este es el contexto para venir al tercer paso de esta introducción.

## 3. DISCERNIMIENTO IGNACIANO

Desde que en 1957 se publicara aquel artículo, el discernimiento, el discernimiento *ignaciano* se ha vuelto crecientemente popular. Conviene aclarar, sin embargo, que el sintagma «discernimiento ignaciano» no se encuentra como tal en las fuentes ignacianas. «Discernimiento ignaciano» no es expresión ignaciana en el sentido que sí lo son «consolación» o «Principio y Fundamento». Todavía «discernimiento ignaciano« ha demostrado ser una expresión apropiada para que la comunidad ignaciana se refiera a su modo carismático de entender el discernimiento.

Por ejemplo, Viljem Lovse dedicó su investigación a descubrir la huella que la tradición acerca del discernimiento había dejado en los varios textos ignacianos (*Ejercicios espirituales, Constituciones* y epistolario). Lovse identificó aspectos de continuidad entre la tradición ya disponible en el siglo XVI y la noción de discernimiento atribuible a Ignacio en base a estos escritos. Calificó esta última como auténticamente original. Por un lado, Ignacio habría «retomado y redimensionado» el discernimiento de espíritus rastreable hasta Orígenes y Evagrio, como matriz de la libertad personal. Por otro lado, Ignacio se había referido al discernimiento del aspecto subjetivo (las mociones) en el foro de las realidades objetivas y de las circunstancias concretas y de las decisiones de vida espiritual, de gobierno y de envío

---

114 *Dictionnaire de Spiritualité*, s.v. «Discernement des Esprits», 3: 1222-1291

(*discreción* y *discreta caridad*). Y concluye Lovse que, aunque Ignacio escribiera y exhortara a la *discreta caridad* (o toma de decisiones presidida por la caridad y por la discreción), hoy solemos hablar de *discernimiento*. Aunque Ignacio escribiera *discreción* de espíritus, hoy insistimos en hablar de *discernimiento* espiritual. Y aunque Ignacio junto con sus primeros compañeros se ejercitara en procesos de consulta a que se refirió por escrito como «*deliberaciones*», hoy solemos hablar de discernimiento *comunitario* (y nosotros podemos hablar de «sinodalidad»)[115].

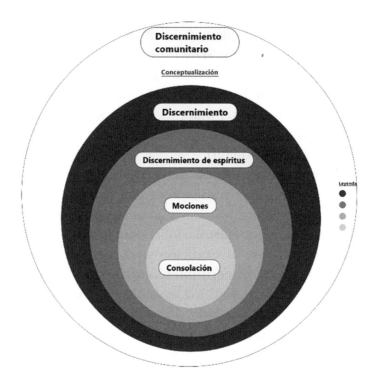

Ilustración 1.

115 LOVSE, Viljem. «Conversar para discernir y deliberar: Estudio de la concepción ignaciana del discernimiento», Disertación para la obtención del Doctorado en Teología. Madrid, Universidad Pontificia de Comillas, 2002.

Resumiendo y con la ayuda de la *Ilustración 1,* el «discernimiento ignaciano», que incluye toda práctica individual del mismo, no se limita a él. Hoy entendemos por *discernimiento ignaciano* un conjunto de realidades. Para cada una de ellas encontramos origen en la obra ignaciana. El término ignaciano *deliberación,* hoy referido como discernimiento *comunitario,* nos permite hablar de una esfera *sinodal* de la práctica conocida como discernimiento ignaciano. Igualmente, podemos hablar de la *discreta caridad* como aquél *discernimiento* en general, que se ocupa de las cosas agibles. Aquel discernimiento aterriza la discreción en actividades concretas como elegir y decidir. Al centro de la experiencia del *discernimiento ignaciano* y analizan esta experiencia, identificamos un movimiento positivo esencial. Ignacio lo llama *consolación* en las *Reglas de discreción de espíritus.* Se trata de una entre otras *mociones,* quizá la moción *princeps,* la más frecuente gracias a Dios. Seguramente hablamos de aquella moción más preciosa en la experiencia cotidiana. En realidad, las *mociones* son el objeto de estudio de la *discreción de espíritus,* (i.e. discernimiento *espiritual* ignaciano hoy).

En la medida que la discreción de los *espíritus* va siendo recuperada, cierto análisis histórico de las fuentes escritas nos ayuda a dar un paso más. La discreción *de espíritus* ha atraído la atención de especialistas en la historia de finales de la Edad Media.[116] Al comienzo de la segunda década de nuestro siglo, Clare Copeland y Jan Machielsen editaron las actas del congreso celebrado en Oxford sobre este tema (2011), bajo el título *Angels of light?,* que, además de a los historiadores del periodo, atrajo a teólogos católicos y protes-

---

116 Entre otros autores, destacan por sus investigaciones doctorales: Caciola, Nancy, «Discerning spirits: sanctity and possession in the later middle ages», Ann Arbor, Michigan, UMI, 1998 y, más tarde, Id. *Discerning spirits: divine and demonic possession in the Middle Ages.* Ithaca, N.Y., Cornell University Press, 2003, así como Roth, Cornelius, *Discretio spirituum: Kriterien geistlicher Unterscheidung bei Johannes Gerson.* Würzburg, Echter, 2001 y, más tarde, Roth, C. (ed.), *Spiritualität in der Seelsorge Spirituelle Theologie.* Würzburg,, Echter Verlag, 2011 (formato online) y Roth, C., «Irrtum und Wahrheit - Die Auseinandersetzung Johannes Gersons mit wahren und falschen Visionen und Lehren. Versuch einer Kriteriologie», en Speer, A. y Mauriège, M. (eds.), *Irrtum – Error – Erreur,* Berlin; Boston, De Gruyter, 2018, pp. 627-636.

tantes.[117] En el marco de este interés externo a la Compañía de Jesús, la investigación de Fabián Campagne nos ofrece un foco para seguir adelante. Campagne es profesor de Historia Moderna y autor de una reciente historia del discernimiento.[118] Se interesa en la tensión que caracterizó las relaciones entre carisma e institución eclesiástica. Y, en particular, afirma que la institución viene a sofocar el carisma mediante procesos de clericalización. Campagne no exagera al estimar de «considerable» el impacto del *discernimiento ignaciano* en la historia. Al estudiar este impacto, distingue el momento fundacional del periodo consecuente a la muerte de Ignacio. En el momento fundacional, Campagne reconoce un valor inmenso a las reglas de discreción de espíritus ignacianas. Las reglas son uno de los textos «más leídos y comentados» en la historia del discernimiento. Estas reglas acabaron convirtiéndose, sin embargo, en una «máquina de fabricar carismáticos».

Campagne, que atribuye últimamente a los jesuitas el impacto del discernimiento ignaciano, se pregunta: «¿Cómo puede caracterizarse el aporte que el Ignacio de Loyola histórico realizó a la bi-milenaria tradición del discernimiento de espíritus?» Y responde: «[...] creo que resulta posible caracterizar al guipuzcoano como un acabado *discretor spirituum* gersoniano, esto es, como un férreo impulsor de la plena clericalización» (del discernimiento).[119] Ignacio habría contribuido como nadie a «someter el carisma al rígido control de la institución». Los jesuitas, imbuidos en el concepto y práctica del discernimiento espiritual a través de los *Ejercicios espirituales,* habrían practicado el discernimiento extensamente.

Mientras que la obra de Campagne destaca la trascendencia que la doctrina ignaciana habría tenido, creemos que no

---

117 COPELAND, Clare y MACHIELSEN, Johannes (eds.), *Angels of light: sanctity and the discernment of spirits in the early modern period.* Boston, MA, Brill, 2012.

118 CAMPAGNE, Fabián A., «Ignacio de Loyola, discretor spirituum gersoniano. La Compañía de Jesús y el fenómeno místico-profético en la primera Edad Moderna», en CAMPAGNE, F. A. (ed.), *Profetas en ninguna tierra*, Buenos Aires, Prometeo, 2016, pp. 235-254.

119 CAMPAGNE, Fabián A., «Ignacio de Loyola y Teresa de Ávila. Inspectores de Espíritus: Institución y Carisma en los albores de la Era confesional», *Via Spiritus*, n°. 21, 2014, pp. 102-103.

la documenta suficientemente. En realidad, no demuestra estas afirmaciones para periodo o área concretas. Desde la situación y perspectiva actuales, no es absurdo suponer tal evolución o impacto. Sin embargo, los documentos oficiales de la Compañía de Jesús aportados por la investigación, prueban las directivas institucionales más que la implementación efectiva y el modo de llevarla a cabo. Permanece a nivel de hipótesis el que, a través del ministerio de la dirección espiritual y de los servicios teológicos ofrecidos por los jesuitas, se llevara a cabo una *svolta antimistica*.

Teniendo en cuenta que la obra de Campagne no prueba que haya existido *una* escuela del discernimiento, esta investigación presenta a continuación dos tipos de evidencias: Por un lado, la presencia del discernimiento en el magisterio escrito de Francisco y su impacto en la documentación de la Conferencia Episcopal Española; por otro lado, una serie de publicaciones, que compararemos con publicaciones internas de la Compañía sobre el discernimiento. Ambos tipos de evidencias argumentan a favor de una misma idea: el impacto creciente del discernimiento ignaciano dentro y fuera de los círculos eclesiásticos.

## 4. MÉTODO Y ANÁLISIS

Con el fin de presentar evidencias que puedan verificar parcialmente la afirmación de Campagne para el siglo XXI, las próximas páginas dan cuenta de un método que, toma 2010-2022 como periodo de estudio, 1) lleva a cabo un análisis de publicaciones acreditadas como investigación reconocida, y 2) las compara con un universo de otras publicaciones asociadas con el discernimiento ignaciano y 3) analiza además el texto de las exhortaciones pontificias de Francisco, 4) comparándolas con los documentos contemporáneos de la Plenaria del Episcopado Español. Por motivos de espacio, presentaré los puntos 3) y 4), prescindiendo de argumentos y notas, sirviéndome de tablas sintéticas y viniendo a unas conclusiones sumarias.

## 5. PUNTO DE PARTIDA

Discutiblemente, el discernimiento ignaciano representa un aspecto muy frecuentado de la Espiritualidad Ignaciana. Para entender hoy la historia reciente del mismo, contamos con la *Guía para investigadores*,[120] que ya reconocía el auge del discernimiento hace doce años.[121] Si aquellas notas habían identificado centenar y medio largo de entradas bibliográficas dedicadas especialmente al discernimiento en las publicaciones ignacianas (desde comienzos de siglo, al menos" 168 títulos). Desde 2010, sin embargo, el número de publicaciones ha seguido creciendo considerablemente (alcanzando a 273 títulos en el momento de presentar la conferencia). De casi tres centenares de entradas bibliográficas relacionadas con el discernimiento ignaciano en los últimos años, muchas incluyen la palabra discernimiento ya en el título. Otras entradas usan este término en la breve presentación de la publicación. El análisis del conjunto refleja una enorme y creciente diversidad de aproximaciones.

Ante esta constatación, ofreceremos solo una selección de publicaciones consideradas científicas y de alto impacto en investigación. Un equipo de la Facultad de Ingeniería de la Universidad de Deusto bajo la dirección de Igone Porto, las ha identificado en la base de datos multidisciplinar *Web of Science* (abreviado WoS), según una metodología que buscaba «lo ignaciano» en un espectro de documentación.[122] Mediante la combinación de cuatro términos de búsqueda («Ignatius», «Ignatian», «Society of Jesus», «Jesuits»), fueron identificados 3.235 títulos en los últimos años. De ellos, fueron analizados 923 títulos, mediante procesos de inteligencia artificial con

---

120 COUPEAU, Jose C., «Espiritualidad Ignaciana: Guía Para Investigadores», *Ignaziana* 4, n° 8, 2009, 73-128; aunque el término recurre unas 70 veces a lo largo del artículo, ver especialmente pp.117-119.

121 Ver la sección correspondiente en el sitio web de la revista Ignaziana, bajo la pestaña «bibliografías», como bibliografía ignaciana para los años 2010, 2011, 2012, y 2013.

122 PORTO GÓMEZ, Igone, et alia, «Ignatius: «El primer preámbulo es la historia»», en José Á. ACHÓN INSAUSTI, et alia (eds.), *Transformación y Espiritualidad. Miradas para un mundo en crisis*, Barcelona, Herder - Universidad de Deusto, 2022, pp. 335-359.

estos resultados: «Discernimiento» figura en el título de 19 de estas publicaciones, constituye una *keyword* de 14 y está en el *abstract* de 25 de ellas. Cotejando listados, identificamos la serie de publicaciones recogidas por la *Ilustración 2*.

| Autores | Título del artículo / capítulo | Fuente | ISSN | Año |
|---|---|---|---|---|
| TRINIDAD, J.E. | Dialogue, discernment, and creative tensions in Jesuit higher education | *International Studies in Catholic Education* | 1942-2539 | 2021 |
| GOMEZ-SEVILLA, H. FLOREZ, H. | Network innovation: experience in motion in the network of Jesuit schools in Colombia | *International Studies in Catholic Education* | 1942-2539 | 2021 |
| PLANTE, T.G. | Using the Examen, a Jesuit Prayer, in Spiritually Integrated and Secular Psychotherapy | *Pastoral Psychology* | 1573-6679 | 2021 |
| CAMPANARIO, S.C. BIKOS, L.H. KENDALL, D.L. | Ignatian Spirituality and Career Development: New Evidence for Age-Old Practices | *Journal of Career Development* | 0894-8453 | 2020 |
| HAERS, J. | A Synodal Process on Synodality: Synodal Missionary Journeying and Common Apostolic Discernment | *Louvain Studies* | 0024-6964 | 2020 |
| CLARENCE, M. VIJU, P.D. GEORGE, T.S. | The Jesuit educational mission in rural Chotanagpur, India: historical achievements and contemporary challenges | *International Studies in Catholic Education* | 1942-2547 | 2019 |

| | | | | |
|---|---|---|---|---|
| Kwon, Y.D. | Chinul's Empty and Quiescent Spiritual Knowing (kongjok yongji ) and Ignatius of Loyola's Indifference and Discernment of Spirits | *Journal of Korean Religions* | 2093-7288 | 2019 |
| Rixon, G.A. | Dwelling on the Way: Pope Francis and Bernard Lonergan on Discernment | *Irish Theological Quarterly* | 0021-1400 | 2019 |
| Soltes, R. | The Influence of Emotions on Spiritual Life in the Discernment of Saint Ignatius of Loyola and Saint John of the Cross | *Spirituality Studies* | | 2019 |
| Coleman, C.D. | What Hath Loyola to do with Azusa Street? Ignatian Themes in Amos Yong's Theology of World Religions | *Journal of Pentecostal Theology* | 0966-7369 | 2018 |
| Imanaka, J.L. | Laudato Si', Technologies of Power and Environmental Injustice: Toward an Eco-Politics Guided by Contemplation | *Journal of Agricultural & Environmental Ethics* | 1187-7863 | 2018 |
| Plante, T.G. | The 4 D's: Using Ignatian Spirituality in Secular Psychotherapy and Beyond | *Spirituality in Clinical Practice* | 2326-4519 | 2017 |
| Prevot, A | Ignatian Spirituality, Political Effectiveness, and Spiritual Discernment: Dean Brackley's Account of Liberation Theology | *Political Theology* | 1462-317X | 2017 |
| Rothausen, T.J. | Integrating Leadership Development with Ignatian Spirituality: A Model for Designing a Spiritual Leader Development Practice | *Journal of Business Ethics* | 0167-4544 | 2017 |
| Tran, D.Q. Carey, M.R. | Mercy within Mercy: The Heart of Pope Francis' Inclusive Leadership in a Broken World | *Breaking the Zero-sum Game: Transforming Societies Through Inclusive Leadership* | | 2017 |

| | | | | |
|---|---|---|---|---|
| Austin, N. | Spirituality and Virtue in Christian Formation: A Conversation between Thomistic and Ignatian Traditions | *New Blackfriars* | 0028-4289 | 2016 |
| Lavallee, M.H. | Practical Theology from the Perspective of Catholic Spirituality: A Hermeneutic of Discernment | *International Journal of Practical Theology* | 1430-6921 | 2016 |
| O'Brien, T.W. | 'Con ojos interiores' Ignatius of Loyola and the Spiritual Senses | *Studies in Spirituality* | 0926-6453 | 2016 |
| Mc-Chlery, L. | How Might the Theory and Practice of Ignatian Spirituality Inform Vocational Discernment in the Church of Scotland? | *Practical Theology* | 1756-073X | 2015 |
| Prosperi, A. | The Two Standards The Origins and Development of a Celebrated Ignatian Meditation | *Journal of Jesuit Studies* | 2214-1324 | 2015 |
| Delclos, V.R. Donaldson, R.P. | Contemporary liberal education: slowing down to discern | *On the Horizon* | 1074-8121 | 2014 |
| Henold, M.J. | Consciousness-Raising as Discernment Using Jesuit and Feminist Pedagogies in a Protestant Classroom | *Jesuit and Feminist Education: Intersections in Teaching and Learning for the Twenty-First Century* | | 2012 |
| Rakoczy, S | Living Life to the Full: The Spirit and Eco-feminist Spirituality | *Scriptura-International Journal of Bible, Religion, and the Theology in Southern Africa* | 0254-1807 | 2012 |
| Frick, E. | Pastoral and Psychotherapeutic Counseling | *Christian Bioethics* | 1380-3603 | 2010 |

Ilustración 2

141

Estas publicaciones contrastan con otras aparecidas en las revistas de espiritualidad ignaciana, que desde 2010 también se ocuparon del tema. Contrastan no solo por su irradiación a través de bases de datos y redes científicas; también por el área del conocimiento a que pertenecen, por el nivel científico y por la naturaleza de las publicaciones. La *Ilustración 2* muestra autores, disciplinas y revistas que para nada son órganos jesuíticos que institucionalicen el «discernimiento». Proceden del mundo académico y pertenecen a disciplinas como Historia e Historia de las Religiones, Psicología pastoral y Práctica Clínica, Educación o Ética de los negocios, e incluso teología no católica. En fin, excepto un par, no han sido escritas por jesuitas (ver *Ilustración 3*).

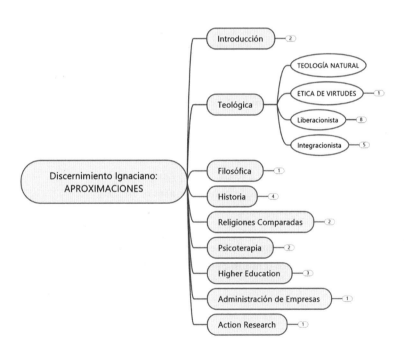

Ilustración 3

# 6. LAS EXHORTACIONES DEL PAPA FRANCISCO

Por otra parte, entre tantas instancias donde podríamos investigar el impacto del discernimiento ignaciano, el papado de Francisco se ha convertido en un «lugar común». Lo decimos porque ya se reconoce que Francisco ha hecho de esta palabra una clave de su pontificado. Le ha concedido un lugar prominente en su magisterio, convirtiendo el discernimiento en una realidad eclesial operativa.

De hecho, todas sus cinco exhortaciones apostólicas refieren al discernimiento (*Ilustración* 4). Tres de ellas, además, le dedican sendos capítulos.[123] En conjunto, las exhortaciones dan una visión amplia del mismo: un modo de vida cristiana privilegiado. Luego, cada una particulariza el discernimiento con expresiones que lo aplican. La *Ilustración* 4 presenta sintéticamente la frecuencia con que, no solo el sustantivo, sino el verbo recurre en estas exhortaciones. Estas nos refieren tanto al discernimiento *pastoral* como al *personal*, a un discernimiento *evangélico* como a otro *especial*, al discernimiento *práctico*, al *vocacional* o, bien, *fundamental;* por supuesto, también al *discernimiento espiritual*.

Dentro de este contexto, buscamos el discernimiento en los documentos de la Conferencia Episcopal Española.

| Voces referidas | Exhortaciones apostólicas del Papa Francisco | | | | |
|---|---|---|---|---|---|
| | *Evangelii Gaudium* 2013 | *Amoris Laetitia* (2016) | *Gaudete et exsultate* (2018) | *Christus vivit* (2019) | *Querida Amazonía* (2020) |
| «Discernimiento» | 9 | 35 | 17 | 23 | 1 |
| Discernir (formas verbales) | 5 | 10 | 5 | 9 | 0 |

Ilustración 4

---

123 *Amoris Laetitia* (*AL*) capítulo 8 «Acompañar, discernir, e integrar la fragilidad»; *Gaudete et Exsultate* (*GE*), capítulo 5 «Combate, vigilancia y discernimiento»; *Christus vivit* (*CV*) capítulo 9 «El discernimiento».

El uso y frecuencia con las exhortaciones de Francisco reenvían a diversas aplicaciones del discernimiento invita a comparar con el uso y frecuencia del discernimiento (impacto) en los documentos de la Conferencia Episcopal Española (CEE). En particular, nos ocupamos de los documentos finales emanados por las Asambleas Plenarias de la CEE (AAPP). En síntesis, descubrimos que, mientras que al comienzo del pontificado de Francisco, las asambleas plenarias rara vez usaban el término, después del discurso inaugural del Cardenal Omella en la Asamblea Plenaria (AP) hace unos meses (4 de abril 2021), el término irrumpe con fuerza (45 veces). Llegando a afirmar el Card. Omella que «la conversión pastoral, el discernimiento y la sinodalidad son los tres ejes principales que, en sintonía con el Papa Francisco y con la Iglesia universal, vertebran y motivan estas líneas de acción». (Comunicado de la AP117).

## 7. LAS ASAMBLEAS PLENARIAS (AAPP)

En realidad, las AAPP no habían referido al discernimiento antes de 2014. Por entonces, las referencias al discernimiento distaban de estar imbuidas por el sentido que hemos visto presente en las exhortaciones pontificias. Por ejemplo, el comunicado del 21 de noviembre de 2014 afirma: «podemos decir que la procedencia de los niños que se acercan a la catequesis es muy variada, por lo que se hace necesario un *discernimiento* y acompañamiento personal». Igualmente, la AP107 se expresaba: «Con un permanente espíritu de servicio, hemos debido realizar como pastores un *discernimiento* de la situación moral de nuestra nación y de sus instituciones». La noción de discernimiento en 2014 —como muestra, un botón— representa una pieza de época. El párrafo informaba a los fieles del procedimiento por el cual la CEE venía ponderando el modo de presencia de la Iglesia española en el contexto de las instituciones nacionales. Reconocía la constante transformación social. Mostraba su preocupación por la «situación moral» del país en general. Describía su actitud dialogante ante la comunidad política y los grupos culturales exponentes de diversas ideologías.

En cambio, dos años más tarde, José San José Prisco clausuraba el Congreso *Conferencias episcopales: orígenes, presente y perspectivas* con la ponencia «Las Conferencias Episcopales en una Iglesia sinodal». San José Prisco destacaba el discernimiento *como forma de gobierno.* Su discurso, alejándose de las formas de discernimiento vistas para 2014, representa un máximo acercamiento de discernimiento presente en las exhortaciones y a la sinodalidad.

Este relativo desierto de referencias al discernimiento es confirmado ampliamente por la base documental de la CEE. A partir del invierno de 2017, algunos documentos secundarios aluden al discernimiento… exclusivamente *vocacional.* Referencias esporádicas sea en el *Decreto de confirmación de los* «Misioneros de la Misericordia», sea en textos concernientes a la convocatoria o a las conclusiones del Sínodo «Jóvenes, fe y discernimiento vocacionales», son golondrinas que no hacen primaveras. Las AAPP necesitaron seis años antes de volver al discernimiento seis años antes de volver en *Fieles al envío misionero* (2021; hace apenas dos años). A consecuencia del proceso de sinodalidad durante el invierno de 2022, ahora sí, el vocabulario del discernimiento iba a extenderse por la documentación de modo reseñable. Aludían a él, el Departamento de Pastoral Penitenciaria, la Subcomisión episcopal para las Migraciones y Movilidad humanas, o incluso la Comisión Episcopal para la Doctrina de la Fe en su *Para la libertad nos ha liberado Cristo,* de marzo de 2022. La Oficina de Información en su nota acerca del comunicado de prensa emanado del XV Consejo Ordinario del Sínodo de los Obispos (26 de enero 2022) amplía los horizontes con estas palabras: «El verdadero reto de la sinodalidad es precisamente la escucha mutua y el discernimiento comunitario». Ahora sí, más allá del discernimiento de la propia vocación o del discernimiento arrinconado en la esfera de lo espiritual, el verdadero discernimiento se revela tanto un talante como una metodología que busca la cooperación con el Espíritu Santo.

| Fecha | Título del documento que refiere al discernimiento | Organismo |
|---|---|---|
| 2022.03.25 | *Para la libertad nos ha liberado Cristo* | Comisión para la Doctrina de la Fe |
| 2021.12.14 | *Niños, niñas y jóvenes migrantes solos* | Subcomisión episcopal para las Migraciones y Movilidad |
| 2021.11.25 | *Sinodalidad desde la Pastoral Penitenciaria* | Departamento de Pastoral Penitenciaria, |
| 2021.04.04 | *Fieles al envío misionero* | ASAMBLEA PLENARIA 117 |
| 2020.02.16 | *Laicos: «Es nuestro momento y somos nosotros los elegidos»* | Oficina de Información |
| 2019.11.22 | *Juntos en camino: Itinerario de formación y acompañamiento de novios* | Oficina de Información |
| 2019.08.28 | *«Mi alma tiene sed de Dios, del Dios vivo» (Sal 42,3). Orientaciones doctrinales sobre la oración* | Comisión para la Doctrina de la Fe |
| 2018.01.25 | *La Pastoral Juvenil organiza un seminario con jóvenes en Valladolid sobre el discernimiento* | Departamento de Pastoral de Juventud |
| 2017.12.12 | *Informe de la síntesis para el Sínodo ... «Jóvenes, fe y discernimiento vocacional»* | Desde el 2017.03.17, varios otros documentos incluyen este término solo como referencia a la preparación/ conclusiones del Sínodo ·señalado |
| 2017.10.10 | *54 sacerdotes españoles renovados como «Misioneros de la Misericordia»* | Oficina de Información |

| | | |
|---|---|---|
| 2016.04.22 | *Al servicio de la Iglesia y de nuestro pueblo. Mensaje con motivo del 50 aniversario de la Conferencia Episcopal Española* | ASAMBLEA PLENARIA 107 |
| 2014.11.21 | *Custodiar, alimentar y promover la memoria de Jesucristo. Instrucción pastoral sobre los catecismos* | ASAMBLEA PLENARIA 104 |

## 8. CONCLUSIONES: UN AMPLIO ESPECTRO DE APROXIMACIONES AL DISCERNIMIENTO

Viniendo ahora a los resultados de esta investigación, se constata que el discernimiento en general ha pasado a ser un tema importante. *Ad intra* de la Iglesia, el estudio de las alusiones al «discernimiento» revela una evolución en el número y naturaleza de las referencias que la CEE hizo al discernimiento, especialmente en sus AAPP, entre 2010-2022. Confirma esta evolución y desarrollo el estudio del número y naturaleza de las referencias al discernimiento en la base documental de la CEE (1966-2022). *Ad extra* y desde diversos campos del conocimiento, por otra parte, descubrimos referencias al concepto, al proceso/praxis o a la aplicación del discernimiento en diversas áreas de la realidad.

Desde el nacimiento y desarrollo de la expresión «espiritualidad ignaciana», nunca antes el tema particular del discernimiento ignaciano ha generado tanto interés por escrito[124]. Ahora bien, a la pregunta acerca de si este interés representa una «clericalización del discernimiento» o algo así como una institucionalización, los datos no prueban la hipótesis de Campagne.

---

124 O'MALLEY, John W., O'BRIEN, Timothy, «La construcción de la espiritualidad ignaciana en el siglo XX: un esbozo», *Ignaziana*, nº 30, 2020, pp. 288-289, ver n. 38.

El interés generalizado en la espiritualidad ignaciana ha favorecido el retorno a las fuentes y el rescate de diversas prácticas asociadas con el discernimiento (discernimiento espiritual, discernimiento comunitario, conversación espiritual). En torno a los Ejercicios y la práctica de los mismos, al gobierno ignaciano y sus principios, el discernimiento se ha conservado y transmitido a través del tiempo, como algo raro y precioso, atrayendo el interés de los buscadores.

El discernimiento ignaciano hunde sus raíces en el discernimiento paulino y evangélico, desde entonces está asociado con una tradición espiritual. Esta ha llegado a nuestro tiempo en mejores condiciones que otras. Se expresa en formas nuevas y creativas. La ilustración 4 solo ejemplifica algunas de estas aplicaciones, más allá de los estudios puramente ignacianos (acerca de san Ignacio, sus obras o doctrina). Con esta imagen he querido dar cuenta de ello de modo sintético.

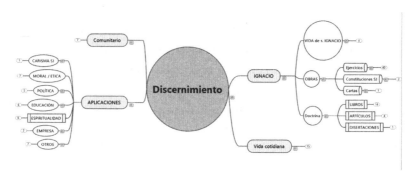

Ilustración 4

¿Podemos hablar hoy de disciplinamiento, institucionalización o clericalización del discernimiento? La evidencia aquí reunida parece desaconsejarlo. En cambio, constatamos un interés creciente, como una creciente liberación del discernimiento, que ahora sale de la esfera eclesiástica. El

discernimiento se está abriendo a otros ámbitos del conocimiento (no ya filosóficos-teológicos) y de la praxis; se está
abriendo a otras iglesias cristianas y está alcanzando a otras
latitudes, de hecho, saliendo del foro Mediterráneo y aún
europeo. Además, los y las autoras que se refieren al discernimiento no son ya jesuitas, sino laicos/as. Constatamos que
la proporción de autoras respecto del número de los autores es superior allí que en las revistas especializadas de la
Compañía donde los autores son mayoritariamente varones.
Por otra parte, nadie menos sospechoso de clericalizante,
que el Papa Francisco. De su impacto en la popularización
del discernimiento, a partir de su matriz ignaciana, creemos
haber dado una muestra.

# 10. Para una Iglesia regida y gobernada por el Espíritu

HNA. SYLVIE ROBERT, S.A.

PROFESORA DE TEOLOGÍA, CENTRE SÈVRES FACULTÉS JÉSUITES DE PARIS

Presentar una síntesis de una temática en un texto del papa Francisco es una tentativa difícil: en sus escritos, los temas se suceden, se superponen, se responden, en un estilo sinfónico. Tal vez eso sea especialmente importante y significativo en su exhortación *Gaudete et exsultate,* donde el papa invita a practicar el discernimiento.

Para entender los rasgos del discernimiento para la Iglesia de hoy que aparecen en esa exhortación, nos falta situar la reflexión sobre el discernimiento en el contexto global del texto. Después, podremos fijarnos sobre la parte del texto que habla explícitamente del discernimiento, buscando esos rasgos: Descripción. En una última parte, Evaluación, podremos interrogarnos sobre el interés que presenta, para la Iglesia de hoy, esa llamada a discernir en una exhortación consagrada al gozo de la santidad.

# 1. SITUACIÓN: EL DISCERNIMIENTO, «NECESIDAD IMPERIOSA» SOBRE UN CAMINO DE SANTIDAD A LA LUZ DE CRISTO EN EL MUNDO ACTUAL

En la última parte de *Gaudete et exsultate*, hallamos una llamada al discernimiento. En esa parte la palabra «discernimiento» ocurre quince veces y el verbo «discernir» dos veces, mientras que figura solo tres veces en los capítulos anteriores. El papa presenta el discernimiento como una «necesidad imperiosa» (167); eso da a entender la importancia para él del discernimiento.

El tema principal de *Gaudete et exsultate* no es por lo tanto el discernimiento. Como podemos leer tanto en las primeras líneas como en las últimas, el objetivo de la exhortación es «llamar a la santidad»:

> Mi humilde objetivo es hacer resonar una vez más el llamado a la santidad. (2)

> Espero que estas páginas sean útiles para que toda la Iglesia se dedique a promover el deseo de la santidad. Pidamos que el Espíritu Santo infunda en nosotros un intenso anhelo de ser santos para la mayor gloria de Dios y alentémonos unos a otros en este intento. (177)

Dos rasgos aparecen desde el inicio y atraviesan todo el texto: el vínculo de la santidad con el gozo y con la vida ordinaria, porque el Señor llama a cada uno (10), «en las ocupaciones de cada día, allí donde cada uno se encuentra» (14) y los santos no son personajes extraordinarios, sino «los santos de la puerta de al lado» (6).

La santificación es la voluntad de Dios para nosotros; es la misión del cristiano; nos hace «más vivos, más humanos», siguiendo a Cristo que nos enseña su camino en las Bienaventuranzas. Ellas «son como el carnet de identidad del cristiano» (63), describen «el estilo de vida al que el Señor nos llama» (110). El papa comenta cada una de las Bienaventuranzas, y, después, lee en el capítulo 25 del evangelio de Mateo (vv. 31-46) el «gran protocolo sobre el cual seremos juzgados» (95): reconocer Cristo en los pobres y sufrientes (96). Subraya también que la felicidad que describen las Bienaventuranzas no es la que el mundo propone o puede dar (75-76). No es «la alegría consumista e individualista tan presente en algunas experiencias culturales de hoy» (128). Es la razón porque andar por el camino de la santidad es siempre un combate.

«La vida cristiana es un combate permanente» (158) afirma Francisco; «nuestro camino hacia la santidad es también una lucha constante» (162). Con su exhortación, quiere «hacer resonar [...] el llamado a la santidad, procurando encarnarlo en el contexto actual, con sus riesgos, desafíos y oportunidades» (2). ¿Cuál es ese contexto? «Una sociedad [...] alienada, atrapada en una trama política, mediática, económica, cultural e incluso religiosa que impide un auténtico desarrollo humano y social», donde «para vivir el Evangelio [...] muchas veces las ambiciones del poder y los intereses mundanos juegan en contra nuestra» (91).

La exhortación trae a la luz «algunos riesgos y límites de la cultura de hoy» (110). «El mundo nos propone [...] el entretenimiento, el disfrute, la distracción, la diversión, y nos dice que eso es lo que hace buena la vida.» (75) Francisco menciona sobre todo la «sociedad de consumo» (108), el hecho de que «la vida actual ofrece enormes posibilidades de acción y de distracción, y el mundo las presenta como si fueran todas válidas y buenas lo que expone especialmente los jóvenes [...] a un zapping constante» (167); subraya el «vorágine actual» (108) en «nuestro mundo acelerado, voluble y agresivo» (112), debido a «las constantes novedades de los recursos tecnológicos, el atractivo de los viajes, las innumerables ofertas para el consumo» (29). El papa denuncia «la fiebre que nos impone la sociedad de consumo para vendernos cosas, [que] termina convirtiéndonos en pobres insatisfechos que quieren tenerlo todo y probarlo todo» (108). Advierte del riesgo de «convertirnos fácilmente en marionetas a merced de las tendencias del momento» (167).

En esta vorágine, se pierden la disponibilidad para Dios, la apertura a los demás, y finalmente el gozo. En efecto, hallar «espacios vacíos donde resuene la voz de Dios» resulta muy difícil: «Necesitamos detener esa carrera frenética para recuperar un espacio personal, a veces doloroso, pero siempre fecundo, donde se entabla el diálogo sincero con Dios.» (29)

Las relaciones se están deteriorando:

> La violencia [...] invade la vida social. (116)
>
> Este mundo [...] desde el inicio es un lugar de enemistad, donde se riñe por doquier, donde por todos lados hay odio, donde constantemente clasificamos a los demás por sus ideas, por sus costumbres, y hasta por su forma de hablar o de vestir. En definitiva, es el reino del orgullo y de la vanidad, donde cada uno se cree con el derecho de alzarse por encima de los otros. (71)

Internet y las redes sociales se vuelven a «redes de violencia verbal», a través de los cuales «se dicen cosas que no serían tolerables en la vida pública, y se busca compensar las propias insatisfacciones descargando con furia los deseos de venganza» (115). «El consumo de información superficial y las formas de comunicación rápida y virtual pueden ser un factor de atontamiento que se lleva todo nuestro tiempo y nos aleja de la carne sufriente de los hermanos.» (108) La injusticia reina por el mundo. «El consumismo hedonista [nos conduce a] concentra[rnos] en nosotros mismos, en nuestros derechos y en esa desesperación por tener tiempo libre para disfrutar.» (146) Y «la tendencia al individualismo consumista [...] termina aislándonos en la búsqueda del bienestar al margen de los demás» (108), sin compromiso ni sentido de la misión.

Así «el aire irrespirable de nuestra autorreferencialidad» (136) no trae nada de gozo. Pues, la «alegría consumista e individualista» puede brindar «placeres ocasionales y pasajeros, pero no gozo» (128). Resulta que:

> En la cultura de hoy se manifiestan: la ansiedad nerviosa y violenta que nos dispersa y nos debilita; la negatividad y la

tristeza; la acedia cómoda, consumista y egoísta; el individualismo, y tantas formas de falsa espiritualidad sin encuentro con Dios que reinan en el mercado religioso actual. (110)

En una palabra, el consumismo no produce «la alegría, sino la insatisfacción de quien no sabe para qué vive» (29).

Sin embargo, el combate no viene solamente de la sociedad o de la cultura actual, sino de «formas de falsa espiritualidad» (110) o «falsificaciones de la santidad» (35). El papa diagnostica «nuevas formas de gnosticismo y de pelagianismo que complican [la Iglesia] y la detienen en su camino hacia la santidad». (62)

El gnosticismo se define, según Francisco, «una mente sin Dios y sin carne»: «el sujeto queda clausurado en la inmanencia de su propia razón o de sus sentimientos» (36). Los gnósticos olviden que «Dios nos supera infinitamente, siempre es una sorpresa y no somos nosotros los que decidimos en qué circunstancia histórica encontrarlo, ya que no depende de nosotros determinar el tiempo y el lugar del encuentro» (41); creen que, «porque sabe[n] algo o [pueden] explicarlo con una determinada lógica, ya [son] santos, perfectos, mejores que la «masa ignorante»» (45). El gnosticismo, «quiere domesticar el misterio, tanto el misterio de Dios y de su gracia, como el misterio de la vida de los demás» (40).

Por su parte, el pelagianismo es un camino de «autocomplacencia egocéntrica y elitista» (57), de «voluntad sin humildad» (49), que no toma en cuenta ni la debilidad, la fragilidad y los límites del ser humano ni la naturaleza histórica de la condición humana; por lo tanto, no considera que «la gracia actúa históricamente y, de ordinario, nos toma y transforma de una forma progresiva» (50).

Se manifiesta en muchas actitudes aparentemente distintas: la obsesión por la ley, la fascinación por mostrar conquistas sociales y políticas, la ostentación en el cuidado de la liturgia, de la doctrina y del prestigio de la Iglesia, la vanagloria ligada a la gestión de asuntos prácticos, el embeleso por las dinámicas de autoayuda y de realización autorreferencial.

(57) . Parece someter la vida de la gracia a unas estructuras humanas." (58).

En esas ambas herejías, «se expresa un inmanentismo antropocéntrico», «un elitismo narcisista y autoritario» (35), una autorreferencialidad que no reconoce que Dios siempre nos primerea; «ni Jesucristo ni los demás interesan verdaderamente[125]»; se olviden totalmente la virtud suprema, la caridad, y las dos únicas riquezas, «el Señor y el prójimo» (61). Al contrario, la exhortación propone «un modelo de santidad» con «cinco grandes manifestaciones del amor a Dios y al prójimo» (111): «firmeza interior» de quien está «centrado, firme en torno a Dios que ama y que sostiene», «alegría y sentido del humor», «audacia y fervor», «comunidad», «oración constante».

En ese contexto, al contrario de evitar el combate y de ceder a la tentación de huir «a un lugar seguro que puede tener muchos nombres: individualismo, espiritualismo, encerramiento en pequeños mundos, dependencia, instalación, repetición de esquemas ya prefijados, dogmatismo, nostalgia, pesimismo, refugio en las normas» (134), el discernimiento es un instrumento de lucha. ¿Cómo lo presenta la exhortación?

## 2. DESCRIPCIÓN: ¿QUÉ DISCERNIMIENTO?

La imagen que dibuja el papa de la sociedad contemporánea podría hacernos creer que el enemigo es el mundo. No es así. El capítulo en el que se tratará el discernimiento menciona «una lucha constante contra el diablo, que es el príncipe del mal» (159). El enemigo no es el mundo, sino bien el diablo. Evitando presentar el mal de forma abstracta, esta dramaturgia permite resaltar su fuerza destructiva a la que nos enfrentamos (160), pero también la lucha y victoria de Cristo (158) y es un estímulo para luchar, sin «bajar los brazos» (161).

---

125 *Evangelii gaudium* (24 noviembre 2013), 94: AAS 105 (2013), 1060.

En efecto, la «sabiduría del discernimiento» (167) permite «saber si algo viene del Espíritu Santo o si su origen está en el espíritu del mundo o en el espíritu del diablo» (166). Se trata de oír la voz de Dios: «reconocer los tiempos de Dios y de su gracia, para no desperdiciar las inspiraciones del Señor» (169). Eso es particularmente necesario cuando surge una novedad: ¿viene de Dios o del espíritu del mundo o del espíritu del diablo? ¿Debemos abrazarla o, por el contrario, no cambiar nada?

Ya se puede ver que el discernimiento es a la vez un don del Espíritu y una práctica. «Recordemos siempre que el discernimiento es una gracia», «un don sobrenatural» (170); hay que pedirlo al Espíritu (166). «No excluye los aportes de sabidurías humanas, existenciales, psicológicas, sociológicas o morales. Pero las trasciende.» (170) Al mismo tiempo, es un «hábito» (167), una «capacidad espiritual» (166), en la que podemos crecer y progresar (174), y que nos hace falta ejercitar. Así, al contrario del gnosticismo y del pelagianismo, discernir es cooperar con la gracia de Dios que siempre nos precede. Ninguna autosuficiencia; ninguna autorreferencialidad.

Aquí se toca la vinculación entre el discernimiento y el misterio de Dios. En efecto, en el discernimiento,

> no está en juego solo un bienestar temporal, ni la satisfacción de hacer algo útil, ni siquiera el deseo de tener la conciencia tranquila. Está en juego el sentido de mi vida ante el Padre que me conoce y me ama, el verdadero para qué de mi existencia que nadie conoce mejor que él. (170)

Es decir que «se trata de entrever el misterio del proyecto único e irrepetible que Dios tiene para cada uno» (170). Al discernir, entramos en una flexibilidad que corresponde a «la libertad del Espíritu, que actúa como quiere» (172):

> No se trata de aplicar recetas o de repetir el pasado, ya que las mismas soluciones no son válidas en toda circunstancia y lo que era útil en un contexto puede no serlo en otro. El

discernimiento de espíritus nos libera de la rigidez, que no tiene lugar ante el perenne hoy del Resucitado. (173)

Pues bien, los lugares y los tiempos de Dios «nunca son los nuestros» (174). Asimismo, Cristo propone una felicidad paradójica, según una «lógica misteriosa que no es de este mundo», «la lógica del don y de la cruz» (174).

Esa novedad «se realiza en medio de los más variados contextos y límites» (170). Es decir que el discernimiento se acuerda con la encarnación en la historia. Conforme a lo que escribe Ignacio en las *Constituciones,* es un arte de considerar las circunstancias de tiempos, de lugares y de personas para adaptarse a ellos, siguiendo a Jesucristo. De verdad, «únicamente el Espíritu sabe penetrar en los pliegues más oscuros de la realidad y tener en cuenta todos sus matices, para que emerja con otra luz la novedad del Evangelio» (173).

Por lo tanto, el ámbito del discernimiento es la vida en todas sus dimensiones: «Cuando escrutamos ante Dios los caminos de la vida, no hay espacios que queden excluidos» (175). Incluso

> lo pequeño, [...] lo que parece irrelevante, porque la magnanimidad se muestra en lo simple y en lo cotidiano. Se trata de no tener límites para lo grande, para lo mejor y más bello, pero al mismo tiempo concentrados en lo pequeño, en la entrega de hoy. (169)

Al papa le gusta referirse al epitafio de san Ignacio: *«Non coerceri maximo, contineri tamen a minimo, divinum est»* Así, el discernimiento es un camino para conocer a Dios mismo: «El discernimiento, en definitiva, conduce a la fuente misma de la vida que no muere, es decir, conocer al Padre, el único Dios verdadero, y al que ha enviado: Jesucristo.» (170). Es «una verdadera salida de nosotros mismos hacia el misterio de Dios» (175).

Esa dimensión mística del discernimiento va a la par con su dimensión apostólica. Dos citas bastaran para que sintamos esa dimensión apostólica del discernimiento:

No se discierne para descubrir qué más le podemos sacar a esta vida, sino para reconocer cómo podemos cumplir mejor esa misión que se nos ha confiado en el Bautismo. (174)

El discernimiento no es un autoanálisis ensimismado, una introspección egoísta, sino una verdadera salida de nosotros mismos hacia el misterio de Dios, que nos ayuda a vivir la misión a la cual nos ha llamado para el bien de los hermanos. (175)

¿Como se puede vivir tal profundidad del discernimiento? En la medida en que «el Señor nos habla de modos muy variados en medio de nuestro trabajo, a través de los demás, y en todo momento» (171) y que, por otra parte, no podemos ni debemos decidir en cuales tiempos y lugares él va a hablar, la práctica del discernimiento debe estar constante. No podemos reservarla a algunos «momentos extraordinarios, o cuando hay que resolver problemas graves, o cuando hay que tomar una decisión crucial» (169). Discernir es necesario en toda la vida y sobre toda la vida, incluso «en lo pequeño, en lo que parece irrelevante, […] en lo simple y en lo cotidiano» (169).

Para «escrutar ante Dios los caminos de la vida» (175), tenemos que escuchar a Dios, a sus palabras, inspiraciones, llamadas: a Él, pero también «a los demás, a la realidad misma que siempre nos desafía de maneras nuevas» (172). Escuchar supone «renunciar a su propio punto de vista parcial o insuficiente, a sus costumbres, a sus esquemas [y estar] realmente disponible para acoger una llamada que rompe sus seguridades pero que […] lleva a una vida mejor.» (172) Supone también orar.

El papa subraya la importancia del

silencio de la oración detenida para percibir mejor [el] lenguaje [de Dios], para interpretar el significado real de las inspiraciones que creímos recibir, para calmar las ansiedades y recomponer el conjunto de la propia existencia a la luz de Dios. Así podemos dejar nacer esa nueva síntesis que brota de la vida iluminada por el Espíritu. (171)

Aquí se manifiesta la transformación de la vida que opera el discernimiento. Percibir, interpretar, calmar, recomponer: esos verbos indican que se trata de oír precisamente lo que Dios dice, pero también de interpretarlo —¿qué me dice, hoy, a mí, en mi vida concreta y a qué me invita?—, sin dejarse conducir ni frenar por sus emociones o impresiones, para reorientar concretamente su vida, bajo la inspiración del Espíritu. Para hacerlo, el papa pide «a todos los cristianos que no dejen de hacer cada día, en diálogo con el Señor que nos ama, un sincero «examen de conciencia»» (169).

Esa práctica personal del discernimiento se vive en fidelidad al Evangelio y a la Iglesia. En efecto, el último criterio del discernimiento es la «obediencia al Evangelio […] pero también al Magisterio que lo custodia». (173)

Tales son los rasgos del discernimiento según el papa Francisco. Pero ¿cómo la inserción de estos párrafos consagrados al discernimiento en una exhortación al gozo de la santidad afecta la manera de entender el discernimiento y cuál es la fecundidad de esa vinculación?

### 3. EVALUACIÓN: LA FECUNDIDAD DE UNA VINCULACIÓN

Por cierto, *Gaudete et exsultate* establece una estrecha vinculación entre el discernimiento y la santificación. Explícitamente o con más discreción, el tema del discernimiento es como una filigrana a través del texto.

En primer lugar, podemos notar la presencia del vocabulario del discernimiento. Claro, la palabra «discernimiento» ocurre principalmente en la última parte del texto. Sin embargo, el verbo «discernir» está presente tres veces antes de la quinta parte[126]. En el número 150, lo que se discierne

---

126 En los párrafos n°23, 62, 105.

son «los caminos de santidad que el Señor nos propone». Asimismo, el vocabulario del discernimiento aparece antes de la quinta parte: los que lloran serán consolados (76); en los pequeños detalles, se pueden vivir «consoladoras experiencias de Dios» (145).

> La persona que ve las cosas como son realmente, se deja traspasar por el dolor y llora en su corazón, es capaz de tocar las profundidades de la vida y de ser auténticamente feliz. Esa persona es consolada, pero con el consuelo de Jesús y no con el del mundo. (76)

Al revés, las palabras de la desolación faltan. «El diablo» ocurre seis veces en el capítulo quinto, Satanás dos veces (159, 165) y las tentaciones una vez (140); las dos herejías del capítulo segundo son «enemigos» (34); el vocabulario del engaño, que se halla más frecuente en el capítulo quinto (159, 161, 165 —2 veces—, 168), figura también a propósito de ellas (35, 38, 40).

De un modo más discreto, podemos observar correspondencias entre las temáticas. El comentario de las Bienaventuranzas y la descripción de las «notas de la santidad en el mundo actual» dan una gran importancia al corazón[127], que es el lugar donde se producen las mociones; y la invitación a permitir [a Dios] que examine nuestro corazón para ver si va por el camino correcto» (51) se parece mucho al examen de consciencia, medio esencial para discernir.

La exhortación vincula la santidad con el gozo y con una alegría que el texto define con su dimensión paradójica: no es solamente un bienestar, sino integra también lágrimas de quien «se deja traspasar por el dolor y llora en su corazón, es capaz de tocar las profundidades de la vida y de ser auténticamente feliz» (76). Eso evoca la consolación dolorosa de los *Ejercicios espirituales*, cuando el ánima «lanza lagrimas motivas a amor de su Señor» (*ES* 316). Además, lo que tenemos que huir es apariencia, superficialidad, false-

---

127 Cfr. por ejemplo 67 y 83.

dad, pensamientos vacíos (84), que son para Ignacio características del mal espíritu. En las «notas de la santidad en el mundo actual», podemos también reconocer algunas de las actitudes que Ignacio recomienda a quien está en la desolación: «estar centrado, firme en torno a Dios», lo que produce «seguridad» (125, 132), «firmeza interior» con la cual «es posible aguantar, soportar las contrariedades, los vaivenes de la vida, y también las agresiones de los demás, sus infidelidades y defectos», «paciencia y constancia en el bien» (112). En la misma parte, el papa invita a «prestar atención a los detalles» (144) y en la quinta parte, no reserva el discernimiento a las cosas grandes, sino a lo pequeño (169). Al leer la exhortación, se constata cómo el tema de la libertad es constante; ahora bien, discernir es «examinar lo que hay dentro de nosotros —deseos, angustias, temores, búsquedas—, y lo que sucede fuera de nosotros —los "signos de los tiempos"— para reconocer los caminos de la libertad plena» (168). Finalmente, ¿qué es el discernimiento sino buscar y reconocer la presencia de Dios para vivir en esa presencia, a la que ya han llegado los santos? (4) «Los santos de la puerta de al lado son un reflejo de la presencia de Dios». (7)

Tenemos que notar también las oposiciones que estructuran la exhortación, cuando se trata sea de la santidad, sea del discernimiento. De hecho, el papa opone la santidad autentica y sus falsificaciones, el modo mundano de vivir y el estilo de vida evangélico, el gozo, la alegría, el consuelo que proporciona Cristo y la tristeza o la alegría superficial del mundo. Asimismo, el estilo de las palabras sobre el discernimiento, aun en las reglas que da Ignacio en sus *Ejercicios espirituales*, usa oposiciones binarias – el buen y el mal espíritu, consolación y desolación…

Así, la vinculación entre la santidad y el discernimiento es muy estrecha y fecunda. La santidad ilustra el discernimiento y viceversa. Eso subraya que la llamada a la santidad se vive en lo cotidiano, para cada uno en su vida singular, en cada momento y ámbito de su vida, «más en las obras que en las palabras», y que supone una lucha permanente; el discernimiento le da un instrumento para desarrollarse.

¿Y qué recibe el discernimiento? Nada menos que su relación con Cristo. La santidad es una «identificación con Cristo y sus deseos» (24); pues un santo es una «figura que refleja algo de Jesucristo» (22), «un mensaje que el Espíritu Santo toma de la riqueza de Jesucristo y regala a su pueblo» (21); es alguien que reconoce «ese mensaje de Jesús que Dios quiere decir al mundo con [su] vida» (24). Es «el rostro del Maestro, que estamos llamados a transparentar en lo cotidiano de nuestras vidas» (63). «Cada santo es una misión; es un proyecto del Padre para reflejar y encarnar, en un momento determinado de la historia, un aspecto del Evangelio.» (19) Al final, el objetivo del discernimiento es: dejar Cristo reflejarse en nuestra vida, «reflejar la santidad de Dios en este mundo» (12). Así ambos, discernimiento y santidad, son sobre todo misión.

De verdad, y para concluir, tocamos aquí la fecundidad del discernimiento para la Iglesia de hoy. Por supuesto, ahora, el modo de presentar y de practicar el discernimiento no es inmune de riesgos…: el riesgo de reducirlo a una comodidad espiritual personal, sin compromiso en la sociedad ni por los demás. ¡En otros términos, «autorreferencial»! *Gaudete et exsultate* impide esa interpretación y la confusión entre consolación o gozo y bienestar: trae a la luz la dimensión teologal del discernimiento. Da a entender que la interioridad cristiana está siempre abierta a los demás y a la vida del mundo, contrariamente a lo que se busca muchas veces ahora: una interioridad sin alteridad, cerrada sobre sí-mismo.

Subrayando la necesidad del discernimiento e interpretándolo en un sentido teologal, místico, apostólico, la exhortación contribuye a una Iglesia más espiritual que funcional, hasta funcionaria…

Podríamos añadir que después de esa exhortación, publicada en 2018, ocurrieron dos acontecimientos en y para la Iglesia: la revelación masiva de los abusos y el inicio del proceso sinodal. La Iglesia tiene que sanar las relaciones dentro de sí mismo; *Gaudete et exsultate* no aborda ese problema; solo el párrafo 43 afirma: «No podemos pretender que nuestro modo de entender [la verdad que recibimos del Señor] nos autorice a ejercer una supervisión estricta de la vida de los demás.» Por supuesto ahora eso no basta más. Precisamente, el discernimiento, que trabaja para reconocer las mociones que se producen en el alma y que tocan un sujeto singular, constituye una muralla para proteger las personas de todo dominio. Por lo del sínodo, las actitudes que preconiza el papa merecerían la pena que todos en la Iglesia las adoptasen y pusiesen en práctica.

Para nosotros, es una invitación a renovarnos con una nueva lectura de las reglas para sentir y conocer las diversas mociones, a renovar nuestra practica del discernimiento, y a observar las relaciones entre esas reglas y las que da Ignacio para sentir en y con la Iglesia.

# 11. *Ignacio de Loyola, la Compañía de Jesús y Andalucía: Retazos de una historia compartida*

HNO. WENCESLAO SOTO ARTUÑEDO, S.J.
(ARSI, ROMA)

En otro lugar hemos estudiado la relación de Ignacio de Loyola con Córdoba y san Juan de Ávila[128], ahora ampliamos el foco con Andalucía y la Compañía de Jesús.

## 1. IGNACIO DE LOYOLA Y ANDALUCÍA

### 1.1. LAS RELACIONES FAMILIARES CON ANDALUCÍA

La primera relación de la familia de Íñigo con Andalucía tiene como protagonista a su abuelo, Juan Pérez de Loyola, uno de los *parientes mayores,* que tenían oprimidas a las ocho villas, incluidas Azcoitia y Azpeitia. Para defenderse, crearon

---

128 SOTO ARTUÑEDO, Wenceslao, «San Juan de Ávila y la Compañía de Jesús. La fundación del colegio de Córdoba», en Manuel Pérez Moya y Antonio Llamas Vela, (eds.), *Vida y obra de san Juan de Ávila. Actas del II Congreso Internacional sobre San Juan de Ávila*, Córdoba, Almuzara 2021, pp. 143-184.

una hermandad en 1451, y en 1456 se vengaron atacando las casas de los parientes mayores, destruyendo parcialmente, entre otras, la casa torre de Loyola. Los señores respondieron con un desafío en las puertas de la iglesia de Azcoitia, a modo de venganza.

Pero el rey Enrique IV, por sentencia de 21 de abril de 1457 desterró a un grupo de desafiantes a Ximena (Cádiz), entre ellos, el abuelo de Íñigo, y a otro, a Estepona (Málaga)[129]. El abuelo volvió en 1460, y se le permitió reedificar la mitad del solar loyoleo, derruido por sus enemigos en 1456, pero en ladrillo, como permanece hoy día[130].

Ilustración 1: Casa torre de Loyola con los dos pisos superiores reconstruidos en ladrillo, como se ve hoy día.

129 ORELLANA UNZUE, José Luis, *Cartulario Real de Enrique IV a la provincia de Guipúzcoa* (1454-1474), Donostia-San Sebastián, 1983, documento 19.
130 GARCÍA VILLOSLADA, Ricardo, *San Ignacio de Loyola. Nueva biografía*, Madrid, BAC, 1986, pp. 53-57.

Su padre Beltrán Yáñez de Loyola, al igual que su progenitor, había servido a Enrique IV, y el 10 de junio de 1484, recibió donaciones de los Reyes Católicos por los servicios prestados. Debió continuar prestándolos, en concreto, en la conquista de Vélez-Málaga, Comares y Málaga, pues en 1487, el rey le otorgó otras donaciones por sus servicios. Igualmente parece que participó en el asedio y conquista de Granada, tomada el 2 de enero de 1492. Poco antes (probablemente antes del 23 de octubre de 1491), su esposa, Marina Sáez de Licona, daba a luz a su decimotercer hijo, Íñigo López de Loyola.

Es probable que, en la misma guerra de Granada, interviniera el hermano mayor de Íñigo, Juan Pérez de Loyola, cuya nave se incorporó en 1492 a la armada de Vizcaya, al mando de Íñigo de Artieta, que en 1493 fue encargada de transportar al norte de África a Boabdil con su familia y séquito[131].

El *tutor* de Ignacio, Juan Velázquez de Cuéllar, también participó en la conquista de Málaga y formó parte del grupo al que encomendaron los reyes la custodia de las torres, puertas y fortaleza recién tomadas en 1487, antes de su entrada pública[132].

## 1.2 POSIBLE ESTANCIA DE ÍÑIGO EN ANDALUCÍA

La función de Íñigo en Arévalo consistía en la vinculación a la persona de Juan Velázquez de Cuéllar como a señor, y miembro de su séquito. Velázquez era uno de los dos contadores mayores de Hacienda de Castilla, uno de los puestos más

---

131 MEDINA ROJAS, Francisco de Borja, «Íñigo López de Loyola: probable estancia en Sevilla (1508 y 1511) y su reflejo en los ejercicios», *Archivum Historicum Societatis Iesu*, 63, 1994, pp. 3-75, especialmente 29-31; GARCÍA HERNÁN, Enrique, «Ignacio de Loyola y su familia», en SERRANO, Eliseo, (coord.), *Erasmo y España. 75 años de la obra de Marcel Bataillon (1937-2012)*, Zaragoza, Institución Fernando el Católico, 2015, pp. 103-122; AYERRE, M.ª Rosa, «La casa del padre. Familia y bienes de los Oñaz y Loyola», *Boletín de la Real Sociedad Bascongadas de los Amigos del País, Ignacio de Loyola. 500 años de su conversión*, 77, 2021, pp. 35-113.
132 GARCÍA DE LA LEÑA, Cecilio [Medina Conde, Cristóbal de], *Conversaciones históricas malagueñas, ó materiales de noticias seguras para formar la historia civil, natural y eclesiástica de la Ciudad de Malaga*, Málaga, Imprenta de la Dignidad Episcopal, (1789-1793), II, p. 75.

relevantes de la administración real castellana, que, además, eran consejeros reales. Juan Velázquez y su séquito (incluido Íñigo) debió acompañar a la corte itinerante fernandina en ciudades castellanas y las dos veces que Fernando el Católico residió en Andalucía, en 1508 (en Córdoba y Sevilla) y 1511 en (Sevilla).

Luis Fernández Martín, incluye expresamente Cordoba y Sevilla entre las ciudades en donde, en 1508, se preparó alojamiento a Juan Velázquez y no es nada aventurado suponer, que este llevara en su propio séquito, como miembro de su casa, a Íñigo, joven de 17 años. Fernando se detuvo del 5 al 25 octubre de 1508 en Córdoba y del 27 de octubre al 10 de diciembre en Sevilla. Uno de los asuntos tratados en el Consejo Real en Córdoba fue el proceso y sentencia del marqués de Priego, en el que Velázquez de Cuellar pudo haber asistido como consejero, sobre todo en razón de las penas pecuniarias que interesaban a la Contaduría. La ida del Rey Católico a Sevilla tenía por objeto acabar con el poderío político-militar del ducado de Medina Sidonia.

La estancia de 1511 en Sevilla se prolongó desde el 1 de febrero hasta el 21 de junio, con la intención de acelerar los preparativos de la empresa de África, con Túnez como primer objetivo, para la que se aprestaba una armada en los puertos de Andalucía que debía reunirse en Cádiz. No hay razón seria para dudar de la presencia de Velázquez de Cuellar y junto a él, Íñigo, ya de 20 años. En Sevilla, además, había una importante comunidad vizcaína y guipuzcoana, sobre todo de armadores y mercaderes dedicados al comercio del hierro del Norte.

Estas hipotéticas visitas explicarían que el primer proyecto para después de la peregrinación a Tierra Santa fuese entrar en la cartuja de Sevilla, además de que el autor de una de sus lecturas durante la convalecencia, la *Vita Christi*, era el cartujo Ludolfo de Sajonia[133]. La preocupación de Iñigo por ocultar su personalidad, «sin decir quién era para que

---

133 Cfr. SAINT-SAËNS, Alain, «Ignace de Loyola devant l'érémitisme. La dimension cartusienne», *Mélanges de l'École française de Rome. Italie et Méditerranée*, 102/1 (1990), pp. 191-209.

en menos le tuviesen»[134], sugiere que podría ser conocido en el ambiente sevillano[135]. Mi maestro Borja Medina avanza, incluso, que las estancias de Íñigo en Sevilla le dejaron vivencias que después reflejó en algunos de los temas fundamentales de los Ejercicios Espirituales:

1. Temas de Primera semana

   a. La *meditación de los pecados* pudo recibir influjo de la actitud de «Obediencia y humildad» del marqués de Priego y también de la «benignidad y clemencia acostumbrada» del Rey Católico mostradas en la conmutación de la primera sentencia de pérdida del honor de caballero y pena capital. Estas actitudes pudieron provocar en Íñigo, como en otros caballeros, una impresión honda y duradera.

   b. Quizás Íñigo vio por primera vez la oración *Anima Christi* en las estancias públicas del palacio del rey don Pedro, en los reales alcázares sevillanos, donde se encuentra, desde el siglo XIV, en latín[136].

2. El Llamamiento del Rey Temporal es estudiado por Medina en el contexto de la empresa africana, pues encuentra un notable paralelismo entre la figura del Rey temporal y la universalidad de la empresa a la que llama, con la persona de Fernando y su empresa de una cruzada para el Norte de África. En el discurso que pone Íñigo en boca de este rey resuenan expresiones de Fernando el Católico.

3. La atracción hacia Berbería y el origen de la empresa espiritual de África pudieron nacer aquí, pues Íñigo había vivido de cerca los fracasados intentos de dominar el litoral mediterráneo africano, a pesar de los éxitos primeros. Igualmente, la idea de Jerusalén y Roma,

---

134 Autobiografía» 12, en *Obras de San Ignacio de Loyola,* Madrid, BAC, 1991.

135 «MEDINA, Francisco de Borja: «Cuando él servía en la Corte del Rey Católico ¿Estuvo Íñigo de Loyola en Sevilla?», *Minervæ Bæticæ,* Segunda época, 20, 1992, pp. 19-56.

136 GÓMEZ RAMOS, Rafael, «Iconología de Pedro I de Castilla», *Historia. Instituciones. Documentos,* 33, 2006, pp. 61-80.

pudieron originarse en la corte de Fernando, y precisamente en Sevilla, donde Íñigo pudo tener la oportunidad de vivir día a día el ambiente de cruzada contra los infieles, y de servicio al Papa y de la unidad de la Iglesia.

4. Otros temas de Ejercicios

    a. Sevilla era la ciudad de la Corona de Castilla donde se daban, en conjunto y de modo más acusado, las circunstancias que Íñigo describe en los preámbulos de la contemplación de la Encarnación. Era heterogénea y cosmopolita, colmada de injusticia y opresión, de ambiciones, engaños, inmundicias, tropelías y crímenes.

    b. En Sevilla se daban las condiciones para que fuese otro símbolo del afán de poder y riqueza equiparable a Babilonia, tal como se expresa en las Dos Banderas.

    c. Los tres binarios de hombres. En Sevilla la actividad financiera y mercantil era permanente y de mucho mayor alcance, así como las ganancias. No era infrecuente la compañía mercantil formada por una pareja de hombres (=binario), en particular la «*societas maris*».

## 1.3. PRIMER DISCÍPULO ANDALUZ: DIEGO DE HOCES

El bachiller Diego de Hoces fue el primero que se agregó al grupo de los diez compañeros de París en 1536, aunque murió en Padua en 1538 antes de la fundación canónica de la Compañía en 1540. Por eso, de alguna manera se le puede considerar como el primer jesuita andaluz. Las fuentes jesuíticas lo presentan como clérigo malagueño, de un linaje que acompañó a la Reconquista y dejó miembros en Baeza, Córdoba, Málaga y Granada[137]. El apoyo fundamental sobre su origen es la carta patente firmada en Roma el 30 de abril de 1537 por

---

137 SOTO ARTUÑEDO, Wenceslao, «Diego de Hoces. El primer jesuita malagueño», *Isla de Arriarán*, 6, 1995, pp. 309-323.

el cardenal Gerónimo Ghinucci, que atestigua la concesión oral por el Papa Paulo III a Diego de Hoces para confesar, en que lo califica como «presbiter Malacitan. dioc».[138]. Su origen malagueño se refuerza con la presencia de la familia de Hoces en Málaga, a partir de 1487, como uno de los 1.800 cabezas de familia que se avecindaron en Málaga tras la conquista[139].

Ilustración 2: Los nueve compañeros de Ignacio con Diego de Hoces añadido abajo. Grabado del siglo XVII, ARSI.

---

138 *Archivum Romanum Societatis Iesu* [ARSI], *Historia Societatis* [HS], 1b, n. 49, publicado en *Monumenta Fabri*, MHSI, Madrid, Imprenta Gabriel López del Horno, 1914, pp. 7-8.

139 GONZÁLEZ SÁNCHEZ, Vidal, *Málaga: perfiles de su historia en documentos del Archivo Catedral* (1487-1516), Málaga, Gráficas Atenea, 1994, p. 420; Archivo Municipal de Málaga [AMM], *Libro primero de los Repartimientos*, 285v., Cfr. BEJARANO ROBLES, *Los Repartimientos de Málaga*, Málaga, Universidad-Ayuntamiento, 1985, I, p. 407.

Pudo nacer hacia 1490, era sacerdote, y, según Polanco, licenciado en Teología y bachiller en Artes. Respecto a los estudios en Alcalá de Henares (dato que aporta Nieremberg[140]) no hemos encontrado confirmación.

Él y Diego de Eguía (otro nuevo discípulo en Venecia) le produjeron algunos sinsabores al doctor Anibal, vicario general de Brescia, entre 1536 y 1537, según la narración de Fabro.

Hoces se había relacionado con Ignacio, así como con Juan Pedro Carafa (cofundador de los Teatinos y futuro Paulo IV). Se dejó influir por Carafa y recelaba de Ignacio, además, porque en Venecia se había difundido el rumor de que el vasco había huido como hereje disfrazado de España y París, y que allí había sido quemado en efigie. Después de muchas dudas se resolvió a hacer los Ejercicios Espirituales bajo la orientación de Ignacio, pero se armó de muchos libros por si su compatriota quería suministrarle alguna doctrina falsa, pero a los tres o cuatro días vio la inconsistencia de sus recelos[141].

Fue presentado al grupo inicial en el reencuentro de Venecia el 8 de enero de 1537. Deliberaron sobre lo que harían en los seis meses de espera, puesto que sólo en junio o julio partían barcos de peregrinos para Tierra Santa. Decidieron dedicarse al cuidado de los enfermos y en Pascua ir caminando a Roma para pedir al papa los permisos para peregrinar y para recibir las órdenes sagradas. Al ser enviados a trabajar, cinco de ellos permanecieron en el hospital de San Juan y San Pablo en el Norte de la ciudad, y los otros cinco en el hospital de los Incurables en el Sur. Puesto que Diego de Hoces y Pedro Fabro eran los únicos sacerdotes del grupo, por lo que atendían las confesiones de los enfermos, Hoces en el de San Juan y San Pablo (en este grupo estaban también Rodríguez y Salmerón) y Fabro en el de los Incurables (donde estaban también Javier y Laínez); los

---

140 NIEREMBERG, Juan Eusebio, *Honor del gran patriarca San Ignacio de Loyola* ..., Zaragoza, 1645, p. 736.

141 ASTRAIN, Antonio, *Historia de la Compañía de Jesús en la Asistencia de España*, 7 vol., Madrid: Razón y Fe, 1902-1925, I, p. 202; SCHURHAMMER, Georg, *Francisco Javier. Su vida y su tiempo*, Pamplona, Gobierno de Navarra 1992, I, pp. 393, 393-394.

demás se dedicaron al cuidado corporal de los enfermos: hacer camas, limpiar bacines, barrer, lavar a los enfermos, darles de comer, cavar sepulturas y enterrar a los muertos. Pronto se extendió la buena fama del grupo por la ciudad.

El 16 de marzo emprendieron los doce peregrinos su viaje a la Ciudad Eterna, y, de regreso a Venecia, se confirmaron los temores con respecto a los turcos, por lo que aplazaron la peregrinación. Decidieron retirarse por tres meses en soledad, para meditar, viviendo de limosna por el territorio de la república de Venecia, a partir del 25 de julio, y se comprometieron a que, pasados los primeros 40 días, comenzarían a predicar en las plazas. En Treviso Jean Codure y Diego de Hoces pasaron los 40 días de recogimiento, soledad, oración y mortificación, tras los cuales, Hoces fue a Bassano para socorrer a Simón Rodríguez, enfermo, y Codure fue a Vicenza, donde estaban Ignacio, Fabro y Laínez.

Ante la imposibilidad de ir a Tierra Santa, ya que Venecia había entrado en la Liga contra el Turco, Ignacio reunió a los compañeros y celebraron las primeras «deliberaciones de Vicenza» en el monasterio de San Pietro in Vivarolo durante el mes de octubre. Allí decidieron esperar un año y seguir unidos como grupo, aunque se dispersaran, haciéndose llamar Compañía de Jesús, por ser Jesucristo su vínculo de unión.

En la segunda mitad de octubre se repartieron de dos en dos por distintas poblaciones para tareas apostólicas. Codure y Hoces fueron a Padua. Al principio recelaron de ellos y el vicario general los encarceló, por lo que pasaron una noche encadenados, pero con tanta felicidad del bachiller Hoces que no hacía sino reír. Al día siguiente los soltaron y les concedieron toda clase de facultades espirituales, por lo que no les faltaron sermones y confesiones durante el tiempo que permanecieron allí. Hoces predicaba en la plaza del mercado, pero se puso repentinamente enfermo en el hospital de los pobres donde se hospedaba, y murió en la cuaresma, hacia el 13 de marzo de 1538.

Después de morir, «con ser antes que muriese negro y feo de rostro», se transfiguró y quedó que «parecía su rostro hermoso como un ángel»; tanto que su compañero Codure, «se hinchó todo de alegría, y llorando de placer no se hartaba de besarlo» según escribió Laínez[142]. «Fue tanta la hermosura que brilló en su rostro después de muerto, que mirándolo su compañero el P. Codure creía ver el rostro de un ángel», describe Polanco[143]. Era el primer difunto de la Compañía en ciernes y al saberse la noticia Simón Rodríguez acudió desde Bassano para acompañar a Codure.

En el momento en que expiraba, Ignacio, que estaba en Montecasino y sabía que estaba enfermo, entró en éxtasis durante la oración, «y vio el alma del Padre Hozes rodeada de una resplandeciente luz, que la llevaban los Ángeles al cielo, en el mismo lugar que san Benito vio llevar los Ángeles el alma de Germano Obispo»[144].

Poco después tuvo una visión, al pronunciar las palabras del «Confiteor et omnibus sanctis», en la que vio Ignacio el cielo abierto y en él «un gran número de santos con resplandor de gloria»; y entre ellos uno «más resplandeciente y esclarecido que los otros»; era Hoces. Esto le dio tal consolación espiritual que no pudo contener las lágrimas durante un buen rato[145].

## 1.4. CORRESPONDENCIA CON LA MADRE DEL P. D. FADRIQUE MANRIQUE DE LARA

De las 7000 cartas escritas por Ignacio, 89 están dirigidas a mujeres. Presentamos sólo las dos dirigidas a Juana de Valencia, madre del primer jesuita malagueño, el P. don Fadrique [Federico] Manrique de Lara.

Al saber que había ingresado en Roma en una orden religiosa nueva y desconocida, y viendo truncado el futuro cortesano de su hijo, escribiría a Ignacio en 1555, interesándose por su hijo, al mismo tiempo que mostraba su consen-

---

142 *Fontes Narrativi de San Ignatio de Loyola et de Societatis Iesu initiis*, 4 vol. Roma (1943-1965), I, p. 138.
143 GARCÍA VILLOSLADA, o.c., pp. 435-436.
144 NIEREMBERG, o.c., p. 736.
145 Autobiografía, 98.

timiento. Éste le responde el 5 de septiembre, animándola, congratulándose con la aceptación de la voluntad de don Fadrique, e informándole de lo bien que se sienten él y los de la casa con Fadrique[146]. Ignacio responde a una segunda carta de 10 de abril de 1555, en términos similares a la carta anterior, y le promete la visita de su hijo[147]. Acompañaba esta carta con otra de su hijo en relación con «socorro de dineros», y ambas eran enviadas con el P. Jerónimo Nadal, con la indicación de que para las respuestas podía utilizar la mediación de Luis de Torres, malagueño en Roma, que después sería arzobispo de Monreale (Sicilia)[148].

## 2. LA PROVINCIA BÉTICA

El 1 de septiembre de 1547 se creó la unidad administrativa o provincia de Hispania, siendo su primer superior provincial el P. Antonio Araoz, y en 1552 se decidió su partición en Aragón y Castilla, que resultó sólo teórica. La provincia Bética inició su andadura en 1554, cuando Ignacio ordenaba a Jerónimo Nadal, por carta del 7 de enero de 1554, que antes de su partida dejara establecidas las tres nuevas provincias hispanas: Aragón, Toledo y Andalucía. El territorio de la provincia andaluza era «Andaluzia, á la qual se ayuntará, si os parezíere, Salamanca, y lo que se hiziere en Estremadura y Granada»[149], siendo nombrado el P. Miguel de Torres, como primer provincial. Lo dispuesto por san Ignacio se ejecutó en una reunión en los primeros días de abril de 1554 en

---

146 Ignacio de Loyola a Juana de Valencia, Roma 05.09.1555, *Sancti Ignatii Loyola Societatis Iesu fundatoris epistolae et instructiones,* 12 vol. Madrid, 1903-1911 [Epp. Ign.] IX, pp. 552-553.
147 Ignacio de Loyola a Juana de Valencia, Roma, 08.01.1556, Epp. Ign. X, pp. 483-484.
148 Ignacio de Loyola a Nadal, Roma 30.10.1555, Epp. Ign. X, 77-78; SOTO ARTUÑEDO, Wenceslao, «Los Torres: una saga de altos eclesiásticos», en CAMACHO MARTÍNEZ, Rosario, ASENJO RUBIO, Eduardo y CALDERÓN ROCA, Belén (Coordinadores y editores), *Creación artística y mecenazgo en el desarrollo cultural del Mediterráneo en la Edad Moderna,* Málaga, Departamento Historia del Arte, 2011, pp. 167-186.
149 Ignacio de Loyola a Nadal, 07.01.1554, *Epp. Ign.* VI, 151-152.

Medina del Campo (Valladolid), donde se decidió no separar Salamanca ni Extremadura de Castilla.

Nacía, así, la provincia jesuita de Andalucía con un sólo colegio en Córdoba, con 8 sacerdotes y 10 hermanos, muchos de ellos estudiantes, pero pronto empezó un desarrollo imparable, que, con muchas vicisitudes, ha llegado hasta nuestros días. Nos limitaremos a dar unas pinceladas de la demografía y la geografía jesuítica en Andalucía en la Edad Moderna[150].

Siguiendo a Manuel Revuelta, la evolución histórica de la provincia de Andalucía se ajusta muy bien al esquema de tres fases: de esplendor (1553-1655), decadencia (1656-1690) y recuperación (1691-1767), como se observa en la curva demográfica del total de jesuitas en la Edad Moderna en la provincia Bética[151]. Como ejemplo del primer periodo, de las 136 biografías de jesuitas andaluces, incluidas en el *Diccionario Histórico de la Compañía de Jesús[152]*, 113 pertenecen a la antigua Compañía, y de ellos, 88 (el 78 %) pertenecen al primer siglo (fallecidos entre 1553 y 1656)

La expansión geográfica va en paralelo con el desarrollo demográfico, también en tres fases. De las 41 casas de la Provincia en 1767, la inmensa mayoría, y las más importantes, se fundaron en el primer siglo[153]. Como memoria de esas presencias, en España hay más de 1.000 topónimos jesuíticos; 7 de ellas en Córdoba capital y otras 11 en la provincia[154].

150 SOTO ARTUÑEDO, Wenceslao, «Coordenadas de los jesuitas en Andalucía», *Archivo Teológico Granadino* 77, 2014, pp. 93-162.
151 REVUELTA GONZÁLEZ, Manuel, «Andalucía: coordenadas históricas de una provincia ignaciana que renace y perdura», en su obra *Once calas en la Historia de la Compañía de Jesús: servir a todos en el Señor. - ( Estudios),* Madrid, Universidad Pontificia Comillas, 2006, pp. 43-76.
152 O'NEILL, Charles E. y DOMÍNGUEZ, Joaquín Mª (Directores), *Diccionario Histórico de la Compañía de Jesús, Bibliográfico-Temático,* Institutum Historicum Societatis Iesu, Roma / Madrid, IHSI, Universidad Pontificia Comillas, 2001.
153 SOTO ARTUÑEDO, Wenceslao, «Fuentes para el estudio de los colegios jesuitas andaluces en la Edad Moderna», en *Actas del III Congreso de Historia de Andalucía,* Córdoba 2001, Córdoba: Cajasur, 2002, IV, pp. 459-480.
154 https://infosj.es/noticias/18551-mas-de-mil-calles-con-nombres-de-jesuitas-en-espana consultada el 9.12.2022.

## Total Provincia

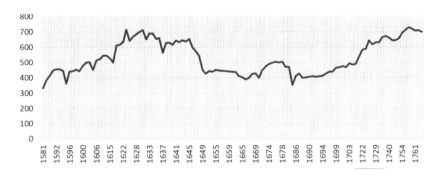

Ilustración 3: Número de jesuitas de la provincia Bética
hasta la expulsión de 1.767. Elaboración propia.

Ilustración 4: Casas jesuitas en la antigua provincia Bética,
antes de la expulsión de 1767. Elaboración propia.

## 3. CONCLUSIONES

Íñigo de Loyola oyó hablar de Andalucía en su hogar paterno,
y, probablemente la visitó. El primer allegado al grupo de
París fue un andaluz, y, fundada la Compañía, tuvo relación
epistolar con personajes de la región y los propios jesuitas.

La provincia Bética fue erigida por el propio Ignacio de Loyola en 1554 y durante la Edad Moderna se desarrolló en tres etapas: esplendor, decadencia y recuperación. Al ser expulsada por Carlos III (1767) tenía más de 700 sujetos y algo más de 40 casas.

# 12. Liderazgo ignaciano: un camino de ayuda para crecer

P. José Mª Guibert Ucín, S.J.
RECTOR UNIVERSIDAD DE DEUSTO

## 1. INTRODUCCIÓN

Pensar en liderazgo es una ocasión para profundizar en nuestra tarea y estilo de trabajo. Miramos no solo nuestro propósito teórico sino lo que de hecho los líderes y sus equipos hacen y lo que todos y todas hacemos, experimentamos, sentimos y buscamos en nuestras organizaciones.

Cada generación somos un eslabón de una cadena y hemos de saber situarnos en ella. La historia no hay que olvidarla. Nos toca no perderla, más bien recuperarla, y transmitir nuestra lectura de la misma, para que la siguiente generación la pueda conocer y asumirla a su manera. «La tradición hay que conocerla, pero es menos imperativa que la inteligencia» (Bruckner).

Quiero con estas líneas buscar una enseñanza para el liderazgo a partir de dos personas que fundaron la Compañía de Jesús. Una de ellas es san Ignacio de Loyola, conocido líder de la Compañía de Jesús inicial. El segundo es menos conocido. Me refiero a Diego Laínez, natural de Almazán

(Soria), también maestro de París, como el santo de Azpeitia (Guipúzcoa) y de igual modo también formó parte del grupo de los fundadores de la Compañía, a mediados del siglo XVI. Quiero contar una anécdota entre estos dos hombres, y sacar algún aprendizaje para el liderazgo.

## 2. DIEGO DE LAÍNEZ

Laínez era quizá el más brillante intelectualmente, no solo entre estos dos hombres, sino en el conjunto de los primeros jesuitas, aunque, claro, es siempre difícil hacer comparaciones. Le daban encargos complejos que exigían mucho de sí mismo.

Aunque al principio estuvo en Roma, el papa le envió pronto tres años a Venecia. Posteriormente el mismo papa le envió a Trento, norte de Italia, al concilio que se celebró allí. Primero, fue a atender espiritualmente a los obispos. En pocas semanas, además de esto, participó en debates y discusiones preparatorias. También colaboró en la elaboración de documentos de dicho concilio. Terminó interviniendo personalmente en la asamblea conciliar en discusiones oficiales, sobre temas que, medio milenio después, todavía siguen vigentes en la Iglesia y llamativamente no se han cambiado.

Además, durante esos años, predicó en sitios como Florencia, Siena, Venecia, Padua, Florencia, Génova y Roma. Creó un colegio en Nápoles. También fue enviado a Alemania.

En resumen, Laínez, digamos, triunfó apostólicamente. Puso a la naciente Compañía en un pedestal alto entre cardenales y ciudadanos y ésta ganó legitimidad y presencia gracias a él. Hizo con ello un gran servicio a dicha Compañía. Dicen que incluso tuvo algún voto para ser Papa en un cónclave, eso que no era obispo ni cardenal.

Aparte de otros textos de contenido más teológico escribió un tratado sobre la usura, recogiendo lo que durante dos años había predicado sobre este tema en Génova. La usura era un problema moral muy grave, pues muchos caían en pobreza y pasaban a depender de otros por este motivo. Hoy las diferencias económicas aumentan y las formas de dependencia y no emancipación crecen. Internacionalmente las rentas de unos engordan a cuenta de las rentas de otros. El problema moral sigue ahí.

El tratado llamado «Discurso sobre la usura y los negocios de los comerciantes», de Laínez, sigue siendo motivo de artículos académicos y de tesis doctorales, pues ya entonces apareció el problema de la globalización de la economía o el de las transacciones financieras especulativas, además de préstamos e intereses injustos, pobreza, impuestos no adecuados, etc. Todo esto sigue sucediendo.

El objetivo de estas líneas no es hablar de historia del pensamiento económico, o de la superación del pensamiento medieval por medio del renacimiento o de ética económica. Más bien quiero resaltar algo de la relación entre las dos personas que resultan ser una enseñanza muy interesante para el liderazgo.

## 3. MODO DE PROCEDER DE IGNACIO CON LAÍNEZ

¿Qué hizo Ignacio con Laínez? Al menos dos cosas.

Por un lado, lo ensalzó mucho en una elogiosa carta. Afirmó que era persona con virtudes para gobernar a otros. Le hizo Provincial de Italia. Entre sus elogios está decir que Laínez es la persona a la que más debe la Compañía de Jesús, incluso más que a Francisco Javier, que abrió la Iglesia a Oriente, y luego sería santo y ha resultado ser en la historia el, digamos, jesuita más famoso y conocido a lo largo de los siglos.

Pero Ignacio hizo algo más que exaltarle. En el apogeo de la vida apostólica de Laínez, por medio de un emisario, su secretario Polanco, le hizo llegar al exitoso jesuita de Almazán, en mitad de sus muy fructíferas giras por Italia, una carta con unas críticas muy fuertes a algunas de las cosas que Laínez había hecho. Fue algo llamativo. Cuestionaba cosas de su modo de proceder. Esto, antes de nombrar a Laínez

Provincial. Posteriormente le atosigó en el trato y en las críticas. Se dirigió a él con tanta aspereza que el mismo Laínez contó entonces lo agobiado que se sentía y decía: «Señor, ¿qué he hecho yo contra la Compañía, que este santo me trata de esta manera?». Laínez desesperó. No entendía las censuras. Los compañeros le animaban: «¿qué te está haciendo ése?». Él se decía a sí mismo: «¿qué he hecho yo para merecerme esto?».

La historia habla de lo complejo de la persona líder. Cuenta que Ignacio hizo esto para curtirle humana y espiritualmente para ser General. Así que, ¡cuidado con ser el delfín de san Ignacio! Te machaca bien. Te saca fallos y te pone tus límites frente a ti. Todo por tu bien, para que agrandes tu fortaleza y virtud; para que confíes en Dios y en lo profundo de la vida, no buscando el éxito rápido y aparente; para que lo tuyo sea servir con generosidad y humildad; para profundizar siempre en visión y propósito elevados, teniendo abiertas las grandes preguntas de la vida, ser inconformista y buscar siempre la mejora; no para que te hundas sino para que busques tu seguridad en lo profundo de la vida no en el mero cumplimiento sin más de la tarea o en los pequeños éxitos; y para que te mantengas siempre abierto al contraste de las personas. Todo esto para que, posteriormente, con lo que experimentara Laínez en sí mismo, supuesto que era fuerte e iba a superar esas críticas, y desde ese autoconocimiento, aprendiera a gobernar a los demás.

La explicación más plausible de este comportamiento de Ignacio es que a los débiles los trataba con todo el cariño y cuidado del mundo. Las mejores formas las utilizaba con los que están más en crisis en un momento concreto. Y las formas algo duras con las personas de las que esperaba más. El último año de su vida, Ignacio trató a los más próximos «duramente y con rigurosos capelos». Hacía de «severo» y «castigaba severísimamente defectos exiguos». Ignacio creía que aquellos hombres tenían virtud para todo. Los más cercanos fueron los más probados, y los que mejor habían asimilado su espíritu y carisma. Cuando faltó Ignacio, ellos fueron los más activos y fieles defensores del genuino espíritu y carisma del fundador.

Ya lo dice la Biblia: «A los que yo amo los reprendo y los corrijo» (Apocalipsis 3, 19). No dice que seamos faltones o maleducados o que no tengamos sensibilidad o que hagamos daño a los compañeros, ni que no mostremos empatía, pero sí que hay que hablarse y decirse las cosas, con amor.

## 4. APRENDIZAJES PARA EL LIDERAZGO

¿Cómo se puede interpretar esto? ¿Qué lecciones sacamos? Realizo cinco lecturas o aprendizajes.

(a) En primer lugar, cuidado con el éxito. No ha de embotarnos. En clave cristiana, hay que fiarse más de Dios que de uno mismo. En clave humanista, siempre hay que tener un poco de humildad, pensar en el fin o propósito de lo que realizas, y no quedarte en lo superficial.

Esto quiere decir no quedarse en el éxito mundano, o las recompensas psicológicas y afectivas, aunque las necesitemos y nos vengan bien. Conviene siempre buscar el bien por sí mismo o defender derechos y valores fundamentales porque creemos en ellos. Esa es la principal recompensa: la motivación, convencimiento y satisfacción personal por la tarea bien hecha, no por los elogios externos.

Mirando a nuestro contexto cercano, siempre podemos ver cerca ejemplos de éxito. Hay que saber alabarlos. Suponen mucho trabajo. Pero hay que invitar a no quedarse en el éxito sin más. Hay que seguir profundizando en un liderazgo servidor y seguir trabajando duro.

(b) En segundo lugar, además del talante de servicio, volviendo a Ignacio y Laínez, aparece ahí con claridad el fomento del liderazgo orientado a las personas, no solo el orientado a tareas.

En esa relación, que he destacado antes, entre Ignacio de Loyola y Diego Láinez, si usamos terminología contemporánea, hay más liderazgo basado en personas que liderazgo basado en tareas. Ignacio se ve que se preocupa del crecimiento personal de Laínez, no solo de conseguir que cumpla con tareas y encargos.

En este punto, los estudios dicen que las mujeres tienen más habilidades sociales que los hombres en su liderazgo, y cuidan más a la persona. Además, en algunos perfiles profesionales las probabilidades de basar tu éxito en acciones y tareas, crece. En definitiva, se trata de cuidar y salvar la relación humana, hablar y comunicarse.

(c) En tercer lugar, no basar el liderazgo en decir solo cosas bonitas o agradables.

Parece que Ignacio no tiene miedo de confrontar o criticar, si es para el bien, y con buenos modos. En la relación humana y de liderazgo no hay que decir solo cosas dulces. Cuesta a veces decir «no».

Esta es, quizá en parte, la manera de Ignacio de Loyola de entender el liderazgo transformacional.

Hace años en una entrevista que tuve con un director de un colegio, persona veterana como director, al preguntarle qué es lo que más le había costado en la tarea de director, su respuesta fue inmediata y clara: «tener que decir «no» a compañeros y amigos». Eso es lo que le había generado confusión, dificultad y disgusto.

Por poner otro ejemplo, recuerdo que ocurrió algo parecido al diseñar en nuestra universidad un plan estratégico. Hay algo en lo que coincidimos los miembros del consejo de gobierno, del consejo de dirección, de los equipos de las facultades, de los equipos de las unidades centrales, y también las personas que voluntariamente se ofrecieron a analizar y hacer valoraciones y propuestas, en las reuniones preparativas organizadas por el vicerrectorado de estrategia.

¿En qué coincidimos casi todos los estamentos? En, al menos, una cosa: la forma de dar respuesta a esta pregunta estratégica: «¿qué hemos de dejar de hacer en la universidad?», cuestión que se añadía a «¿qué hemos de hacer?». La respuesta a «¿qué dejar de hacer?» fue exigua, escasa. Cuesta decir que hemos de cerrar un grado, un máster, un programa, un equipo o línea de investigación, una unidad o una actividad de los servicios centrales o incluso un cambio en la actividad de solo una persona concreta. Y si no cerramos cosas, limitamos nuestra capacidad de discernir, mejorar y servir mejor. Decir «no» es difícil.

(d) En cuarto lugar, tras hablar de servicio, de personas y de saber decir «no», siguiendo el modelo de Laínez, nos podemos fijar en un liderazgo basado en valores.

No todo vale. Hay que humanizar la vida. Como señalaba antes, Laínez escribió sobre lo que hoy llamamos ética económica. Eso es una invitación a una lectura crítica de la vida.

Aunque esta idea valga para todo tipo de instituciones, lo podemos aplicar, continuando con el ejemplo, al ámbito universitario. Está bien que una universidad no esté aislada del mundo y que se adapte a él. Pero no es cuestión solo de conocer y adaptarse: queremos transformar el mundo. No ser solo usuarios de técnicas y metodologías para tener éxito, sino para ayudar a las personas en su visión madura y responsable de la vida.

Nos falta un trabajo de pedagogía hacia la sociedad para decir lo importante que somos las universidades, no solo para aportar soluciones técnicas, y para el *reskilling* y *upskilling* profesional, que también, sino asimismo aportar sentido y valores, a veces encarnados en derechos humanos. Hay que demostrar que queremos servir al mundo, no aprovecharnos de él.

«No de solo pan vive el hombre sino de toda palabra que nace de la boca de Dios» (Mt. 4, 3), dice una famosa frase de la Biblia. Las cosas materiales están muy bien, son necesarias, pero darles un propósito o sentido es también necesario, pues nada es neutro. Dame un motivo, y cambiaré el mundo.

(e) En quinto lugar, profundizar en un liderazgo digamos, compartido o colaborativo. Si hay algo llamativo entre los primeros jesuitas, es cómo unos dependían de otros.

En los estados modernos, se separa el poder legislativo, el judicial y el ejecutivo, por ser el mejor modo de funcionar. En las empresas ya hay códigos de buen gobierno, en los que se establecer pautas y límites para el gobierno y para la dirección, para los consejeros, sean independientes, dominicales o ejecutivos, entre ellos el consejero delegado y para las comisiones que se establecen. Repartir el poder y dar cuenta es un principio de buen gobierno. Si volvemos al ámbito universitario, hemos de destacar que tampoco es bueno que un rector o un decano, por ejemplo, tengan más poderes de los que sean convenientes.

Aunque Ignacio fue el líder carismático de todo el grupo inicial, pronto funcionaron como una cooperativa. No abusó de su liderazgo sobre los demás, aunque fuera un liderazgo bien trabajado, esforzado, logrado y merecido. Más bien, se sometió a los demás en muchas cosas. Extendieron los discernimientos personales a deliberaciones y discernimientos en común.

Hoy lo comunitario se destaca en la Iglesia al fomentar la sinodalidad. Ignacio tenía sus cualidades, pero no era un teólogo, ni un gran orador o predicador, ni tuvo facilidad para los idiomas, ni escribió tratados formales. Otros jesuitas sí lo hicieron. El punto fuerte de Ignacio fue la experiencia espiritual encarnada en la vida y sus habilidades sociales, pues sabía poner cariño, ser seductor, sacar lo mejor de las personas. Y a la vez, en la *cura personalis*, sabía hacer crecer a otros poniendo los medios necesarios, como hemos visto con Laínez.

En esa división de tareas pronto aprendieron a proponer procesos y respetarlos. Hay roles complementarios. Nadie es eterno, todos tenemos fecha de caducidad.

## 5. CONCLUSIÓN

Cuando Ignacio murió (1556) hubo una crisis en la Compañía de Jesús. Uno de los fundadores, Bobadilla, quería cargarse las Constituciones y cambiar las cosas de arriba abajo. En esa circunstancia delicada y difícil, les costó mucho tiempo superar el impasse y reunirse para poder elegir sustituto y nuevo general. Lo hicieron a los dos años. ¿A quién eligieron segundo general de la Compañía de Jesús tras san Ignacio? Solo hizo falta una votación: Diego Laínez fue elegido por mayoría absoluta a la primera. Se trababa del jesuita especialmente tratado por Ignacio para que creciera en virtud, en entrega y en confianza en Dios.

En resumen, he escrito (a) de un liderazgo servidor que no se queda en éxitos, (b) de un liderazgo orientado a personas, no solo a tareas, (c) de un liderazgo valiente y cercano para provocar mejoras en otros, (d) de un liderazgo basado en valores y (e) de un liderazgo compartido, que sabe que cada uno y cada una tienen su papel, acotado en el tiempo.

Decía antes que el pasado es un tesoro a resucitar, y añadía que los que vienen después tienen que desafiar lo que en su tiempo ven y que han heredado. Cada cierto tiempo, nos toca desafiar con libertad lo que hemos hecho hasta ahora. Y recordar también que, según un filósofo, «una existencia es tanto más rica cuanto mayor es la brecha entre el punto de partida y el punto de llegada» (Bruckner). En cada caso, probablemente partimos de un buen punto de partida que es conocido. En cambio, el punto de llegada, está siempre por definirse, pero está en buena parte en nuestras manos. Pensar en las personas de los equipos es siempre parte del camino del futuro.

# 13. Mesa redonda «Vivencia del discernimiento en la vida de la Iglesia»

P. GONZALO VILLAGRÁN MEDINA, S.J.
DECANO FACULTAD DE TEOLOGÍA UNIVERSIDAD LOYOLA.

De cara a entender mejor cómo el discernimiento puede configurar la vida de la Iglesia hoy desde la organización del Congreso Internacional sobre San Ignacio de Loyola quisimos contar con tres testimonios de tres ámbitos diferentes de la vida de la Iglesia.

En primer lugar, el P. José Ignacio García S.J., Director actualmente del Centro Cristianismo i Justicia de Barcelona y previamente Director del Servicio Jesuita a Refugiados en Bruselas. José Ignacio García nos ofreció un acercamiento desde el trabajo en el apostolado social mostrando como el discernimiento es fuente de luz e inspiración en ese trabajo exigente pero tan evangélico.

En segundo lugar D. José Antonio Suffo y su mujer D.ª Pilar Carazo —quien no pudo estar por enfermedad— nos ilustraron sobre cómo el discernimiento permite a la pastoral familiar atreverse a afrontar retos nuevos en la frontera. De esa forma este apostolado, que suele ser más clásico en sus formas, se convierte en un apostolado propio de una Iglesia en salida sabiendo encontrar a Dios en situaciones nuevas.

Finalmente, D. José M.ª Galán nos habló de la necesidad del discernimiento en un campo como el de la salud donde constantemente es necesario afrontar retos morales y humanos nuevos. Con la tecnificación del mundo de las Ciencias de la Salud el cuidado se ha vuelto más complejo y necesita una actitud discernidora para saber por dónde nos está llamando Dios en el complejo mundo médico y hospitalario de hoy en día.

# 14. El discernimiento en la pastoral familiar

Dª. Mª PILAR CARAZO DORADO Y D. JOSÉ ANTONIO SUFFO ABOZA
MIEMBROS DE LA COMUNIDAD DE VIDA CRISTIANA (CVX) DE SEVILLA

## 1. INTRODUCCIÓN

Nuestra historia personal familiar y de pareja se enmarca en la espiritualidad ignaciana, dentro la Comunidad de Vida Cristiana (CVX), asociación de laicos de espiritualidad ignaciana que nos ha ido llevando al corazón de Jesús queriendo hacer nuestros sus valores y su forma de estar en el mundo.

Nuestra espiritualidad es una espiritualidad encarnada que nos llama a vivir con apertura y disponibilidad ante cualquier deseo de Dios en cada situación concreta de nuestra vida diaria, en un momento y contexto histórico concreto, en unas circunstancias diferentes a otros momentos y que necesitan ser discernidas para actualizar la llamada y dar una respuesta acorde con los tiempos que nos tocan transitar.

Las máximas del discernimiento: estar dónde otros no están, cómo otros no están y con quiénes otros no están. El discernimiento sería la llave maestra para entrar en el misterio de la revelación, del Dios encarnado en la historia y en la vida de cada persona.

## 2. PUNTO DE PARTIDA DE LA PASTORAL FAMILIAR

Lo primero que sentimos es que el Espíritu nos llamaba a atender a las familias ante la incertidumbre e inseguridad de muchas de ellas, una llamada a responder a la vida familiar.

Esto se concretó en la elaboración de herramientas concretas como «El Reloj de la Familia», una herramienta para impulsar el proyecto de cada familia, en cualquier circunstancia en la que se encuentre. Nos dábamos cuenta de que tener ese Proyecto de Familia es muy útil para la convivencia, superar dificultades y mejorar continuamente. También en el proyecto «Cuatro Estaciones» que es un método creado para recrear la vida tras una ruptura de pareja.

En este caminar buscando la voluntad del Señor, en el año 2015 podemos decir que el «Señor estuvo grande con nosotros». Fue el año de la apertura y el encuentro, el año de la conversión y del cambio de mirada a la realidad que hasta entonces habíamos contemplado.

Fue el tiempo del encuentro con la realidad del mundo LGBTI+, una realidad en nuestra sociedad y al interior de las familias que de repente aparecía y nos pedía dar respuestas y apoyo.

Nuestra experiencia en el acompañamiento a las personas y colectivos LGBTI+, parte del reconocimiento de la existencia de fronteras en nuestra sociedad, nuestra Iglesia y nuestros corazones.

Desde el respeto al Magisterio de la Iglesia, y a su sabiduría acumulada, que queremos vivir y transmitir, sentíamos que se nos aparecían situaciones que aparecen como al límite de este, pero que piden apoyo, ayuda para vivir su fe y comprensión.

Era necesario dar a conocer esta realidad palpable y silenciada de discriminación, pero, sobre todo, que estos relatos de vida de hombres y mujeres de fe, vieran la luz. Personas, que, a pesar de haber sido excluidas, muchas veces en nombre de las Escrituras, daban un testimonio de fe que sólo podría traer riqueza al Pueblo de Dios. Era y es una llamada, una invitación a estar «de otra manera» compartiendo con cada persona LGBTI+ creyente o no, sus sufrimientos y también su sabiduría acumulada en el desierto, al otro lado de valla y dentro del «armario».

Es doloroso constatar que cuando la Iglesia está llamada a ser espacio de comunión para todas las personas algunas sean dejadas fuera.

¿Y qué ocurre con sus familias? Familias creyentes que viven con incertidumbre, a veces con sentimientos de culpa de que un hijo «salga del armario».

En la dinámica familiar donde existe algún miembro LGBTI+, a veces hay ruptura, distanciamiento, dificultad para mantener relación normalizada con padres, madres, hermanos, hijos… otras veces hay silencio. Es necesario cuidar, sanar y mejorar las relaciones en este proceso.

Es frecuente que «cuando un hijo sale del armario, los padres entren». Y ese proceso a veces, provoca sufrimiento; se mezcla el camino personal que deben hacer y la dificultad inicial para acompañar a su hijo, con el rechazo social, de las familias de origen, de la Iglesia…

Y en este caminar en el acompañamiento a estas familias, padres, madres, hermanos, abuelos, descubres que hay familias que sufren situaciones de incomprensión y marginación en la sociedad y dentro de la propia iglesia.

La historia de gracia sobre CVX y sobre nosotros mismos nos ha llevado a estar cerca de estas realidades familiares dónde otros no están, cómo otros no están y con quiénes otros no están… las encrucijadas y las cunetas están en las autopistas, aunque no les prestemos atención.

Para nosotros este camino de este camino de atención integral a las familias en todas las situaciones, va exigiendo dar respuesta a realidades nuevas según los tiempos. La pastoral familiar ha ido llevando a prestar atención pastoral también a estas realidades.

Este camino de acompañamiento a la diversidad ha sido, y sigue siendo, un camino de conversión. Fuimos aprendiendo a poner el corazón «más en las obras que en las palabras», a compartir fe y vida dejándonos modelar por su sensibilidad, por su forma de ver el mundo. Todo esto nos hizo sentir los propios límites y reconocer, a veces, nuestra propia homofobia interiorizada.

Trabajar en una Pastoral de la Diversidad, abre un abanico de posibilidades a nivel pastoral, personal, comunitario y eclesial que nos llevará a descalzarnos cuando nos descubrimos «pisando tierra sagrada» por las historias vividas y compartidas.

El caminar con la Comunidad LGBTI+, supone, para personas heterosexuales, salir de nuestro propio «amor, querer e interés», de nuestras zonas de confort, para abrir los ojos y el corazón a otras realidades, a otras personas de nuestra Iglesia y de nuestra propia comunidad. Nos sitúa en una frontera eclesial y social, una frontera especialmente dolorosa porque está dentro de nuestra Iglesia.

## 3. TIEMPOS DE SINODALIDAD. DIÁLOGO CON LOS MÁRGENES

El Papa Francisco en la *Evangelii Gaudium* habla de la urgente necesidad de una «conversión sinodal» de la Iglesia, que atañe su ser y su quehacer, superando todo tipo de autoritarismo y clericalismo, a través del establecimiento de relaciones fraternas y solidarias en todos los niveles.

La sinodalidad va adquiriendo dimensiones de urgencia en nuestro mundo. Mejor dicho, la Iglesia sinodal debe ir al fondo de lo que es y significa en sí misma; ya el adjetivo de católica nos habla de casa de todos y nos preguntamos si de verdad abrimos la puerta de la misma a todas las personas.

La Iglesia no es un solo cuerpo porque a algunas personas y grupos no les damos un lugar. Durante demasiado tiempo estamos asumiendo situaciones que no son de familia, de casa para todos, justamente cuando la persona sufre más entonces viene dejada fuera y nos preguntamos varias cosas: ¿dónde queda la iglesia misericordiosa? ¿Por qué dejamos a las personas en los márgenes y no pueden pasar al centro?

Tenemos así a las personas divorciadas, vueltas a casar o no, pero no las admitimos fácilmente en nuestras parroquias, en nuestros grupos cristianos; nos cuesta la integración y tenemos prejuicios y ponemos etiquetas.

Y sucede lo mismo o aún peor, con el colectivo LGBTI+, en el cual hay personas cristianas que quieren vivir el evangelio y buscan tener su lugar en la iglesia y se les cierra la puerta.

En la Iglesia no estamos para desperdiciar fuerzas ni manos, ni cabezas, ni corazones que quieran ayudar a enderezar el rumbo; el camino sinodal no puede excluir a nadie porque, de hacerlo, dejará de ser sinodal.

Los católicos LGBTI+ parten del convencimiento de que el rechazo no está en la Sagradas Escrituras, sino que es fruto de un corazón, de un hombre y una mujer, muchas veces creyente, que, desde un profundo desconocimiento, desde una identidad sexual «distinta», juzgando sin «conocer internamente», han generado con sus actitudes, palabras y obras comportamientos de «exclusión antievangélicos». El desconocimiento lleva al miedo y éste al rechazo.

El rechazo que han sentido en muchas ocasiones, más de una vez proveniente de creyentes, ha llevado a que estos hermanos y hermanas se sientan «cristianos de segunda» permanentemente prejuzgados y puestos bajo sospecha, indignos de confianza.

Debemos partir del convencimiento de que nuestra Iglesia, sin la aportación «igualitaria» de estos hermanos y hermanas, de su sensibilidad, de su orientación sexual, está «incompleta». Va siendo hora, de sustituir la cultura de la alienación por una cultura de misericordia inclusiva.

Creemos que nos toca a todos caminar bajo la luz del evangelio eliminando prejuicios, etiquetas, frases con las que nos referimos a personas con distintas identidades sexuales, olvidando algo tan elemental como que son personas y por tanto el evangelio es el mismo para todos.

Necesitamos cambiar mente y corazón —conversión— y dejarnos conmover las entrañas por todo dolor, sufrimiento, violencia como a veces ejercemos en nuestros ámbitos eclesiales. Ojalá una iglesia sinodal —caminando juntos— envuelta en entrañas de misericordia nos ayude a la inclusión sin discriminaciones.

# 4. A MODO DE CONCLUSIÓN

El Papa Francisco nos recuerda dos actitudes fundamentales: discernimiento, con la humildad para la escucha y audacia liberadora.

Caminar eclesialmente con actitud discerniente y audacia liberadora en el ámbito de la pastoral familiar, atendiendo a las diferentes realidades que se dan en ella, nos exige algunas actitudes:

    a. Una escucha humilde. No sabemos todo porque el mundo es dinámico y es muy necesario tener siempre un oído atento a los gritos y susurros de nuestro mundo

    b. Exige ser iglesia en salida. Debe ser dinámica como la vida misma, permanecer en una inmovilidad estática no ayuda a la sinodalidad; la autorreferencialidad no permite la fidelidad creativa.

    c. Iglesia definida como hospital de campaña, según lo expresa también el Papa Francisco, debe ser ágil, sin muchas estructuras pesadas que la impidan correr allí donde es necesitada para prestar sanación a toda persona en especial a quienes han sido más desfavorecidos por la vida.

    d. Una iglesia sinodal tiene su fuerza en la comunión y ésta admite toda diversidad y no excluye, sino que acoge sin distinción.

Desde estos presupuestos creemos en la necesidad de la construcción de una Pastoral Familiar integral, capaz de apoyar y atender a las familias en las diferentes situaciones que en su seno se dan y esto sólo se puede hacer desde el discernimiento.

Llega la hora de dar la cara, sin miedo, y de señalarnos que nos reconozcan defendiendo la plena pertenencia de nuestros hermanos y hermanas LGBTI+, hijos e hijas del mismo Dios. Entendemos que la diversidad nos enriquece y es necesaria, dentro y fuera de la Iglesia.

La tierra sagrada de la vida de la gente LGBTI+ creyente, son historias que hemos de mostrar porque Dios está actuando en ellas. Estas biografías enriquecerán nuestra vida eclesial, desde la escucha atenta al Magisterio de la Iglesia y en actitud de discernimiento, siempre abiertos a apoyar y ayudar a las personas en su realidad diversa.

# 15. El ministerio del acompañamiento social

P. José Ignacio García Jiménez S.J.
Director de Centro Cristianisme i Justicia (Barcelona)

Este ministerio de «acompañar» tiene profundas raíces en la espiritualidad ignaciana. Efectivamente, la figura del acompañante es clave en la experiencia de los Ejercicios Espirituales, a él toca proponer la materia que se va a orar y el modo de hacerlo, pero también se va a convertir en la figura que, mediante la escucha, el contraste y la confirmación ayudan al ejercitante a avanzar en la búsqueda de la voluntad de Dios, y de todo lo que impide seguir esa voluntad reconocida de Dios para la propia vida. El acompañante, en ningún caso puede suplantar la decisión de quien es acompañado, ni puede invadir esferas a la que no se le concede libre y voluntariamente acceso. La conversación va a jugar papel muy importante en este ministerio del acompañar, así fue en la vida de San Ignacio (singular es el caso de sus primeros compañeros, reunidos en la Universidad de París), y así lo ha transmitido su espiritualidad. La conversación, el diálogo, es un eficaz instrumento de ayuda, que va construyendo el ministerio del acompañamiento.

El acompañamiento, como ministerio pastoral, sólo pretende que la persona acompañada se exponga a la presencia de Dios en su vida, y en la historia. La principal tarea del acompañante es la de ayudar al acompañado a desembarazarse de todos aquellos aspectos vitales que le impiden reconocer esta presencia de Dios en su vida, garantizada por la acción del Espíritu (Gal 4,6).

Aunque pueda sorprender a algunos, no es infrecuente que profesionales y voluntarios en actividades sociales, busquen en su fe luz para afrontar situaciones concretas, y que hagan esto desde planteamientos ideológicos diferentes, incluso desde la adscripción a partidos políticos también distintos. La invitación del Concilio Vaticano II a asumir la responsabilidad de los creyentes en lo público (*Gaudium et Spes* 43-75) ha sido fuente de numerosos compromisos concretos. Aunque lo social y lo político se mueven, a menudo, en zonas ambiguas, eso no ha impedido a muchas personas asumir la responsabilidad que conlleva participar en el debate político, colaborar en la toma de decisiones o participar, en calidad de técnico, en el ámbito de la gestión, en el diseño de estrategias, ejecución de políticas o en su evaluación posterior. Muchos creyentes desarrollan su vida profesional en el ámbito de la actividad pública entendida ésta en un sentido muy amplio.

El ministerio de acompañar quiere alcanzar también estas situaciones. Este ministerio no entra en las concreciones técnicas, muchas veces sometidas a la necesaria confidencialidad, ni lo necesita. Se trata de favorecer actitudes y disposiciones en el sujeto que le permitan afrontar las decisiones a tomar con la ilusión, y la responsabilidad, de quien siente que está respondiendo a lo que Dios le pide. También con la humildad de quien sabe que nunca puede sentirse plenamente cierto, pues nuestras decisiones siempre están marcadas por el signo de lo contingente, y nunca podemos apropiarnos de un modo exclusivista de la voluntad de Dios, siempre mayor.

Es importante destacar que este ministerio del acompañamiento se produce, en muchas ocasiones, sin toda la formalidad que podríamos pretender. No siempre se pueden mantener las conversaciones continuadas y sosegadas que se producen cuando se practican los Ejercicios Espirituales. No siempre se producen varios encuentros, ni muchos de ellos están destinados desde el comienzo a tratar estas cuestiones. Pero las ocasiones se van sucediendo, y se van estableciendo relaciones que permiten a los sujetos interesados el contraste y la conversación que ayude a mirar con los ojos de la fe (1 Tes 5,21). Surgen múltiples oportunidades para que las personas afectadas muestren su inquietud para poder hacer lecturas creyentes de lo que tienen entre manos. Por supuesto, muchas veces son las propias personas las que acuden porque quieren contar con una voz que desde la Iglesia les anima y les apoya en el, a veces, proceloso esfuerzo por vivir y actuar conforme a nuestra fe.

Una fuente frecuente de inquietud es la que proviene de las cuestiones sobre la identidad. ¿Cómo poder reconocerme como cristiano en unas instituciones, que hacen bandera de su neutralidad en lo que hace referencia a los credos? La identidad es necesariamente contextual, por eso es necesario tomar conciencia de cuáles son los motivos que llevan a esta pregunta, es decir, la pregunta por la identidad viene siempre precedida por algo o alguien que la pone en cuestión. No hay identidad fuera de la relación, y tenemos demasiados ejemplos de identidades que pretenden anular el otro extremo de la relación: o por sentirse superiores o por sentirse amenazados.

La identidad cristiana está siempre en diálogo. Según los Hechos de los Apóstoles, hasta que fue expulsada de la comunidad judía, por el martirio de Esteban, la comunidad naciente que sería posteriormente la Iglesia se pensaba a sí misma formando parte del judaísmo. San Pablo, en la carta a los Romanos, explicará que fue precisamente el acontecimiento del rechazo por parte de los judíos lo que les hizo conscientes de su identidad universal, el cristiano no lo sería por su pertenencia a una comunidad étnica o nacional. Otro elemento importante dentro de la identidad cristiana es el de la misión. La misión, el envío, el testimonio y el anuncio son esenciales para una identidad cristiana. Dentro de la misión lo que hoy suscita más inquietudes para el creyente es la relevancia, o no, de esta identidad, de nuestra fe.

En este análisis de la relevancia, de la capacidad de hacer visible el signo universal de salvación que es la Iglesia, el lenguaje juega un papel crucial. El compromiso sociopolítico está centrado en un conjunto de ideas, de conceptos, que no siempre tienen el mismo significado para los creyentes y para las instituciones seculares. Para muchas personas el significado primario del núcleo evangélico del «amor» es muy distinto. Mientras que para el cristiano el amor, entendido como ágape, es un compromiso efectivo por el bien de los otros, incluso aunque no los conozcamos, el amor como *eros*, dominante por otro lado, esta caracterizado por la relación interpersonal que establece lazos directos para la gratificación mutua. Este último tipo de relación, la *erótica* (incluso la famosa vinculada al poder), resulta imposible de reconocer como inspirada desde el Evangelio. Igualmente sucede con conceptos como el «bien común» o «solidaridad». Mucho más aún con el concepto de «justicia» que se ha transformado en un eufemismo para hablar de políticas de control y policiales; mientras que la justicia social se ha reducido al fenómeno más neutro (y con clara reducción a dato cuantitativo) de cohesión. Lo que el creyente constata, en su vida cotidiana, es que vive en múltiples mundos de significado, buena parte del esfuerzo en un discernimiento así se va en aclarar las trampas semánticas en las que nos vemos inmersos.

Otro aspecto importante en este diálogo de la propia identidad es la lucha con las falsas imágenes que también el creyente asume en muchos casos. Europa ha reaccionado con fuerza a la presencia dominante de la Iglesia en el pasado, el siglo XVII marcó el inicio del apartamiento de la Iglesia de la esfera pública. La laicidad pretende marcar ámbitos separados, pero, aunque la misma Iglesia reconoce que sus pretensiones son de orden diferente a la de los estados éste movimiento ha introducido la sospecha de que cualquier iniciativa guiada por la fe, incluso en el ámbito personal, puede constituir una injerencia inaceptable. El creyente puede asumir algunas falsas imágenes y reprimirse a sí mismo e impedir que su fe ilumine al caminar. Percibir la fe como una instancia sólo judicial de nuestros actos, limita la vivencia del don del amor que viene de Dios.

Para muchos no creyentes la enseñanza de la Iglesia es percibida como un conjunto cerrado de reglas morales que insisten en la prohibición. Para el cristiano, especialmente el que actúa en el medio público, es importante no dejarse arrastrar por esa visión nefasta, ni reforzarla con propuestas simplistas. La Iglesia tiene una misión de anuncio, pero el Evangelio está menos preocupado por decir a las personas lo que tienen que hacer concretamente, que por permitir reconocer lo que Dios está haciendo ya en nuestras vidas. De hecho, Jesucristo es lo que Dios ya hace en nuestras vidas, el Emmanuel es «Dios con nosotros». Los Evangelios dan testimonio de que esta acción de Dios se realiza primero en y por Jesucristo (Lc 4, 18-21), y continúa en la comunidad que actúa en su nombre. Los cristianos vivimos el don de la salvación que Dios ofrece por Jesucristo, don que se ofrece a todos los hombres y mujeres. Evidentemente para muchos es difícil de identificar en el anuncio de la Iglesia este mensaje de esperanza, la visión de una institución que «juzga», más que una comunidad que anuncia la Buena Noticia sólo puede ser transformada desde el reconocimiento por parte de los propios creyentes de sus limitaciones y su debilidad. El diálogo entre nuestra identidad cristiana y las realidades temporales, también las políticas, puede ir fraguando una auténtica humildad que reconoce cuántos intereses no apropiados impiden transparentar la vida plena que Dios nos ofrece.

Los cristianos aportamos, como rasgo de nuestra identidad, un sentido de comunidad que es global, universal (católica) pero que es humana, concreta, real, no abstracta. La Iglesia se siente tan africana, americana o asiática como europea. El cristiano vive esta dimensión comunitaria en un sentido pleno y radical que le invita a superar visiones reduccionistas. El individualismo es, sin duda, la principal deformación contra el sentido comunitario de nuestro tiempo. El individualismo se ha convertido en el patrón de relación social que antepone los intereses particulares a los compromisos, y responsabilidades generales. La dimensión comunitaria podría ser el primer elemento de discernimiento cristiano para la vida pública. La construcción de una sociedad que anteponga los valores de la comunidad frente a la autocomplacencia individual es una prioridad urgente de nuestro tiempo.

Un segundo criterio de discernimiento tiene que ver con el reduccionismo de dejar nuestra salvación al Estado. Y esta cuestión si afecta directamente al ámbito de lo público y su legítimo campo de actuación. La visión cristiana de la historia como no acabada sino desplegándose continuamente en el misterio de salvación, no permite darla por cerrada de manera definitiva ni en el Estado, ni en el mercado, como algunos quieren proponer. El fin de la historia para los creyentes tiene un horizonte personal, de encuentro definitivo, y no de organización política. En este sentido es muy importante «desacralizar el estado y las instituciones que lo soportan. Sin querer reducir su valor, pero es un riesgo evidente porque es frecuente que se asigne un valor de ultimidad, de definitivo, a las instituciones públicas y de la sociedad civil. Convirtiendo a éstas en las únicas instancias capaces de resolver la vida de los ciudadanos, en todos sus aspectos.

El afán regulador, la invasión de derechos, la vulneración del principio de subsidiariedad, especialmente en lo que afecta a la familia. Todo ello está a la orden del día, y poco a poco va generando una autoconciencia arrogante que sólo puede ser contestada desde la convicción profunda de que el destino de la historia no está en manos de las instituciones, por democráticas y abiertas que puedan ser, sino en el Dios de la vida. El cristiano aporta así una visión sagrada de la historia que es capaz de devolver una lectura sinceramente laica de las realidades temporales.

El tercer criterio es que la fe sostiene al creyente para afrontar una vida llena de tensiones, y es precisamente en esas tensiones en donde se nos invita a dar testimonio de nuestra fe. Se trata de reconocer la dimensión secular de la política, asumiendo la legitimidad de practicar la política desde las propias convicciones religiosas. Sin eludir que todo ello se produce en un contexto de tensiones. El gran riesgo del cristiano en la vida pública hoy es replegarse en sus convicciones y negarse al elemento básico y fundamental de todo ejercicio político: el debate y la búsqueda de consensos que faciliten la vida en común[155]. En el fondo las posturas más intransigentes no aportan luz, ni terminan por edificar el bien común, sino que ponen de manifiesto la incapacidad para asumir las tensiones inherentes a la vida en común. Como nos recuerda el Concilio Vaticano II (GS 74): «Pero son muchos y diferentes los hombres que se encuentran en una comunidad política, y pueden con todo derecho inclinarse hacia soluciones diferentes».

Aceptar que la vida política admite soluciones diferentes, y ello con todo derecho, es lo que exige del cristiano en la vida pública un continuo y delicado discernimiento. Cuando se niega ese derecho, efectivamente no es necesario discernir nada.

---

155 Casanova, José. *Public religions in the modern world*, Chicago, University of Chicago Press, 1994.

# 16. Discernimiento en el Mundo de la Salud

D. José María Galán González-Serna
Expresidente de la Comunidad de Vida
Cristiana (CVX) en España
Director del Departamento de Ética de la
Orden Hospitalaria de San Juan de Dios en España.

## 1. UNA MIRADA AL MUNDO DE LA SALUD

Un primer paso para un buen discernimiento exige mirar la realidad compasivamente con los ojos con que el mismo Dios la observa y la percibe desde su característica más sublime que es la Misericordia por la que Él no permanece impasible ante las necesidades y el sufrimiento humanos, sino que se compromete a sanar, a restaurar una situación de sanación que favorezca la vida y el bienestar de todos[156], porque Él es amor y Él nos amó primero.[157]

Discernir requiere de una lectura apropiada de los signos de los tiempos realizando también un buen análisis social, es decir, buena y completa información sobre la realidad,

---

156 *Ejercicios Espirituales de San Ignacio de Loyola* [101 a 109]
157 Cfr. 1 Juan 4:19

capacidad de análisis de los datos y reflexión compleja sobre ellos.[158]

Hoy la salud se entiende como una situación de bienestar y/o de capacidad funcional que abarca las diversas dimensiones del ser humano. La biológica o física, la psicológica o emocional, la social, espiritual y la religiosa. Es decir, que manejamos un concepto holístico de la salud. Los factores que inciden en su logro son múltiples y destacan aquellos relacionados con el nivel de vida y la erradicación de la pobreza, por delante de lo que el propio sistema sanitario ofrece para la prevención, curación, cuidado y rehabilitación de los problemas relacionados con la misma. Tiene más efecto sobre la salud un nivel de vida adecuado que un sistema sanitario bien organizado y dotado.

Si examinamos propiamente lo que denominamos mundo de la salud en relación con el sistema sanitario, descubrimos situaciones dispares que requieren la atención de la Iglesia. El mundo sanitario es un mundo:

a. Demandado cada vez más por la población, de modo que se buscan soluciones no sólo a problemas de enfermedades físicas, sino que se piden soluciones a problemas existenciales. Se identifica la sensación de malestar con enfermedad. De ahí la medicalización de la salud y de muchos aspectos de la vida individual y social. Parece que la Medicina y las ciencias de la salud tienen mucho poder y, este poder, abarca dimensiones personales amplias no estrictamente fisiopatológicas.

b. Donde encontramos recursos inmensos tanto económicos, como de personal y de medios tecnológicos y científicos, que pesan sobre la economía del Estado que

---

158  Sosa, Arturo. *Hacia una iglesia sinodal que discierne: s. Juan de Ávila y s. Ignacio de Loyola, fuentes de inspiración.* II Congreso Internacional Sobre San Juan de Ávila, Vitis Dei Córdoba (España), 21-23 de noviembre de 2019. Publicación en línea disponible en https://www.jesuits.global/sj_files/2019/11/Hacia_una_Iglesia_sinodal_que_discierne_C%C3%B3rdoba_2019-11-21. pdf consultada el 17 de diciembre de 2022

en su comprensión de la asistencia sanitaria como un derecho universal y garantizado, hace esfuerzos ingentes para cubrir los presupuestos que requieren cada vez más cuantiosos y difícilmente sostenibles a futuro. También encontramos poco sentido de la responsabilidad individual y colectiva en el control del gasto, problemas en la gestión y distribución de los recursos y deficiente organización y coordinación de determinados servicios.

c. En el que la ciencia y la tecnología biomédica es capaz de manipular la vida alcanzando resultados hasta ahora inauditos que tienen que ver con la generación de la vida, con la mejora de calidad de vida y con el final de la vida que puede ser prolongado o acortado a voluntad.[159] Se está produciendo un gran desarrollo del sector químico-farmacéutico y de la tecnología aplicada a la medicina.[160]

d. Donde se constata un buen nivel de calidad científico-técnica de los médicos y del personal de enfermería o de otros profesionales sanitarios, junto a carencias en su formación en ética y bioética, así como carencias en habilidades de comunicación o de acompañamiento en la dimensión espiritual, y una creciente desmotivación y quemamiento profesional.

e. Y es muy relevante saber que el sanitario es un medio en que la persona busca soluciones existenciales, no sólo científico-técnicas. La pregunta por el sentido y el propósito de la vida surge con fuerza en muchos ámbitos asistenciales. Las preguntas religiosas sobre el papel de Dios o su compromiso con la humanidad se manifiestan de un modo explícito y se busca a quien ayude a darles respuesta.

159  ABEL I FABRE, Francesc. *Bioética: orígenes, presente y futuro*, Madrid, Fundación Mapfre, 2007.
160  LÓPEZ AZPITARTE, Eduardo. *Ética y Vida: desafíos actuales*, Madrid, San Pablo comunicación, 1997.

## 2. EL DISCERNIMIENTO ESPIRITUAL COMO AYUDA A LA EVANGELIZACIÓN

¿Qué desea Dios que hagamos por esta sanidad, por la promoción de la salud social, por el cuidado de las personas enfermas, por sus familias, por los profesionales sanitarios, por los políticos y los gestores de la salud? ¿Qué llamamiento nos pone Dios en el corazón al mirar esta realidad sanitaria como Él mismo la mira, misericordiosamente? ¿Qué ha hecho, qué hace y qué ha de hacer la Iglesia por Cristo para continuar su Misión de salvación en la sanación de los seres humanos?[161]

Para encontrar la respuesta a la pregunta ¿qué hemos de hacer? contamos con la ayuda del discernimiento espiritual como imprescindible para acertar en lo que Dios nos pide.[162]

Algunos elementos para practicar el discernimiento espiritual pueden incluir:

—Apertura al Espíritu Santo y situarse más allá de la deliberación moral dando el salto a la conexión con lo inefable, la voluntad de Dios, que la desborda.

—Conocimiento y vivencia personal y colectiva en suficiente profundidad del mensaje esencial del Evangelio, su estilo y prioridades, su planteamiento escatológico.

—Diálogo y contraste interpersonal con rigor intelectual, pero sobre todo de las mociones espirituales experimentadas en la oración personal y comunitaria y en la vida misma.[163]

—Metodología de toma de decisiones que se deje guiar por las intuiciones espirituales sabiendo que en la evaluación de las acciones desarrolladas habrá que exami-

---

161 *Ejercicios Espirituales de San Ignacio de Loyola* [53].

162 SOSA, Arturo. *Discernimiento en común. Carta del P. General de la Compañía de Jesús a toda la Compañía*, Roma, Curia General de la Compañía de Jesús, 2017.

163 RAMBLA, Josep M. y LOZANO, Josep M. *Discernimiento comunitario apostólico. Textos básicos de la Compañía de Jesús*, Barcelona, Cristianismo y Justicia, 2019.

nar si esas intuiciones son confirmadas por la realidad y el resultado al que se llega.

—Ciclo de búsqueda y de hallazgo, de planificar, realizar, evaluar. Dinámica de crecimiento en fidelidad, que no se agota pues Dios no se agota ni restringe, sino que expande su bien y lo multiplica sin descanso.

Entre los criterios o elementos importantes para un discernimiento de la Misión de la Iglesia en el Mundo de la Salud podemos tener en cuenta:

a. El modo de realizarlo: observando una realidad compleja como es la sanitaria, que se sitúa en el siglo y no está aparte de la vida social sino integrada plenamente en ella, entendemos que el discernimiento hoy requiere de sinodalidad.

b. Examinar que todo el proceso de discernimiento se guíe de una recta intención evangelizadora: la motivación de la acción de la Iglesia ha de ser la compasión y la misericordia más que el tratar de imponer ideas o dogmas o el alcanzar cuotas de poder, de prestigio o de recursos materiales. La actuación consiste en colocar la levadura del evangelio en el corazón de la masa, en sembrar una semilla que pueda crecer y dar frutos. Y ha de ser sistémica, los ámbitos son múltiples y los agentes para la evangelización son muchos y diversos. Son necesarias actuaciones apostólicas o evangelizadoras que incidan y transformen las estructuras, los procesos y los resultados, renovando y «haciendo nuevas todas las cosas» al estilo de Jesús. Esto incluye iluminar a distintos niveles como el de la política, donde se decide la asignación de los recursos y otros muchos condicionantes del sistema sanitario, así como como inspirar a los aspectos de la gestión de servicios sanitarios y de los sistemas de provisión de los mismos, y renovar los modos de interactuar entre las personas que intervienen para lograr resultados de salud. El estilo de presencia y actuación conviene que sea tolerante, dialogante, respetuoso, comprensivo y misericordioso a la vez que testimonial y propositivo de los valores evangélicos.

c. La consecuencia o los resultados de la acción de la Iglesia han de incluir la generación de esperanza en las personas que sufren por su salud, mediante la cercanía a los enfermos, la asistencia sanitaria directa, el acompañamiento espiritual y religioso, así como la consideración holística de sus necesidades. El apoyo a los profesionales para que se mantengan sanos ante la presión a la que se les somete y mantengan un sentido adecuado de su misión, favoreciendo la orientación de la deliberación ética que acontece hoy en el sistema a través de comités de ética y otras instancias. La promoción de la humanización de la asistencia que básicamente consiste en poner al centro de atención del sistema sanitario a la persona y sus necesidades de salud y hacer que los medios disponibles se sitúen a su servicio sin ser maltratada sino bien tratada, sin ser manipulada sino respetada en su integridad o evitada y atendida así como sin ser olvidada.[164] La educación de la sociedad en cuanto a los valores implicados en la atención a la salud a cualquier nivel y ámbito, incluido el político.

## 3. ALGUNAS EXPERIENCIAS

### 3. 1 IGLESIA DE ESPAÑA. CONGRESO IGLESIA Y SALUD

La Iglesia también se preocupa por la salud. La Conferencia Episcopal Española en su momento convocó el Congreso sobre Iglesia y Salud en el que se realizó un riguroso análisis de realidad del mundo de la salud y reflexión sobre la apor-

---

164  GAFO, Javier y MARTÍNEZ Julio Luis. *Bioética Teológica*, Madrid, Universidad Pontificia Comillas, 2003.

tación de la Iglesia a este ámbito siguiendo una dinámica sinodal.[165]

## 3. 2 ORDEN HOSPITALARIA DE SAN JUAN DE DIOS

Viene realizando desde hace años un discernimiento sobre su presencia y Misión en España. Con una metodología capitular, a finales de los años 80, se realiza un análisis de la realidad sanitaria, social y política de España y de las actividades de la Orden, así como elección de líneas de acción pensando en dar respuesta asistencial a los destinatarios priorizando sobre todo a los más vulnerables: cuidados paliativos, enfermos crónicos, salud mental, discapacidad intelectual, personas mayores, sinhogarismo, pobreza social, cooperación internacional.[166] La Orden, que actualmente cuenta con más de 80 centros en España, prioriza los destinatarios de su dedicación y se propone desplegar un modelo de atención integral u holístico que materialice una nueva hospitalidad respondiendo a los retos sanitarios y sociales del siglo XXI.[167]

## 3. 3 COMPROMISO PERSONAL DE PROFESIONALES DE LA SALUD ACTUANDO DESDE LA BASE

En la Comunidad de Vida Cristiana (CVX)[168] la persona vocacionada al mundo de la salud realiza su discernimiento personal en el contexto y con la ayuda de la comunidad eclesial CVX aplicando diversos medios ignacianos ya sean persona-

165 DEPARTAMENTO DE PASTORAL DE LA SALUD, *Congreso Iglesia y Salud*, Madrid, Edice, 1995

166 ORDEN HOSPITALARIA DE SAN JUAN DE DIOS PROVINCIA DE ESPAÑA. *Presencia de la Orden en España (POE). Documento instrumentum laboris para el I Capítulo Interprovincial*, Madrid, 1986

167 ORDEN HOSPITALARIA DE SAN JUAN DE DIOS PROVINCIA DE ESPAÑA. Publicación en línea disponible en https://sjd.es/ consultada el 17 de diciembre de 2022

168 CVX. *Principios y Normas Generales de la Comunidad de Vida Cristiana*. Publicación en línea disponible en http://cvx-clc.net/ consultada el 17 de diciembre de 2022.

les como la oración personal y examen de conciencia ignaciano, la experiencia de los Ejercicios Espirituales ignacianos o el acompañamiento espiritual personalizado en el que se pone en práctica la conversación espiritual[169]; o sean grupales o comunitarios como la dinámica de Discernimiento, Envío, Apoyo, Acompañamiento y Evaluación por el grupo dentro de la comunidad en el que se participa[170]. En la CVX se realiza un análisis de realidad aplicado a las circunstancias vitales de la persona y sus posibilidades de implicarse en un servicio concreto, utilizando la conversación espiritual, el contraste de mociones espirituales, los consejos espirituales, metodologías de discernimiento espiritual comunitario. Y en el caso de la actuación en el ámbito de la salud se ha ofrecido formación intelectual y reflexión sobre Bioética y Pastoral de la Salud en centros de pastoral Fe-Cultura de la Compañía de Jesús en Andalucía.

---

169 ARANA, Germán. La conversación espiritual. Instrumento apostólico privilegiado de la Compañía. *Revista de Espiritualidad Ignaciana*, 2005, 36(1), 108, pp. 1-32

170 CVX-E. *DEAE. Pautas para un buen uso*, Madrid, CVX E, 2008. Publicación en línea disponible en https://cvx-e.es/documentos/ consultada el 17 de diciembre de 2022

# 17. La autobiografía de San Ignacio, escuela de discernimiento espiritual[171]

P. Pablo Cervera Barranco

## 1. INTRODUCCIÓN

El 4 de agosto de 1553 es una fecha importante en la cronología de san Ignacio y, sin embargo, nos pasa inadvertida incluso a lo que realizamos estudios sobre san Ignacio. Nos son más próximas otras fechas como el 22 de abril (María, Reina de la Compañía de Jesús), 20 de mayo (herida en Pamplona), 24 de junio (ordenación sacerdotal en Venecia), 31 de julio (festividad de nuestro Santo) o 15 de agosto (día de los primeros votos en Montmartre).

Efectivamente, el 4 de agosto fue un día destacado e importante. Ese día san Ignacio decidió comunicar al padre Luis González de Cámara cómo el Señor le había guiado desde el comienzo de su conversión hasta la fundación de la Compañía de Jesús. San Ignacio tiene 61 años. Quedan tres

---

171 Este ensayo va acompañado de una bibliografía sobre la Autobiografía de San Ignacio elaborada por el propio autor que se ofrece en forma de apéndice al final del libro (N.E.)

215

años para que muera y echa la vista atrás para legar algo muy importante en su vida: el relato de su peregrinaje.

Hacía varios años que Jerónimo Nadal y el mismo Luis González de Cámara deseaban ardientemente que su fundador les revelase su itinerario espiritual antes de morir, cómo Dios le había conducido hasta ser fundador de la Compañía de Jesús[172].

Jerónimo Nadal[173], el canónigo mallorquín que no se atrevió a unirse al primer grupo de Ignacio, y que fue compañero de estudios en París, fundamentaba su petición en el pensamiento de que Ignacio pudiera morir pronto. Efectivamente,

> habíamos *oído decir otros Padres y yo a nuestro Padre Ignacio que había deseado que Dios le concediese tres beneficios antes de morir: el primero, que el instituto de la Compañía fuese confirmado por la Sede Apostólica; el segundo, que lo fuesen igualmente los Ejercicios Espirituales; el tercero, que pudiese escribir las Constituciones. Recordando yo esto, y viendo que lo había conseguido todo*[174], temía que fuera ya llamado de entre nosotros a mejor vida[175].

En realidad Ignacio vivía al día pensado que en cualquier momento le podría llamar el Señor y no aventuraba cosas de futuro. En cambio, respecto al relato que le piden tendrá

---

172 «Le pedí *insistentemente* que nos expusiera cómo Dios le había dirigido desde el principio de su conversión, a fin de que ese relato relación pudiese servirnos a nosotros de *testamento* y *enseñanza paterna*». NADAL, *Prólogo*, n. 2.

173 A Jerónimo Nadal también se le conoce como el teólogo de la espiritualidad ignaciana. Cf. M. NICOLAU, *Jerónimo Nadal, S. I. (1507-1580). Sus obras y doctrinas* (CSIC, Madrid 1949); M. RUIZ JURADO, *Jerónimo Nadal: el teólogo de la gracia de la vocación* (BAC, Madrid 2011); J. NADAL, *Jerónimo Nadal: vida e influjo* (Sal Terrae, Santander 2007). En sus pláticas, al explicar las *Constituciones* de la Compañía de Jesús, se refiere a esos aspectos teológico-espirituales que encierra el texto, que no es meramente jurídico, sino fruto de la experiencia espiritual de san Ignacio y de los primeros compañeros.

174 La Compañía de Jesús fue confirmada oficialmente por Paulo III, el 27 de septiembre de 1548; el libro de los *Ejercicios Espirituales* fue aprobado también por el mismo Papa, el 31 de julio de 1548; san Ignacio escribió las *Constituciones* de la Compañía de Jesús entre 1547 y 1550.

175 «Porque —le dije yo—, habiéndoos concedido Dios aquellas tres cosas que deseabais ver antes de vuestra muerte, tememos no seáis llamado ya a la gloria». NADAL, *Prólogo*, 2

conciencia cierta de que Dios le dará vida para ello. González de Cámara recoge en su prólogo al *Relato del peregrino* que Nadal casi llega a decir que estaba en juego la autenticidad y finalización misma de la fundación de la Compañía por parte de Ignacio.:

> Me mandó —escribe Cámara refiriéndose a Nadal— que importunase al Padre, diciéndome muchas veces que en ninguna cosa podía el Padre hacer más bien a la Compañía que en hacer esto, y que esto era fundar verdaderamente la Compañía[176].

Junto a esa palanca argumentativa presentaba esta otra:

> Sabiendo que los santos padres fundadores de algún instituto monástico habían dejado a sus descendientes, a modo de testamento, aquellos avisos que habían de ayudarles para la perfección, buscaba la oportunidad para pedir lo mismo al P. Ignacio.

Esta segunda razón, la del testamento escrito por otros fundadores, nos puede ayudar a situar en la historia el escrito de nuestro santo.

## 2. LA AUTOBIOGRAFÍA DE SAN IGNACIO EN EL HORIZONTE DE LA HISTORIA

La historia de la Iglesia y de la espiritualidad cristiana está jalonada desde los inicios por lo que podríamos llamar de manera amplia «autobiografías espirituales»[177]. Ciertamente no todos estos documentos guardan un idéntico marco ni estilo redaccional. En efecto, son varias las modalidades que podríamos encontrar: la *autobiografía* propiamente dicha en la que el autor relata una serie de hechos más o menos extensos de su vida; el *diario*, donde se reflejan día a día las

---

176 *Prólogo*, n. 4.
177 F. VERNET, «Autobiographies spirituelles», en *DSp* I, col. 1141-1159.

impresiones, sentimientos y pensamientos del autor; las *cartas*, que manifiestan, con diversos interlocutores, sus disposiciones interiores. De manera más amplia también podrían verse otras formas de autobiografía al hablar de *visiones* y *revelaciones puestas por escrito, meditaciones* y oraciones. El cardenal san John Henry Newman era del parecer de que los Padres, de una manera u otra, transmitían su autobiografía en su correspondencia, sermones, comentarios a la Escritura u otro tipo de tratados[178].

Las autobiografías son siempre relatos de conversión: de la incredulidad y la herejía a la fe católica, de un cristianismo incompleto o mediocre a otro serio o más fervoroso.

En la historia de estas biografías espirituales hacemos algunas rápidas calas que sitúen finalmente el relato de nuestro autor.

### 2.1 PRIMEROS SIGLOS (I-III)

Encontramos incluso en los Hechos de los Apóstoles dos relatos en que san Pablo cuenta su transformación en el camino de Damasco (Hch 22,3-21; 24,9-20). La *Pasión* de santa Perpetua († 203) supone una ampliación del género. En seguida aparecen otros muchos nombres: el *Discurso* sobre Orígenes donde san Gregorio Taumaturgo († 270) cuenta su juventud, san Clemente de Alejandría, Tertuliano, *Diálogo de Trifón* de san Justino, San Hilario en el comienzo del *De Trinitate*. Finalmente habría que destacar el *Ad Donatum* de san Cipriano considerado como el antecedente directo de *Las Confesiones* de san Agustín.

### 2. 2 LAS VERDADERAS AUTOBIOGRAFÍAS ESPIRITUALES

Será en el siglo IV cuando aparezca verdaderamente la autobiografía espiritual de la mano de san Gregorio Nacianceno (*Autobiografía*) y san Agustín (*Confesiones*). La primera es una

---

178  Cf. H. BREMOND, *Newman* (Bloudcegay, París, 1906) 137-139.

elegía en que se enumeran los infortunios de su existencia. Por su parte, la obra magna de san Agustín, *Las Confesiones*[179], inaugura de manera única las autobiografías psicológicas, no con mil detalles externos, sino detallando las llamadas de Dios y las respuestas del alma: su vida hasta la conversión a los 33 años (l. I-IX) y en los últimos tres libros canta su acción de gracias a Dios. Este libro no son miles de páginas de listas de pecados, sino la expresión de la misericordia y de la gracia de Dios en el santo de Tagaste[180].

Desde san Agustín hasta los tiempos modernos son raras las autobiografías[181]. Cabría citar el *Testamento* de san Francisco de Así, y la *Vida coetánea* de Raimundo Lulio. Será en los siglos XVI-XVII cuando se produzcan obras de gran valor. San Ignacio relató al P. González de Cámara los principales acontecimientos de su vida hasta la redacción de las Constituciones de la Compañía de Jesús. Aquí habría que añadir a continuación los memoriales (recordemos, por ejemplo, el *Memorial* de san Pedro Fabro), que se mantienen en el marco de los acontecimientos exteriores.

En esta estela le seguirán san Pedro Canisio, santa Teresa de Jesús, cuyo *Libro de la vida*[182], fue redactado también a instancias de sus confesores para que pusiera por escrito la obra de gracia que Dios estaba realizando en ella, san Alfonso de Orozco, san Roberto Belarmino, san Juan Berchmans, san Claudio de la Colombière, la beata María de la Encarnación,

---

179 SAN AGUSTÍN, *Las confesiones* (BAC, Madrid ²2013).
180 «Domine, cur tibi tot rerum narrationes digero? Non utique ut per me noveris ea, sed affectum meum excito in te, ut dicamus omnes: Magnus Dominus et laudabilis valde. Jam dixi, et dicam: amore amoris tui facio istud (Señor, ¿por qué te hago relación de tantas cosas? No ciertamente para que las sepas por mí, sino que excito con ellas mi afecto hacia ti y el de aquellos que leerán estas cosas, para que todos digamos: *Grande es el Señor y laudable sobremanera.* Ya lo he dicho y lo diré: por amor de tu amor hago esto)». *Confessiones*, l. XI, c. 1: PL, 32,809.
181 Podría citarse a san Patricio (*Confesssio*), san Enodio († 521), san Beda el Venerable († 735), Rathier († 974), Otlon († 1080), Judas de Colonia († 1127), beata Beatriz de Tirlemont († 1268), Raimundo Lulio (1316) con su *Blanquerna*, santa Ángela de Foligno († 1309), Enrique de Suso († 1366), Francisco Petrarca († 1374), beata Dorotea de Montau († 1394), santa Catalina de Bolonia († 1463), san Pedro Fabro († 1546), primer compañero de san Ignacio.
182 SANTA TERESA DE JESÚS, *Libro de la vida* (Monte Carmelo, Burgos 2016).

san Juan Eudes, santa Margarita María de Alacoque[183], san Pablo de la Cruz y santa Teresa del Niño Jesús, cuya *Historia de un alma*[184] fue escrita también a instancias de su superiora. Todas ellas son un tesoro magnífico para la historia, la espiritualidad y para la vivencia de la vida de la gracia del pueblo cristiano. Un largo etc. habría que añadir aquí pero no es el momento de enumerarlo todo con exhaustividad.

Las características de las autobiografías, algunas de las cuales ya hemos referido, van desde la alabanza a Dios hasta ser útiles al prójimo, humillarse. Otras son de carácter apologético personal o de respuesta a calumnias (Newman), literarias, obediencia al confesor o al superior. Creemos que la de san Ignacio tiene características propias incluso antes de que viera la luz.

## 3. ALGUNAS NOTAS SOBRE LA AUTOBIOGRAFÍA DE SAN IGNACIO

Hasta aquí hemos hablado siempre de *Autobiografía* porque sigue siendo el modo más cómodo de referirnos al escrito de san Ignacio. En realidad esta denominación es muy reciente (principios del siglo XX). El título de esta «obra» en nuestra lengua y en otras lenguas es cada vez más: *Relato, Relato del peregrino, Testamento* de Ignacio. Parecería todo menos una autobiografía espiritual clásica porque, en ese caso, se referiría solo a una cronología de datos. Aquí, en cambio, se da una lectura interior de un progresivo camino histórico y espiritual, localizado en el espacio (Loyola, Manresa, Montserrat, Barcelona, Jerusalén, Barcelona, Salamanca, París, Azpeitia, Italia) y en el tiempo 1521, fecha de su conversión cuyo V Centenario celebramos, hasta 1555 (aprobados los *Ejercicios Espirituales* y las *Constituciones* aunque de ellos sólo hablará a instancias de Cámara.

---

183 Santa Margarita María de Alacoque, *Obras completas* (Ed. P. Cervera) (Monte Carmelo, Burgos 2022) 105-237.

184 Santa Teresa del Niño Jesús, *Historia de un alma* (Monte Carmelo, Burgos ⁵2014).

La *Autobiografía* de San Ignacio nos ha llegado en varias copias manuscritas. Ciertamente la más importante es la que usaba el padre Nadal y llevaba consigo en sus viajes y visitas. Recordemos que Nadal era el «Vicario General» de san Ignacio y fue implantando por todas las provincias jesuíticas de Europa (Francia, España, Alemania, Italia) las *Constituciones* desde el espíritu en que habían sido escritas y aprobadas. Este «teólogo de la espiritualidad ignaciana» (como lo llamó mi profesor y gran experto en su paisano, el P. Miguel Nicoláu), se sirvió del texto en sus pláticas en Alcalá, en Salamanca… para introducir el espíritu de Ignacio en las explicaciones que hacía sobre la *Constituciones*. El manuscrito de Nadal (Texto N) incluye las dos partes: la parte escrita en lengua española y la italiana y está enriquecida también con las 13 adiciones, en los márgenes, que hizo el padre González de Cámara. En la copia manuscrita por Nadal, y que usaron los editores de *Monumenta Historica Societatis Iesu*, el título es *Acta Patris Ignatii ut primum scripsit P. Ludovicus González excipiens ex ore ipsius Patris* [Hechos del Padre Ignacio como los escribió por primera vez el Padre Luis González recibidos de la boca del mismo Ignacio].

Casi se podría decir que como los Hechos de los apóstoles son a la Iglesia, así, los Hechos del padre Ignacio son a la Compañía de Jesús[185]. Ambos escritos apuntan al único fundamento de ambos: el fundador y cabeza es Jesucristo. Estos hechos los memorizó el P. Luis González de Cámara tal como lo recibió de la boca del mismo Padre. Por lo tanto, el género literario es un relato oral cuya impronta se encuentra en la lectura del texto: un relato oral transmitido con una fidelidad máxima por parte de Luis González de Cámara, que tenía una memoria prodigiosa y que fue capaz en diversos momentos de dictarla a un amanuense. Es verdad que en una etapa en que no tenía a mano un amanuense español (al haber tenido que viajar a Génova) lo hizo en italiano. La *Autobiografía* es, pues, un documento fundacional con el que

---

185  S. Ignacio, *Autobiografía. Commento di Maurizio Costa S.J.* (Editrice CVX/ CIS, Roma ²1994).

la Compañía de Jesús debe confrontarse continuamente a sí misma, ayer y hoy, y no menos los que tratamos de seguir el camino espiritual abierto por Ignacio.

Nuestro escrito se publicó como *El relato del peregrino* (tal como el santo se autodenomina varias veces en el texto). Este apelativo refleja muy bien incluso todo el relato: «Ignacio es hombre de palabras medidas, afán de precisión y de gran sentido práctico»[186]. Nuestro peregrino se entronca mejor con la tradición bíblica y cristiana. Es santo peregrino andariego, pero no al modo de los que en la época peregrinaban a Roma o a Jerusalén (romeros, palmeros) con una meta fija o eran andariegos al modo de la santa de Ávila. Ignacio es hombre dinámico, siempre buscando lugar hacia adelante: *se partió para...* dice un sinfín de veces; y buscando el modo de realizar la voluntad de Dios. Su movilidad es excepcional, como hemos visto, hasta el punto de que fue el primer andariego español que salió de España[187].

### 3. 1 SEPULTURA DE LA AUTOBIOGRAFÍA

Después de la muerte de san Ignacio el texto de la *Autobiografía* sufrió un itinerario un tanto escabroso. De los varios manuscritos que circulaban por Roma ninguno se dio a la imprenta y el año 1567, tuvo lugar una decisión con grandes consecuencias para la historia, respecto del texto de la *Autobiografía*. San Francisco de Borja, que era entonces el general de la Compañía de Jesús, encargó al padre Pedro de Rivadeneira que escribiera una biografía de Ignacio. Al mismo tiempo de este encargo pide que se retiren de la circulación las copias que hay de la *Autobiografía* y prohíbe su lectura y divulgación. El mismo Rivadeneira dice en una carta a Nadal del 29 de julio de 1567: «Como la autografía es algo imperfecta no con-

---

186 J.M. RAMBLA BLANCH, *El peregrino. Autobiografía de san Ignacio* (Mensajero-Sal Terrae, Bilbao-Santander nueva edición actualizada 2015) 9.

187 J.M. RAMBLA BLANCH, «Autobiografía», en GRUPO DE ESPIRITUALIDAD IGNACIANA (GEI), *Diccionario de espiritualidad ignaciana*, vol 1 (Mensajero-Sal Terrae, Bilbao-Santander ²2007) 197-201.

viene que turbe y debilite la fe en lo que se viene escribiendo con mayor perfección». Es decir que la considera incompleta y fragmentaria. Han paso 11 años después de la muerte de Ignacio. El texto ya no es muy útil, incluso puede ser peligroso. *Maiora videtis...* («Mayores cosas veréis»).

La *Autobiografía*, evidentemente, no cumple los cánones de la hagiografía de entonces: hay una ausencia de análisis crítico de los textos, de reflexión sobre los géneros literarios y de hermenéutica. Los contrastes que se daban entonces a propósito de la oración y el planteamiento de la vida espiritual en la Compañía de Jesús bajo el generalato de san Francisco de Borja llevarían a la incomprensión del gobierno central del valor de la Autobiografía, favoreciendo, con poca vista, el valor o la suficiencia de la obra de Rivadeneira. Esta sepultura del texto tuvo evidentemente consecuencias al cabo de los siglos, incluso de modo negativo, en la vida de la Compañía de Jesús, no solo en los estudiosos de la historia, por haber primado el valor de Rivadeneira sobre la *Autobiografía*. Ha llevado en algunos casos a una cierta falsificación de la imagen histórica de san Ignacio que será visto con una visión triunfalista, barroca, como fundador y organizador genial, observante de la ley y preocupado sobre todo por la virtud de la obediencia de una forma un poco voluntarista y fría. San Ignacio de Loyola en esa línea hagiográfica aparece como el hombre calculador, el estratega, el conquistador de los pueblos...[188]

## 3. 2 HACIA LA «RESURRECCIÓN» DE LA AUTOBIOGRAFÍA

En cambio, frente a esa imagen en la línea de Rivadeneira, aparece la *Autobiografía* que revela sobre todo el sentido histórico y espiritual de las circunstancias más pequeñas (eso se va viendo en la lectura pausada de la *Autobiografía*), la confianza ilimitada, la esperanza tenaz en Dios, la dimensión

---

188 S. Ignacio, *Autobiografía. Commento di Maurizio Costa S.J.* (Editrice CVX/CIS, Roma ²1994) 13-14.

contemplativa de la vida del hombre, su inclinación a ayudar a las almas (la dimensión apostólica de la vida de Ignacio), la sede de renovación de la Iglesia que en algunos casos llevó a Ignacio casi a ser condenado en procesos en que se le acusó de alumbrado o de ciertas reformas heterodoxas[189]. (¡Qué curioso que Ignacio y Lutero vieron y vivieron lo mismo en la Iglesia! El primero, aunque la historia lo incluye entre los nombres de la Contrarreforma, es el que incoa la verdadera Reforma de la Iglesia, la de los santos...)[190]

La *Autobiografía* también subrayar el sentido de la pobreza de la vida evangélica, y esto tanto en la vida personal como en la misión, en el apostolado. Se destaca el servicio a Cristo llevando la cruz (recordemos la visión de La Storta) y el espíritu del peregrino que radica en no tener nada y estar siempre en movimiento. En su modo apostólico tiene una predilección por la conversación espiritual. Los ejercicios espirituales vendrán después ya a partir de París. Vive su modo apostólico de ayudar al prójimo con esas conversaciones, con la enseñanza del catecismo a los niños y una preferencia afectiva, no exclusiva ni ideológica, hacia los más pobres, los marginados, los últimos en definitiva.

La *Autobiografía,* solo en el último siglo, ha acrecentado el interés por parte de todos habiendo estado bastante oculta en favor de la Vida de san Ignacio que escribiera el P. Ribadeneira.

## 4. MARCO PREVIO DE DISCERNIMIENTO ESPIRITUAL DE LA AUTOBIOGRAFÍA

El tesón tiene siempre premio. Dejábamos a Nadal y sus palancas argumentativas para sacarle a Ignacio el relato de su vida. El bueno de Nadal, que era mallorquín, manifestó

---

189 *Ibid.,* 14.
190 R. García Villloslada, *Martín Lutero. I: El fraile hambriento de Dios* (BAC, Madriid 1976); Id., *Martín Lutero. II: En lucha contra Roma* (BAC, Madrid 1976); Id., *San Ignacio de Loyola. Nueva biografía* (BAC, Madrid 1986).

una y otra vez su tesón, constancia y confianza. A ello dijo Ignacio una vez:

—Celebrad tres misas por esta intención, usted, Polanco y Poncio, y después de la oración referidme lo que pensáis. —Padre, pensaremos lo mismo que pensamos ahora—. Y él añadió con gran suavidad: —Haced lo que os digo. Celebramos las misas, y después de referirle lo que pensábamos, prometió que haría lo que pedíamos.

Pasó un año…

Al año siguiente, a mi regreso de Sicilia y estando a punto de ser enviado a España, pregunté al Padre si había hecho algo. —Nada— me dijo. Cuando volví de España el año 1554 volví a preguntarle de nuevo: No había hecho nada[191].

Tengamos en cuenta que en el lapso de estas líneas han pasado más de cuatro años. Continúa el relato.

Pero entonces, movido por no sé qué impulso, insistí de nuevo (habla Nadal): —Hace ya casi cuatro años que os vengo pidiendo, Padre, no sólo en mi nombre, sino en el de los demás, que nos expongáis el modo en que el Señor os fue llevando desde el principio de vuestra conversión; porque confiamos que saber esto será sumamente útil para nosotros y para la Compañía; pero, como veo que no lo hacéis, os quiero asegurar una cosa: si nos concedéis lo que tanto deseamos, nosotros nos aprovecharemos mucho de esta gracia; si no lo hacéis, no por eso decaeremos de ánimo, sino que tendremos tanta confianza en el Señor como si lo hubieseis escrito todo.

La negativa no iba a procurar que decayeran los ánimos. Se le pedía a Ignacio una narración que tendría valor de testamento o de instrucción paternal, que les ayudase a progresar en la vida del espíritu y mejorar el servicio al prójimo. Para Nadal, incluso, estaba en juego la autenticidad y la fina-

---

191 San Ignacio comenzó a dictar sus memorias en 1553. De ahí que Nadal esté equivocado en este punto.

lización del mismo trabajo de fundación de la Compañía de Jesús por parte de Ignacio. Es decir, no bastaba que ya se hubieran aprobado los *Ejercicios* o se hubiera aprobado la Compañía e incluso las *Constituciones*. Faltaba este relato para dar cumplida razón de la vida de Ignacio.

A ese tesón de Nadal se añade en Ignacio un momento definitivo del santo en que se ve reflejado en González de Cámara. Me detengo en estos detalles porque los considero atmósfera de discernimiento espiritual en acto, del que nacerá la *Autobiografía*.

### 4. 1 UN DISCERNIMIENTO, CAUSA PRÓXIMA INMEDIATA DE LA AUTOBIOGRAFÍA

Dice Cámara que el 4 de agosto de 1553 le abrió su alma a Ignacio y le habló de su vanagloria. Como otras veces, san Ignacio remitía a decir a Dios estas cosas, dando gracias y reconociendo todo como de Dios. Cámara encontró consuelo y derramó lágrimas:

> Y así me contó el Padre cómo durante dos años había sido trabajado por este vicio, en tanto que, cuando se embarcaba en Barcelona para Jerusalén, no se atrevía a decir a nadie que iba a Jerusalén, y así en otros detalles semejantes; y añadió más, cuánta paz acerca de esto había sentido después en su alma.

> [Fueron a comer] e Ignacio comentó [en la comida que] que muchas veces le habían pedido una cosa Maestro Nadal y otros de la Compañía, y que nunca se había decidido sobre ello; y que, después de haber hablado conmigo, habiéndose recogido en su habitación, había tenido mucha devoción e inclinación a hacerlo; y —hablando de manera que mostraba que Dios le había dado gran luz para que lo hiciera— que se había decidido del todo; y la cosa era referir lo que había pasado por su alma hasta ahora; y que había decidido también que fuese yo a quien descubriese estas cosas.

Cámara pide humildemente consejo a san Ignacio. San Ignacio se ve reflejado en Cámara como en un espejo. Incluso ve en Cámara a todos los compañeros de Jesús. Tras el coloquio con él, la consolación le lleva a decidir relatar su vida. Al mismo tiempo en la decisión está también incluido el destinatario a quien descubrir su vida: el mismo Cámara. Al comunicar esto el santo, —dice Cámara—, mostraba que Dios le había dado gracias grandes para que lo hiciera.

Asistimos a los diversos momentos o modos en el discernimiento: materia sobre la que discernir, elementos históricos que a veces la enmarcan, consolación, decisión, luz. San Ignacio llega a aprender, de este modo, por una experiencia paradigmática, que los acontecimientos de su vida podrían ser de ayuda para sus compañeros.


## 4. 2 LA FUNDACIÓN DEFINITIVA DE LA COMPAÑÍA DE JESÚS

Aunque la empresa estaba ya en marcha Nadal, alegrándose mucho por lo que estaba comenzando, me mandó que importunase al Padre, diciéndome muchas veces que en ninguna cosa podía el Padre hacer más bien a la Compañía que en hacer esto, y que esto era fundar verdaderamente la Compañía[192].

Nadal era poco confiado: se alegra de lo comenzado, sí, pero le dice a Cámara que no deje de importunar a Ignacio para que con ello «fundara verdaderamente la Compañía de Jesús».

La *Autobiografía* se inició en agosto de 1553 y se completó en 1555. Sus estrechos colaboradores estaban contentos de esta relación y la Compañía ya tenía ahora la *Autobiografía* del fundador que era como poner bases sólidas a la misma Compañía y los criterios iluminadores y decisivos para el camino de la existencia que el Señor les haría recorrer. De

---

192 La insistencia de Nadal en pedir a san Ignacio la relación de los hechos de su vida proviene de un principio inculcado por él repetidas veces, y es que la Compañía tiene a san Ignacio no sólo como fundador escogido por Dios, sino como modelo al cual tiene que imitar.

hecho, se puede decir que la *Autobiografía* ayuda a comprender las mismas *Constituciones* e incluso los *Ejercicios* de san Ignacio. Por eso su lectura se enriquece y se amplía cuando se añaden y se comparan pasajes paralelos o cuasi paralelos de estos otros textos de san Ignacio[193].

«Nos encontramos, pues, ante un texto, —como ha dicho el P. Rambla con gran acierto— no sólo de génesis larga y laboriosa, sino resultado de un proceso de discernimiento y decisión. Y esto constituye uno de los elementos característicos de la sustancia del relato ignaciano»[194].

## 5. LOYOLA: EL DESPERTAR DEL DISCERNIMIENTO

San Ignacio, más que hablar de sí mismo, quiere relatar la «historia de Dios» en su alma y su itinerario, su peregrinación. En esa historia Dios le fue preparando para ser fundador de una orden religiosa y de un nuevo camino de vida espiritual. Es una historia, en un sentido, con dos actores principales, en la que se funden las realidades humanas, los acontecimientos de san Ignacio y las realidades sobrenaturales y de fe que vive el santo de Loyola. La lectura continuada de la *Autobiografía* nos hace ver que san Ignacio está o aparece en estado de discernimiento. Busca constantemente la mejor respuesta para entregarse a Dios en un itinerario progresivo y gradual, espiritual, a través de diversas etapas que, en algunos casos, son saltos cualitativos en su existencia. San Ignacio, por tanto, relata no lo que «él ha hecho», sino lo que Dios ha hecho en él, guiándole a identificarse con Cristo y después con ese grupo de «amigos en el Señor» en el momento en que va a nacer la Compañía de Jesús. En realidad, como se sabe, el santo no quería que sus compañeros o seguidores se identificaran con él. No se trataba de

---

193  Ese ha sido el intento metodológico en mi explicación, párrafo a párrafo, de la *Autobiografía* de san Ignacio. Cf. P. CERVERA, *El peregrino de Loyola. La Autobiografía de san Ignacio, escuela de discernimiento espiritual* (BAC, Madrid ²2021).

194  J.M. RAMBLA BLANCH, *O.c.* 20.

ser compañeros de Ignacio o ignacianos —como se hablaba de franciscanos o de dominicos, seguidores de Francisco de Asís o santo Domingo de Guzmán—. Él quería que sus compañeros, y él mismo, fueran compañeros de Jesús y en realidad es a este Cristo hacia el cual va orientando san Ignacio en la lectura. En la *Autobiografía,* Ignacio no habla de sí mismo, habla en tercera persona, él se llama muchas veces en el relato el «peregrino» y se presenta como un hombre en búsqueda, en discernimiento, en marcha hacia la voluntad de Dios que le guía a través de los caminos de la historia, a través de gracias, de mociones, y a través de circunstancias y personas particulares.

Comprenderá el lector que desarrollar toda la *Autobiografía* como itinerario de discernimiento espiritual es tarea que sobrepasa la tarea que se me ha encomendado. Cada vez son más, gracias a Dios, los comentarios o explicaciones del Relato del peregrino y las investigaciones desde este enfoque hermenéutico. Tras mil lecturas que fui haciendo desde los 14 años al quedar enganchado por Ignacio en unos ejercicios espirituales hasta la última década, yo mismo dediqué mis fuerzas en desentrañar este jugo tan ignaciano desde la *Autobiografía*: El relato del peregrino. La *Autobiografía* de san Ignacio de Loyola como escuela de discernimiento espiritual.

Por cuestión de tiempo, voy a desgranar un momento especialmente destacado en el que la *Autobiografía* nos enseña el discernimiento.


## 5. 1 UNA OCASIÓN PROVIDENCIAL: LA ENFERMEDAD Y LAS LECTURAS [A 1-8]

De todos es conocido que el relato empieza en Pamplona desde donde el capitán de Loyola es llevado a su tierra natal [A 2]. Allí, tras operaciones médicas increíbles Íñigo, que casi muere [A 3], queda convaleciente [A 4-5][195].

---

195 «Nuestro Señor le fue dando salud; y se fue hallando tan bien, que en todo lo demás estaba sano, lo único que no podía tenerse bien sobre la pierna, y así le era obligado estar en la cama. Y porque era muy dado a leer libros

Es entonces cuando aparece en la *Autobiografía* el primer momento de discernimiento con ocasión de la agitación de espíritus que él mismo experimenta [A 6][196]. Se va a operar la conversión como paso de lo mundano hacia lo divino. San Ignacio verá cómo en su alma experimenta agitaciones de distinto signo, que le dejan con efectos diversos. Él, que es una persona reflexiva, irá sacando enseñanzas de todo ello. Es decir, el hecho del dolor no va a ser algo inútil. Él dice en algún lugar[197] que después de una enfermedad se puede salir doctor: doctor por lo que uno ha aprendido. En el libro de los *Ejercicios* dirá que cualquier situación sea de salud, de enfermedad, larga vida o corta, todo ello es indiferente respecto de lo que Dios querrá de uno. Lo que hace falta es saber aprovecharlo y obtener experiencia de ello [EE 21].

Treinta y dos años después de haber sucedido estos acontecimientos, recuerda en la memoria del corazón y del espíritu, y lega a sus hijos, cómo Dios le había ido llevando y tratando. Este será el momento del descubrimiento inicial del discernimiento de espíritus.

Ignacio se pasaba horas absolutamente «embebido» —palabra que sale varias veces en la *Autobiografía*— imaginando, recreándose, pensando lo que podría hacer por la dama de sus sueños, de no vulgar nobleza. Estar «embebido» es la situa-

---

mundanos y falsos, que suelen llamar de caballerías, al sentirse bien, pidió que le diesen algunos de ellos para pasar el tiempo; pero en aquella casa no se halló ninguno de los que él solía leer, y así le dieron una *Vida de Cristo* y un libro de la vida de los santos en lengua vulgar» [A 5].

196 «Leyendo estos libros muchas veces, se aficionaba algo a lo que allí hallaba escrito. Mas, dejándolos de leer, se paraba algunas veces a pensar en las cosas que había leído; otras veces en las cosas del mundo que antes solía pensar. Y de muchas cosas vanas que se le venían, una le tenía tan atrapado su corazón, que estaba luego embebido en pensar en ella dos y tres y cuatro horas sin sentirlo, imaginando lo que había de hacer en servicio de una señora, los medios que tomaría para poder ir a la tierra donde ella estaba, los piropos, las palabras que le diría, las hazañas de armas que haría en su servicio. Y estaba con esto tan envanecido, que no miraba lo imposible que era poder alcanzarlo; porque la señora no era de vulgar nobleza: no condesa, ni duquesa, sino que su estado era más alto que ninguno de éstas» [A 6].

197 *Carta a Isabel Roser* (París, 10 de noviembre de 1532): «Un servidor en una enfermedad sale hecho medio doctor para enderezar y ordenar su vida en gloria y servicio de Dios N.S.». *Obras*, 722.

ción que le invade a uno totalmente, como raptado, en un éxtasis en que todas las potencias están volcadas en ello.

Al no haber libros de caballería, que era lo que el enfermo deseaba, le dan como lecturas lo que se encontraba en la casa: la *Vita Christi*[198] —y el *Flos Sanctorum*[199]— o *Leyenda áurea*. La lectura continuada de estos libros suscita en Ignacio mociones interiores que orienta su afectividad hacia lo que lee. Las inclinaciones afectivas, como se ve en los Ejercicios, pueden ser desordenadas [EE 1,150,169] o positivas [EE 17,169]. Quitada la lectura desaparece la moción. Entonces Ignacio se ocupa de los pensamientos de su mente sobre mociones santas o vanas. Sobre esos pensamientos santos se desarrolla el afecto de llevarlos adelante. Podríamos hablar de un camino del afecto al intelecto y otro de vuelta del intelecto al afecto.

En sus deseos de leer libros de caballería, Ignacio encuentra un gran lance y deseos de vivir aquellas heroicidades, pero al dejar de pensar en ellos le queda el alma árida. Por el contrario, no pasa así con los libros que le dieron. Poco le apetecía su lectura y, sin embargo, al dejarlos, y reposar y meditar lo leído, le dejan un poso de consolación [A 7-8][200].

---

198 Ludolfo de Sajonia (Ludolf von Sachsen), *La vida de Cristo, fielmente recogida del Evangelio y de los Santos Padres y Doctores de la Iglesia*. Introducción, traducción y notas de Emilio del Río (Monumenta Histórica S.I., Series Nova, volúmenes 5,I y II) (Universidad Pontificia Comillas - Instituto Histórico de la Compañía de Jesús, Madrid - Roma 2010); Cf. R. García Mateo, *El misterio de la vida de Cristo en los «Ejercicios» ignacianos y en la «Vita Christi Cartujano»* (BAC, Madrid 2002); J. García de Castro Valdés, «La Vita Christi de Ludolfo de Sajonia (†1377) e Ignacio de Loyola. A propósito de un gran libro»: *Estudios Eclesiásticos* 86 (2011) 509-546.

199 Jacobo de Vorágine, *La leyenda dorada*, 2 vols. (Alianza Editorial, Madrid 2016).

200 «Todavía nuestro Señor le socorría, haciendo que sucediesen a estos pensamientos otros, que nacían de las cosas que leía. Porque, leyendo la vida de nuestro Señor y de los santos, se paraba a pensar, razonando interiormente: —¿Qué sería, si yo hiciese esto que hizo San Francisco, y esto que hizo Santo Domingo?—.Y así discurría por muchas cosas que hallaba buenas, proponiéndose siempre a sí mismo cosas dificultosas y graves, que cuando las proponía, le parecía hallar en sí facilidad de ponerlas por obra. Mas todo su discurso era decirse: —Santo Domingo hizo esto; pues yo lo tengo que hacer. San Francisco hizo esto; pues yo lo tengo que hacer—. Duraban también estos pensamientos buen rato, y después de interpuestas otras cosas, sucedían los del mundo, mencionados más arriba, y en ellos también se

## 5.2 DIOS VIENE EN SU AYUDA

A partir de estas lecturas, en esta larga convalecencia, a través de largas horas para pensar, largas horas para meditar, para recoger enseñanzas y sabiduría de lo que había vivido y sufrido, va a tener lugar uno de los momentos más importantes en la vida de Ignacio de Loyola: se abre paso la sabiduría del hombre que va prestándose a la acción de la gracia; descubre el «movimiento de espíritus», es decir, esa situación interior del alma según un espíritu u otro (el espíritu de Cristo, de la luz, de la verdad, de la alegría, o el espíritu del mundo, del tedio, de la tristeza); con ello se va entregando al buen espíritu. Aquí está la clave de lo que tendrá lugar cuando expliquemos este primer momento en que es «agitado de diversos espíritus».

Fue así como, poco a poco, discernió el origen diverso de las mociones del espíritu. Fue así como se fue encendiendo en él el amor, no ya por un rey que se le pudiera morir, sino por Jesucristo. En ese pistoletazo de salida del conocimiento de los espíritus quiere y desea[201] imitar a los grandes santos

paraba grande rato; y esta sucesión de pensamientos tan diversos le duró mucho tiempo, deteniéndose siempre en el pensamiento que volvía: o era de aquellas hazañas mundanas que deseaba hacer, o de estas otras de Dios que le venían a la fantasía, hasta que por cansancio lo dejaba, y atendía a otras cosas» [A 7].

«Sin embargo, había esta diferencia: que cuando pensaba en aquello del mundo, se deleitaba mucho; pero cuando después lo dejaba por cansancio, se encontraba seco y descontento; y cuando pensaba en ir a Jerusalén descalzo, y en no comer sino hierbas, y en hacer todos los demás rigores que veía que habían hecho los santos, no solamente se consolaba cuando estaba en semejantes pensamientos, sino que, aun después de dejado, quedaba contento y alegre. Mas no miraba en ello, ni se paraba a ponderar esta diferencia, hasta que una vez se le abrieron un poco los ojos, y empezó a maravillarse por esta diversidad, y a hacer reflexión sobre ella, cogiendo por experiencia que de unos pensamientos quedaba triste y de otros alegre, y poco a poco viniendo a conocer la diversidad de los espíritus que se agitaban, el uno del demonio y el otro de Dios.

Este fue el primer razonamiento que hizo en las cosas de Dios; y después, cuando hizo los ejercicios, de aquí comenzó a tomar luz para lo de la diversidad de espíritu. (En carácter más pequeño aparece esta y otras adiciones del padre Gonçalves al primitivo manuscrito) [A 8].

201 Expresión de la generosidad del corazón. Al deseo habrá de sumarse la voluntad libre del hombre que los ejecute y concrete, aun cuando repugnen a veces a la sensibilidad.

mendicantes, universalmente conocidos, que sirven a ese al que Ignacio, con el tiempo, llamará Rey eterno: los santos Francisco y Domingo [A 9][202].

Ignacio todavía está en la perspectiva caballeresca, pero empieza a descubrir cómo el pobre de Asís y el mendicante de Caleruega son caballeros no al modo mundano, sino al servicio de un rey eterno. Le atraen, no su carácter de fundadores de órdenes mendicantes, sino lo que hicieron, el modo de vida pobre, su austeridad, su penitencia y su amor al Señor. Empieza también a imaginar y plantearse qué cosas podría imitar, a pesar de las dificultades externas que pudieran presentarse[203]. Es verdad que el deseo de emularlos se mueve todavía en el aspecto externo y superficial, aunque generoso. Está todavía en los inicios. Así lo reconocerá más adelante [cf. A 14].

Dios se sirve de la lectura de los libros, de la enfermedad, de esos santos héroes que suscitan una atracción formidable sobre su ánimo inmensamente generoso. No cabe duda de que, aunque al principio pudiera parecer que está demasiado apoyado en sus solas fuerzas o en sus meros deseos, en realidad ese ánimo generoso siempre es sostenido por la gracia y tiende a ella. Se da cuenta de que, aunque en el momento él pudiera no captarlo, ahora tiene la convicción de que todo ello estaba dentro de un plan providencial. La situación le pone en *dinámica de decisión,* de cambio total de su existencia.

---

202  «Y cobrada no poca luz de esta lección, comenzó a pensar más de veras en su vida pasada, y cuánta necesidad tenía de hacer penitencia por ella. Y aquí le venían los deseos de imitar a los santos, sin mirar las circunstancias, sino prometiendo que lo haría con la gracia de Dios como ellos lo habían hecho. Mas todo lo que deseaba hacer, después de que sanase, era la ida a Jerusalén, como arriba se ha dicho, con tantas disciplinas y tantas abstinencias, cuantas un ánimo generoso, encendido de Dios, suele desear hacer» [A 9].

203  La imagen del santo como modelo empieza a actuar en la vida de Ignacio. Por eso las vidas de los santos tienen tanta importancia. En nuestra civilización hemos perdido la pedagogía del héroe: el héroe tradicional, el héroe épico, el héroe santo. Sin embargo, cuántos otros modelos, cuántos otros «héroes» son presentados por los medios de comunicación a la consideración de los jóvenes: los héroes, actores o actrices, cantantes, deportistas… En realidad, la figura del héroe, considerada ampliamente, pertenece a la estructura de lo que se puede presentar a la consideración humana.

Hemos asistido a la verificación de la agitación de espíritus, la reflexión sobre este fenómeno, la iluminación como fruto de la intervención divina[204], la decisión de cambio de existencia y de ponerse en camino hacia Jerusalén. Prácticamente, pues, los pasos de un proceso de lección según san Ignacio. El alma de Ignacio es un campo de batalla en el que hay nuevas ideas que surgen de esas lecturas.

En Loyola, tras las lecturas, sucedió lo que se puede resumir en cinco puntos:

1. Ignacio verifica en su alma una diferencia de pensamiento y propósitos mundanos, y, por otra parte pensamientos y propósitos santos. A nivel del pensamiento le procuran alegría y consolación. La diferencia viene cuando los abandona

2. Ignacio al principio no presta atención a la diversidad.

3. Dios interviene, «se le abren los ojos».

4. Ignacio reacciona al don recibido y se maravilla de la diversidad de espíritus y reflexiona sobre los mismos.

5. El fruto de esas reflexiones es el conocimiento experimental de las consolaciones y desolaciones.

Ignacio retomará esto más veces en la *Autobiografía* y González de Cámara, que pone por escrito toda esta *Autobiografía* de san Ignacio, dice que este pasaje fue el primer razonamiento que hizo en las cosas de Dios. Estamos asistiendo, prácticamente, a un renacimiento de Ignacio de Loyola en su casa paterna después del zambombazo de Pamplona. Ahora, con ocasión de esa convalecencia y la lectura de los libros de caballería y de *La Vida de Cristo*, es cuando el Espíritu divino va entrando en su alma. Él irá abriendo también caminos a esa acción y el paso de los años le hace reflexionar más hondamente sobre lo que ha tenido lugar.

---

204 «Se le abrieron un poco los ojos, y empezó a maravillarse por esta diversidad, y a hacer reflexión sobre ella» [A 8].

No olvidemos nunca que lo que escribe en la *Autobiografía* está escrito 1) 30 años después de que sucedieran estos hechos, 2) con toda la riqueza acumulada de esos años, respecto de las cosas de Dios, 3) y con ese carácter reflexivo que siempre definió a san Ignacio. Desde este momento, su perfil se hace todavía más razonador, reflexivo, pero ya con la luz de la gracia, con la luz del Espíritu Santo.

En dos breves líneas, González de Cámara anota lo que acaba de suceder en Loyola:

> *Este fue[205] el primer razonamiento que hizo en las cosas de Dios; y después, cuando hizo los ejercicios, de aquí comenzó a tomar luz para lo de la diversidad de espíritu[206]* [A 8].

Este es un momento trascendental en la vida de Ignacio y tendrá una influencia grande tanto en los *Ejercicios* como en el modo de enseñar a buscar y abrazar la voluntad de Dios. Es decir, en este momento él experimenta el movimiento interior de espíritus, de estados del alma que le llevan en una u otra dirección. La enseñanzas de estos momentos están recogidas por san Ignacio en el libro de los *Ejercicios*, que irá confeccionando en su peregrinaje y que prácticamente quedó terminado en París. Se trata aquí de las Reglas de discernimiento. En los *Ejercicios* describe la consolación espiritual como impulso que lleva al corazón a estar encendido en amor de Dios, o lágrimas, aumento de esperanza, fe y caridad, alegría interna y gran paz [*Ejercicios espiritua-*

---

205 Las diversas ediciones de la *Autobiografía* presentan en carácter más pequeño estas adiciones del padre González de Cámara al primitivo manuscrito.

206 Sentimiento, movimientos o impulsos con que el espíritu humano es tocado (por sí o por otro). Las experiencias de Loyola le sirvieron para lo que más adelante escribió en los *Ejercicios* sobre las Reglas de discreción de espíritus, la primera de las cuales [EE 314], dice así: «La primera regla: en las personas que van de pecado mortal en pecado mortal, acostumbra comúnmente el enemigo proponerles placeres aparentes, haciendo imaginar delectaciones y placeres sensuales, por más los conservar y aumentar en sus vicios y pecados, en las cuales personas el buen espíritu usa contrario modo, punzándoles las conciencias por el sindéresis de la razón». El relato que Ignacio hace de su vida es también fruto de un discernimiento auténtico sobre su propia existencia.

*les*, n. 136][207]. Hago caer al lector en la cuenta, nada más de pasada, de que el orden de enumeración de las virtudes no es el habitual.

La esperanza es la que abre a Ignacio hacia fuera, para poner toda su confianza y su apoyo en Dios. La esperanza: quizá la virtud que más necesita nuestro mundo angustiado, plegado, cerrado en sí mismo.

---

207 San Ignacio se dejó guiar por el Espíritu mediante esas manifestaciones que le iban mostrando la voluntad de Dios sobre él [*Autobiografía* 10, 11, 18, 19 20, 21, 26, 29, 33, 41, 44, 47, 48, 75, 79, 83, 95, 98].

# 18. *Discernimiento y carisma a la luz de la Primera Carta a los Tesalonicenses*

P. Marcos Aceituno Donoso
Profesor de Sagrada Escritura. Ateneu Universitari Sant Pacià

## 1. LA IDIOSINCRASIA DE PABLO: PERFIL HISTÓRICO-PERSONAL DE UN «DISCERNIENTE»

Pablo de Tarso ha sido en la historia la persona destinada a conseguir que el fenómeno cristiano pase de ser una propuesta interna del judaísmo, minoritaria, en un contexto ampliamente helenístico, a ser una religión internacional.[208] Los elementos básicos de su biografía ayudarán al lector contemporáneo a contextualizar no solo la valía e importancia de su mensaje, sino también la validez actual de su doctrina.

La tarea de reconstrucción biográfica paulina dentro del flujo de la historia ha de tener en cuenta algunas fechas cronológicas fundamentales, las cuales críticamente se siguen estudiando, sobre todo a la luz de la información documental y arqueológica.[209]

---

208  Cf. Entels, D., *Roman Corinth. An Alternative Model for the Classical City*, Chicago, University of Chicago Press, 1990, p. 107.

209  Estas dos posibilidades: una *cronología alta* o revisionista (que sitúa la vocación del apóstol a inicios de los años treinta del siglo I) y otra *baja* o tra-

Nacido en los inicios de la era cristiana (entre los años 5 y 10), fue hacia el año 36 cuando se convirtió en miembro activo de la Iglesia que anteriormente había perseguido. Posteriormente se dirigió a Jerusalén, donde entró en contacto con las columnas de la comunidad y luego desarrolló una gran actividad misionera en la parte noroccidental del mar Mediterráneo. Lugares habituales de su estancia fueron, Antioquía de Siria, Corinto, Éfeso o Roma. Se le reconoce la muerte martirial bajo Nerón hacia el año 64.

Otro elemento esencial para comprender la valía universal y el alcance actual del apóstol es descubrir que Pablo fue un hombre de tres culturas, que de hecho iban al unísono.[210] La primera cultura, básica, son sus raíces judías. En el epistolario atribuido a él aparece claramente la vinculación consciente y pacífica del apóstol con el judaísmo (cf. Gal 2,15). Pablo se presentó inserto en el fariseísmo, movimiento religioso previo a la I Guerra judeorromana (cf. Fl 3,5). Su fariseísmo rayó en un celo extremo, que no excluía la violencia o la intransigencia en la defensa de las tradiciones paternas (cf. Gal 1,13-14). Es en virtud de esta doble adscripción que entró en las discusiones propias de su religión, cuando se adhirió a la fe cristiana, relectura creyente y escatológica de Jesús de Nazaret. Esta doble adscripción de fariseo y cristiano es el motivo por el cual fue instrumento de contraposición, al confesar que su adhesión religiosa a Jesús es un nuevo estatus escatológico definitivo (cf. 2 Co 11,22; Flp 3,5-7).

---

dicional (que la ubica hacia el año 35). A partir de este cuadro general, comienzan algunas divergencias que pueden encuadrarse en dos grandes esquemas: la cronología tradicional y la cronología revisionista. La primera concibe la actividad misionera de Paz en tres grandes viajes (46-49; 50-52; 54-58), y sitúa la asamblea deliberativa de Jerusalén en el año 49, es decir, después del primer gran viaje misionero que tuvo Antioquía de Siria como extremo de partida y de llegada. En cambio, la segunda coloca la asamblea de Jerusalén de manera menos fija (47-51) de modo que se situaría tras el segundo viaje, (37-43) por Asia Menor y Grecia. Efes (48-55) sería un apéndice del segundo viaje y la estancia en la cárcel de Cesarea no se ubica con tanta precisión (52-55 o bien 56-58). Cf. SCHNELLE, U., *Einleitung in das Neue Testament* (UTB), Tubinga, Vandenhoeck & Ruprecht 2017, pp. 31-53.

210 Cf. BRODEUR, S.N., *Il cuore di Paolo è il cuore di Cristo. Studio introduttivo esegetico-teologico delle lettere paoline*, I (Theologia 2), Roma, GBP 2012, pp. 58-72.

La segunda cultura se concreta en su formación helenística. De hecho, el apóstol fue definido por A. Deissmann como «un cosmopolita» helenístico. En realidad, en su persona y en su obra se cruzan tremendas olas y tres culturas: 1) un judío por nacimiento y religión que 2) se expresa en el lenguaje y las formas del helenismo; 3) es un ciudadano romano que encaja lealmente en el marco político-administrativo del imperio.[211] Ciertamente, el cuadro de su actividad se coloca en el marco ciudadano helénico del que Tarso era un significativo enclave para el estoicismo.[212] Por ello, Pablo tuvo la oportunidad de conocer esta corriente de pensamiento y asimiló algunos rasgos éticos.

Finalmente, la tercera cultura es la romana, que podemos afirmar por su ciudadanía y contacto con Roma. En su ejercicio ministerial, el apóstol emplea su nombre latino (Paûlos). Esta última dimensión se manifiesta sobre todo en el uso de muchas figuras del ámbito jurídico, como la adopción de hijos, la gestión política de los miembros de la burocracia romana, o la gestión romana de la herencia, que emplea en sus escritos. Esta última dimensión, efectivamente, debe reflexionarse aún más, sobre todo para vislumbrar con más acribia exegética el alcance de sus expresiones teológicas.

---

211  Cf. ibídem, p. 67.
212  Cf. EHRENSPERGER, K., «Called to Be Saints. The Identity-shaping Dimensiono of Paul's Priestly Discourse in Romans», en EHRENSPERGER, K. y TUCKER, J.B. (eds.), *Reading Paul in Context. Explorations in identity Formation. Essays in Honour of William S. Campbell* (LNTS 428), Londres, T&T Clark 2010, pp. 90-110, esp. p. 98.

# 2. ANÁLISIS SEMÁNTICO Y LECTURA EVOLUTIVA DE LAS CARTAS DE PABLO

## 2.1 HISTORICIDAD, CRONOLOGÍA, ESENCIALES PARA INTERPRETAR A PABLO

Un aspecto interesante de la teología paulina que ilumina enormemente la exégesis de los escritos atribuidos al Apóstol es la sinopsis interna de textos, a partir de dos criterios: historicidad y cronología. En efecto, la historicidad de las cartas paulinas es un hecho contrastado de manera patente, por la misma crítica externa. Los manuscritos que poseemos de las cartas apostólicas es más que notable. Si a ello añadimos la jerarquización entre cartas de autoría discutida y no discutida, se abre al auditorio contemporáneo todo un campo vasto de investigación y de reflexión exegética, teológica y pastoral, que no se puede desdeñar, antes bien, cabe aprovechar y hacer rendir para provecho de la actualidad. De este modo, nos aproximamos al epistolario de Pablo con una mirada crítica altamente beneficiosa. Efectivamente, no interpretamos de la misma manera las cartas pastorales si las entendemos como posteriores a Pablo y, en cierto modo, posteriores a los escritos que F. Hahn denomina «escuela de Pablo», y que incluye 2 Te, Colosenses y Efesios.[213]

Asimismo, si conjugamos de manera adecuada y modesta tanto la distinción técnica interna en el corpus paulino como su contextualización con la vida paulina, y las ubicamos en la cronología paulina, el lector puede crecer potencialmente tanto en precisión como en profundidad en lo que podemos denominar «comprensión evolutiva» del Evangelio en Pablo.[214] Sin caer en los excesos de algunos exegetas, que

---

213 HAHN, F., *Theologie des Neuen Testaments*. Vol 1. *Die Vielfalt des Neuen Testaments* (UTB 3500), Tubinga, Mohr Siebeck ³2011, pp. 332-337.

214 Quien recapitula de manera idónea esta postura es H. Räisänen: cf. ESKOLA, T., *Beyond Biblical Theology: Sacralized Culturalism in Heikki Räisänen's Hermeneutics* (Biblical Interpretation Series 123), Leiden – Boston, Brill 2013, pp. 235-317.

interpretan al Apóstol como un autor incoherente en su mensaje, esta perspectiva hermenéutica ofrece una potencial (re) lectura de sus escritos, y descubre matices y horizontes que ya se halla *in nuce* en su doctrina, pero que requieren de una adecuada metodología para sacarla a la luz.

## 2.2 ANÁLISIS SEMÁNTICO

Recientemente, Syoon Kim nos ofrece una disquisición al respecto, analizando la estructura y función de 1 Te 1-3, releyéndolo a la luz del contexto sociocultural y partiendo de algunos *logia* de Jesús sobre el Hijo del Hombre que aluden a él o lo evocan.[215] C. J. Berglund profundiza recientemente en otro expediente similar. De hecho, su estudio demuestra que Pablo emplea en otras ocasiones la relectura alargada de un término perteneciente a un campo semántico, que Pablo aplica por metáfora o alegoría a otro contexto: por ejemplo, vincular el léxico relativo a la «muerte» con el campo semántico del «sueño» (cf. 1 Te 4,13-15).[216] Recientemente, Bosenius ha profundizado en el hecho de que inicialmente se interpreta esta metáfora como un eufemismo, para evitar el lenguaje áspero relativo al final de vida.[217] Finalmente, y sin ser exhaustivos, constatamos que el campo semántico de la antropología también se ve enriquecido por una incipiente

---

215  Kim, S., «Is Paul Preaching a Counter-Imperial Gospel in 1 Thessalonians?», (WUNT 481), Tubinga, Mohr Siebeck 2022, pp. 217-222.

216  Cf. C. Berglund, J., «Paul's Rhetorical Efforts to Establish Good Will in First Thessalonians», *JSNT* 44/4, 2022, pp. 539-560. https://doi.org/10.1177/0142064X221087423.

217  El exegeta insiste que, desde la lingüística cognitiva crítica, se trata de una metáfora lexicalizada innovadora, porque trabaja, ya desde los inicios del cristianismo, un vínculo emocional proactivo que vislumbra en el auditorio la creencia fuerte de la resurrección como clímax de la propia existencia humana. De este modo, el hecho de morir antes de la manifestación gloriosa y definitiva de Cristo —llamado escatología intermedia— no se vive como un demérito, sino como un estadio transitorio entre dos lapsos de la historia humana y la revelación divina (cf 1Co 15,18.20). Cf. Bosenius, B., «Die Paulinische Rede Von Den κεκοιμημένοι – Eine Tote Oder Eine Lebendige Metapher?», *Biblische Zeitschrift* 65, 2021, pp. 46-61.

influencia evangelizadora, como hace notar Pasrerczyk.[218] El exegeta interpreta 1 Te 5,23, que el triple sintagma «alma – cuerpo – espíritu» debe leerse a la luz del campo semántico filosófico-estoico, que expresa la comunión con toda la realidad natural a la par que con la revelación divina. El punto hermenéutico novedoso del apóstol radicaría en el hecho de interpretar el formulismo filosófico desde la cristología y la escatología.

Podemos afirmar, pues, que el análisis semántico nos ayuda a adentrarnos tanto en la intención como en el mensaje que Pablo dirige a las iglesias de Tesalónica y aledaños. De hecho, 2 Co 9,7-8 nos recuerda cuál era la visión global del apóstol de la red de comunidades que transforman su entorno social, sin necesidad de entrometerse en otros ámbitos:[219] «Así llegasteis a ser un modelo para todos los creyentes de Macedonia y de Acaya. No solo ha resonado la palabra del Señor en Macedonia y en Acaya desde vuestra comunidad, sino que además vuestra fe en Dios se ha difundido por doquier, de modo que nosotros no teníamos necesidad de explicar nada».

Esta pequeña presentación pretende precisamente trabajar en esta línea a partir de un expediente sencillo: el campo semántico sinónimo del «discernimiento». La coyuntura es clara: la celebración del V centenario del carisma ignaciano.

## 3. EL DISCERNIMIENTO EN PABLO: EJEMPLO DE FIDELIDAD Y EVOLUCIÓN TEOLÓGICA

Avanzamos en la materia, preguntándonos si es posible y útil un análisis sobre el campo semántico del «discernimiento». Una rápida y breve consideración a la bibliografía reciente

---

218 Cf. Pasterczyk, P., « «Τὸ πνεῦμα καὶ ἡ ψυχὴ καὶ τὸ σῶμα» (1 Thess 5:23). The Stoic Sources of the Understanding of Pneuma in 1 Thessalonians», *Verbum Vitae*, 39(3), 2021, pp. 831–848. https://doi.org/10.31743/vv.12893

219 De hecho, esta fue una de las dificultades que experimentó Pablo y su equipo misionero en acto: exponentes del judaísmo en las diversas colonias donde evangelizaron y también el poder fáctico no entendieron el matiz con el que trabajaron los primeros evangelizadores.

nos demuestra que sí. De hecho, en 2013, P. Sciberras trabajó específicamente la materia.[220] Analizando tres términos básicos sobre el discernimiento (*δοκιμάζειν, πειράζειν, διακρίνειν*) en 1 Te 5,21, profundiza en su contenido sociorreligioso teniendo en cuenta las otras obras del Nuevo Testamento. Vincula el discernimiento con la esfera moral concreta y con la esfera psicológica. En concreto, interpreta el término como la acción espiritual que permite al ser humano desarrollar todo su potencial purificándolo de todos los obstáculos. A continuación, abunda en el imperativo *δοκιμάζετε* (1 Te 5,21) y cómo la voluntad de Dios requiere de discernimiento continuo.

En esta línea queremos presentar el discernimiento, con su relativo campo semántico, como otro expediente de la doctrina de Pablo que muestra cómo el apóstol fue fiel a sus raíces religiosas, tanto de su herencia judía como de la novedad cristiana, y a la vez tuvo la capacidad de renovar el horizonte hermenéutico en lo relativo a la antropología, en especial la psicología religiosa. Para ello, primero analizaremos cómo desarrolla el contenido semántico del discernimiento, y después haremos un balance sobre la importancia de este elemento ya en la carta más antigua.

La aparición de la experiencia cristiana primitiva, plasmada en sus escritos más antiguos, emplea diversos términos para describir lo que hoy denominamos «discernimiento», esto es, la interpretación práctica de la realidad a la luz de los principios de la revelación de Dios en Jesucristo. De hecho, en Pablo el lector percibe cómo en toda su literatura, tanto de autoría reconocida como atribuida, el hecho de discernir es una constante. En efecto, ya en su escrito más antiguo, el discernimiento aparece como la capacidad de emitir un veredicto funcional proactivo para con los valores morales imperantes en el contexto de la Acaya del siglo I, invitando al cristiano a quedarse con lo bueno: «Examinadlo todo; quedaos con lo bueno (*πάντα δὲ δοκιμάζετε, τὸ καλὸν κατέχετε*)» (1

---

220 Cf. Sciberras, P., «Discernment in 1 Thessalonians», *Acta Theologica* 33, 2013, Suppl 17., pp. 172-188. DOI: http://dx.doi.org/10.4314/actat. v32i2S.9

Te 5,21). En la parte más densa en reflexión y profundización teológica de su mensaje epistolar, Pablo incorpora a Dios en la capacidad crítica de la conciencia frente al entorno, de modo que enriquece una capacidad antropológica básica, para la cual no se requiere a priori de la luz de la fe en el mensaje pascual, y le otorga un valor escatológico. De hecho, lo pone en paralelo con la escatologización de las decisiones morales que ya el judaísmo prehelenístico había incorporado en su religiosidad.[221] Pablo da un paso más, no se detiene en los actos morales específicos, va a la raíz, que es la conciencia: «La obra de cada cual quedará patente, la mostrará el día, porque se revelará con fuego. Y el fuego comprobará la calidad de la obra de cada cual» (1 Co 3,13).

En su reflexión en torno al *kerygma*, Pablo incorpora a su teología del discernimiento el amor predicado por Jesús (cf. Mc 12,28-34 *et par*) como indicador fundamental para evaluar las relaciones *ad extra* del ser humano con Dios, su entorno, su conciencia y su desarrollo moral y espiritual. Así queda patente en una de sus cartas más directas y ásperas: «Que cada uno examine su propio comportamiento; el motivo de satisfacción lo tendrá entonces en sí mismo y no en relación con los otros (τὸ δὲ ἔργον ἑαυτοῦ δοκιμαζέτω ἕκαστος, καὶ τότε εἰς ἑαυτὸν μόνον τὸ καύχημα ἕξει καὶ οὐκ εἰς τὸν ἕτερον) (Gal 6,4). El amor no queda solo en la esfera del universo psicológico y emocional, baja al terreno de las decisiones y la coherencia efectiva de estas. Es más: se puede evaluar, como afirma el apóstol, y se genera entonces una especie de «autocrítica» sana *avant la lettre*. De este modo, ya en Gálatas vemos construido un esquema conceptual que pone en el centro la capacidad de discernir, y que se enriquece con el valor de la conciencia subjetiva y el valor definitivo de las motivaciones y acciones morales, para poder ser efectiva-

---

221 En este sentido, coincidimos con la intuición sobre la escatologización, que una exegeta reciente ha identificado en Profetas, pero que vemos ampliado a todo el Antiguo Testamento. Cf. JOACHIMSEN, K.,«Remembering and Forgetting in Isaiah 43,44 and 46», en THELLE, R. I. et al. (eds.), *New Perspectives on Old Testament Prophecy and History. Essays in Honour of Hans M. Barstad* (VT.S 168), Leiden-Boston, Brill 2015, pp. 42-56, en esp. 48.

mente en Cristo las nuevas criaturas que la evangelización y el tejido de iglesias antiguas estaban generando, por vía de predicación y de sacramentalización. De todos modos, Pablo no se detuvo en esta brillante antropología teológica sobre la capacidad crítica, antes bien, abundó en ella, incorporando la capacidad de resistir y superarse en un contexto hostil, a causa del evangelio del Reino, como Jesús hiciera antes de morir y resucitar. De hecho, recuerda a las iglesias en Corinto y aledaños[222] mencionado en 2 Co 2,9: «Os escribí precisamente para esto, para comprobar vuestro temple (ἵνα γνῶ τὴν δοκιμὴν ὑμῶν) y ver si obedecíais en todo». La última incorporación sólida a la teología del discernimiento, pero que reviste de una máxima importancia a nuestro juicio, es la apropiación al Espíritu Santo del discernimiento, siendo ese el motor y guía de todo el actuar humano en Cristo (Rom 5,3-5): «Nos gloriamos incluso en las tribulaciones, sabiendo que la tribulación produce paciencia, la paciencia, virtud probada, la virtud probada, esperanza (ἡ δὲ ὑπομονὴ δοκιμήν, ἡ δὲ δοκιμὴ ἐλπίδα), y la esperanza no defrauda, porque el amor de Dios ha sido derramado en nuestros corazones por el Espíritu Santo que se nos ha dado».[223]

Concluimos con Fil 4,8-9; Pablo afirma: «Finalmente, hermanos, todo lo que es verdadero, noble, justo, puro, amable, laudable, todo lo que es virtud o mérito, tenedlo en cuenta. Lo que aprendisteis, recibisteis, oísteis, visteis en mí, ponedlo por obra. Y el Dios de la paz estará con vosotros».[224] ¿Cuál es la actitud de un Pablo anciano, veterano de la misión evan-

---

222  Sobre el fenómeno de las segundas audiencias: Cf. Pereira Delgado, A., «Segundas Audiencias de las cartas paulinas», en Bianchini F. y Romanello, S., *Non mi vergogno del Vangelo, potenza di Dio. Studi in onore d Jean-Noël Aletti, SJ* (AnB 200), Roma, G&BP 2012, pp. 99-116.

223  Cf. Penna, R., *Lettera ai Romani* (Scritti delle origini Cristiane 6), Bolonia, EDB 2004-2010, p. 349.

224  Si aceptamos la propuesta de U. Schnelle, de una datación tardía (55-58 dC), nos encontramos con una especie de carta-testamento espiritual, con el objeto de mantener y afianzar la *filía* cristológica, esa amistad espiritual que brota de la predicación evangélica y de constituir juntos el entramado eclesial en uno de los primeros enclaves europeos en los albores de la era cristiana. Cf. U. Schnelle, *Einleitung in das Neue Testament* (UTB), Tubinga, Vandenhoeck & Ruprecht 2017, pp. 159-160.

gelizadora, apóstol de apóstoles? Una actitud de observación teologal y de trabar lazos de diálogo constructivo y cristo-explícito, partiendo de la base/de los intereses legítimos de su auditorio. Después de exhortaciones teológicas a modo de tratado dinámico y muy subjetivo de cristología y eclesiología esenciales, el Apóstol expone una serie de confidencias finales, a modo de exhortaciones (Fil 4,1-9), y en este contexto, viene este criterio que podemos definir como «discernimiento»: examinar el contexto social, los elementos de la psicología social que sean rescatables, coherentes con la predicación apostólica de primer anuncio, y construir sobre ello una propuesta creíble y creyente para el auditorio deseoso de respuestas religiosas.[225]

En definitiva, discernir en lo religioso y a partir del evento pascual de Cristo es la novedad radical que Pablo implementa cuando desea incorporar la vida ordinaria del creyente en la esfera de la salvación de Dios manifestada en Cristo. Con el paso de su experiencia misionera, el apóstol se percata que no basta con el anuncio explícito de Cristo, no solo hay que consolidar la experiencia espiritual, también el tejido de iglesias/testimoniales del cambio, partícipes de una misma confesión de fe, y una convivencia en los valores espirituales cuyo elemento transversal es Jesucristo.[226]

---

225  Cf. GORMAN, M.J., *Apostle of the Crucified Lord. A Theological Introduction to Paul and His Letters*, Grand Rapids, W. B. Eerdmans, 2016, pp. 510-511.

226  Seguimos a Hurtado y su doctrina sobre el impacto de Jesús y los resultados que se obtuvieron, entre los cuales vemos la piedad y devoción para con su persona, hasta el punto de convertirse, ya en los inicios del cristianismo, en la clave de vida para sus discípulos. Cf. L. HURTADO, W., *Lord Jesus Christ: Devotion to Jesus in Earliest Christianity*, Grand Rapids, Eerdmans Publishing 2005, p. 60.

# 4. DISCERNIMIENTO Y FE CRISTIANA: LA IMPORTANCIA DE LOS INICIOS

Ante esta panorámica, podemos afirmar la importancia del discernimiento en el léxico paulino. Por semántica general, el discernimiento es un ejercicio intelectual de distinción entre realidades, que señala la diferencia entre ellas. Como ejercicio, notamos que es propio de la capacidad intelectual del ser humano. En el orden de las virtudes intelectuales, el discernimiento corresponde a la actuación de la ciencia; en el orden de las virtudes capitales morales, la prudencia es la que debe marcar esta actuación, y en el orden de las virtudes sobrenaturales, es la fe la que rige al sujeto humano.[227]

En definitiva, pues, ciencia, prudencia y fe son el marco donde debemos situar la exégesis de Pablo, que invita a discernir lo bueno y noble del mundo de su época. Para ello, no basta con la sola fe: discernir requiere poner todo el instrumental antropológico al servicio del Dios que se revela, sobre todo para la evangelización del continente europeo. Y del diálogo divino y humano, que es la obra de la salvación y la predicación, brota la obra admirable de la Iglesia, en tanto que tejido social de creyentes en Dios, que vivimos (o intentamos vivir) el don de la caridad fraterna, como regalo del amor eterno de la Trinidad.

## 4.1 CAMPO SEMÁNTICO SOBRE EL DISCERNIMIENTO

Llegados a este punto, nos centramos en 1 Tesalonicenses para verificar el modo como Pablo gestiona el campo léxico relativo al discernimiento, para comprender cómo el apóstol inició el proceso de diálogo e integración de la vida ordinaria en la esfera de la vivencia religiosa del evento pascual de

---

227 De especial interés para profundizar en la relación entre teología y discernimiento como acto del intelecto, abierto a la trascendencia: cf. HOWARD, E.B., *Affirming the Touch of God: A Psychological and Philosophical Exploration of Christian Discernment*, Lanham, MD, University Press of America 2000, pp. 286-332.

Cristo, preludio de la reflexión moral cristiana que posteriormente se desarrollará.

Ahora bien, nos preguntamos si esta exhortación moral de Pablo, esta urgencia es fruto del paso de los años, o bien ha marcado toda la actuación apostólica del Maestro de los gentiles. Para ello debemos recurrir al análisis semántico sucinto, partiendo de la base del uso de los términos de raíz *dokim-* y *peiraz-*, sobre todo, y por motivos de practicidad, en los verbos *dokimázo* y *peirázo*. Son cuatro las ocasiones en que Pablo habla del discernimiento en esta carta, la más antigua que conservamos de él, sin excluir la perspectiva curiosamente de antinomia, para hablar a contrario de esta capacidad de juicio moral y espiritual.

## 4.2 DISCERNIR ES EMITIR UN JUICIO PROACTIVO QUE INTERPELA A LA CONCIENCIA (1 TE 2,4)

1 Te 2,4: «En la medida en que Dios nos juzgó aptos para confiarnos el Evangelio, así lo predicamos: no para contentar a los hombres, sino a Dios, que juzga nuestras intenciones».

El apóstol dedica una gran parte de esta carta a recordar afectuosamente su acción misionera entre los tesalonicenses. Su interés no es fundamentalmente cronístico, aunque integre datos que podemos incluir dentro de la «microhistoria»,

## 4.3 EL ANTIDISCERNIMIENTO: LA TENTACIÓN (1 TE 3,5)

Llama la atención 1 Te 3,5: «No pudiendo aguantar más, lo envié para que se informara de cómo andaba vuestra fe, pues temía que os hubiera tentado el tentador y que nuestro trabajo hubiera resultado inútil». No solo habla Pablo del discernir, también piensa en ello a partir de su antónimo, y lo hace de la siguiente manera. Pablo identifica un sujeto específico, que tiene la capacidad intelectual suficiente como para poner a prueba y debilitar la confianza teológica en la obra de Cristo: el tentador. Como tal, el verbo *peirazo* tiene ordinariamente un valor negativo en el léxico paulino.[228] El apóstol lo emplea seis veces en todo su epistolario (y sus epígonos no lo recuperan, curiosamente, en las cartas que compusieron). Es la primera carta a los corintios en donde más la emplea (7,5; 10,9; 10,13), siempre en un contexto negativo. Ni que decir tiene que en la carta a los gálatas, vehemente y pasional, la única vez que la mienta, es también para identificar su alcance peyorativo: «Hermanos, incluso en el caso de que alguien sea sorprendido en alguna falta, vosotros, los espirituales, corregidlo con espíritu de mansedumbre; pero vigílate a ti mismo, no sea que también tú seas tentado» (Gal 6,1). Con todo, en algún momento lo empleó con sentido moral neutro, simplemente indicando que debemos contrastar nuestros espíritus, cotejándolos con Cristo: «Examinad vosotros si os mantenéis en la fe. Comprobadlo vosotros mismos. ¿O no reconocéis que Cristo Jesús está en vosotros? ¡A ver si no pasáis la prueba!» (2 Co 13,5).

No olvidemos los compuestos. En el caso del apóstol tenemos en 1 Co 10,9, donde afirma: «Para que no tentemos a Cristo, como lo tentaron algunos de ellos, y murieron mordidos por las serpientes», y evoca la escena bíblica según la cual, Dios castigó a los israelitas en el desierto por haber dudado de él, y les envió serpientes que les picaban, y enfermaban luego gravemente (cf. Nm 25,1-9). El significado vuelve a ser negativo, y expresa las condiciones opuestas al discernimiento: el fiel no confía ni busca sinceramente al Señor, sino que actúa *motu proprio*. Dios, en consecuencia, los debiera dejar abandonados a los efectos de sus propios actos, pero ha obrado con sorprendente amor: «No os ha sobrevenido ninguna tentación que no sea de medida humana. Dios es fiel, y Él no permitirá que seáis tentados por encima de vuestras fuerzas, sino que con la tentación hará que encontréis también el modo de poder soportarla» (1 Co 10,13).

---

228 En su sentido básico, el verbo no comporta de entrada un valor negativo, aunque en el Nuevo Testamento se reserva preponderantemente para expresar las intrusiones espirituales del mal en la conciencia humana de los creyentes y la del mismo Cristo. Cf. ZORELL, F., *Lexicon Graecum Novi Testamenti*, Roma, Pontificio Instituto Bíblico 1964, *sub voce*.

En definitiva, pues, Pablo concibe el discernimiento como un acto deliberado, propio de la inteligencia iluminada por la fe en el mensaje de Cristo, en vistas a ordenar la propia vida, individual y colectiva, al modo de vida de Jesús. Salvo una excepción, con la raíz *peiraz-*, lo opuesto al discernimiento es actuar por propios pensamientos y medidas, sin más control que los propios deseos o pulsiones.

## 4.4 DISCERNIR EN LO COTIDIANO: PONER A DIOS Y A CRISTO EN EL CENTRO (1 TE 5,12-24)

La última ocasión en que Pablo emplea el verbo discernir en 1 Tesalonicenses es hacia la conclusión:

> [12]Os rogamos, hermanos, que apreciéis el esfuerzo de los que trabajan entre vosotros cuidando de vosotros por el Señor y amonestándoos. [13]Mostradles toda estima y amor por su trabajo. Mantened la paz entre vosotros. [14]Os exhortamos, hermanos, a que amonestéis a los indisciplinados, animéis a los apocados, sostengáis a los débiles y seáis pacientes con todos. [15]Mirad que nadie devuelva a otro mal por mal; esmeraos siempre en haceros el bien unos a otros y a todos. [16]Estad siempre alegres. [17]Sed constantes en orar. [18]Dad gracias en toda ocasión: esta es la voluntad de Dios en Cristo Jesús respecto de vosotros. [19]No apaguéis el espíritu, [20]no despreciéis las profecías. [21]Examinadlo todo; quedaos con lo bueno, [22] guardaos de toda clase de mal.

Con estas palabras, Pablo concluye toda la argumentación de la 1 Tesalonicenses. Por un lado, ha demostrado cómo a través de sus palabras y testimonio (cf. 1 Te 1,9-10), el equipo evangelizador paulino ha comunicado de palabra y con total sinceridad emocional el mensaje de Cristo, muerto y resucitado (cf. 1 Te 2,17-20). Por otro, ha completado aquello que faltaba a la catequesis inicial que les dirigió en su segundo viaje misionero, pero que, a causa del tumulto organizado en la ciudad, tuvieron que salir corriendo (cf. Hch 17,1-15).[229] Todas las peripecias y aventuras apostólicas que narra, así como la sinceridad de sus sentimientos, se ordenan a confirmar y a exhortar a los fieles de las iglesias en Tesalónica en una conducta específica: la fe en el evento pascual de Cristo, que es una realidad eminentemente pneumatológica (cf. 1Te 1,3-5), debe concretarse en unas opciones claras de vida, que Pablo organiza bajo el campo semántico de la «santificación» (cf 1 Te 4,1-12), vinculándolo a léxico relativo a la castidad personal (que luego denominará *egkráteia*) y, seguramente, en el trato íntimo con la mujer, aunque de un modo ambiguo (a la que denomina *skeûos*).[230]

Dentro de este dinamismo evangelizador Pablo propone interpretar *in nuce* la conducta cristiana con la voluntad de entablar un diálogo con el mundo, no a cualquier precio, sino escogiendo lo que tiene de mejor expresión antropológica, a saber: religión, moral y filosofía.[231] En efecto, el estoicismo para Pablo pasó de doctrina sociorreligiosa alternativa a ser vehículo de transmisión del cristianismo, y pulió aquellos aspectos que ofendían a un monoteísmo judío imperante en la época. Por ello, la confesión de la absoluta trascendencia de Dios es innegociable en el apóstol: Dios es creador del cielo y de la tierra, guía providente del cosmos y de la historia, que se revela a Israel, y que, ahora, en los tiempos definitivos, en Jesús, muestra su amor fiel a toda la humanidad (cf. 1 Te 5,9-10). Y ello comporta un ingreso en la comunidad de quienes experimentan el amor de Dios en Jesucristo gracias al Espíritu Santo (cf. 1 Te 5,12-13.19-20). Asimismo, los fieles tienen la urgencia espiritual de obedecer al don gratuito de Dios revisando su vida espiritual y práctica a la luz de esta revelación:

---

229 Cf. Fitzmyer, J. A., *Los Hechos de los Apóstoles (9,1-28,31)*. Vol 2 (BEB 113), Salamanca, Sígueme 2003, pp. 256-266; Marguerat, D., *Los Hechos de los apóstoles (13-28)* (BEB 162), Salamanca, Sígueme 2020, pp. 191-192.

230 Cf. Richards, E.J., *First and Second Thessalonians* (SP 11), Collegeville, The Litrugical Press 1995, pp. 192-209.

231 Cf. Miquel Pericás, E., «El contexto histórico y cultural», en R. Aguirre Monasterio (ed.), *Así empezó el cristianismo* (Agora 28), Estella, Verbo Divino 2015, pp. 62-120, en especial las pp. 93-120.

Y esta actitud será una constante en la predicación de Pablo (cf. 2 Co 6,1; 10,1; Rm 12,1; 15,30; 16,17; Flm 9; Flp 4,2). Poner a Dios en el centro, gracias a la mediación de Cristo, es un ejercicio ético, ciertamente (cf. 1 Te 5,15.21-22), pero que debe ser guiado por el mismo Agente sobrenatural que lo inicia, el don pascual de Cristo: el Espíritu Santo (cf. 1 Te 1,3-5; 5,19).

En definitiva, pues, el análisis sumario de dos expedientes paulinos nos proporciona un escenario interesante: discernir es en el creyente el acto decidido y libre de actuar conforme a unos criterios dados, en virtud de una experiencia religiosa totalizante. El Espíritu Santo conecta al fiel con el Cristo del Evangelio, que Pablo y su equipo anunciaron a Tesalónica. El discernir supone un abandono de los *a priori* humanos que pueda sostener el fiel, para someterlo todo bajo la luz de la revelación de Dios, y así mirar con la mirada con que el Padre (y los apóstoles) miran la realidad, con una mirada de amor sobreabundante. Veamos cómo esta mirada, entre experiencial y religiosa, puede traducirse en el contexto actual.

## 5. DISCERNIMIENTO Y HUMANISMO INTEGRAL EN CRISTO

Con las limitaciones propias de esta exposición, y con los datos que historia, teología y psicología natural nos aportan, asumimos el reto de intuir nuevos modos de expresión de las verdades profundas y perennes de la predicación apostólica sobre Cristo. En los ejemplos paulinos arriba expuestos, podemos percibir un escenario interesante, que interpretamos a la luz de dos ejes fundamentales.

El primer eje consiste en definir el discernimiento religioso de quien cree en Dios por Jesucristo como una *moción del Espíritu Santo*, tal como afirma 1 Te 5,19 y lo desarrolla Pablo en Rom 5,1-5: el amor de Dios se nos da con el Espíritu Santo para vivir conforme al corazón de Cristo.

El segundo eje consiste en situar a Cristo como causa ejemplar y motor real de cambio de mentalidad. De hecho, los creyentes de todos los tiempos experimentamos la gracia de Dios visibilizada en la humanidad de Cristo, como el mismo Pablo afirma en 1 Te 3,11-13, actuando al unísono cuando actúan en favor nuestro:

> [11]Que Dios nuestro Padre y nuestro Señor Jesús nos allanen el camino para ir a vosotros. [12]En cuanto a vosotros, que el Señor os colme y os haga rebosar de amor mutuo y de amor a todos, lo mismo que nosotros os amamos a vosotros; [13] y que afiance así vuestros corazones, de modo que os presentéis ante Dios, nuestro Padre, santos e irreprochables en la venida de nuestro Señor Jesús con todos sus santos.

Por eso mismo, el discernimiento cristiano hace frente a los retos éticos, tanto los grandes como los cotidianos: discernir es llevar a cabo una búsqueda continua y esencial, sostenida en la conducta práctica y en la voluntad continuada de alcanzar el bien (cf. 1 Te 5,21). Discernir conlleva una dimensión de penitencia-conversión: el mensaje histórico de Jesús continua vivo en la predicación paulina con la capacidad de interpelar propia del profetismo vivido por Jesucristo.

En definitiva, que el discernimiento interpela (1 Co 3,13). Además, el examen de conciencia o autocrítica para un discernimiento desde el amor de Dios: el examen de conciencia es requerido si se desea vivir de un modo coherente la religiosidad bíblica, más allá inclusivo de los orígenes étnico-culturales de cada sujeto (Gal 6,4). Finalmente, el amor al prójimo es el elemento verificado del discernimiento real, que se mueve entre los polos perdón-amor.

# 19. Discernimiento y elección. Una distinción necesaria

P. Luis M.ª Salazar García

Profesor de Teología Dogmática. Universidad Loyola

## 1. «DISCERNIMIENTO», UNA PALABRA DE MODA

No cabe duda de que el discernimiento está de moda en el mundo eclesial. Se habla abundantemente de discernimiento, individual o comunitario. En muchos casos, la palabra «discernimiento» se usa como sinónimo de la «toma de decisiones».

San Ignacio en los Ejercicios Espirituales (en adelante EE) distingue entre «discernimiento» y «elección» (o «deliberación»). Entendemos que esta confusión entre discernimiento y elección trae algunas consecuencias negativas, que hacen deseable recuperar la distinción presente en los EE.

## 2. EL ORIGEN DE LAS PALABRAS
## Y SU SENTIDO TÉCNICO

La inclusión de la palabra «discernir» en el vocabulario cristiano, podemos atribuirla a S. Pablo. En su primera carta a los Tesalonicenses les pide: «No apaguéis el espíritu, no despreciéis las profecías. *Examinadlo* todo; quedaos con lo bueno» (*1Tes* 5,19-21) Y en su carta a los Romanos insistirá: «Y no os amoldéis a este mundo, sino transformaos por la renovación de la mente, para que sepáis *discernir* cuál es la voluntad de Dios, qué es lo bueno, lo que le agrada, lo perfecto». Aunque la actual traducción litúrgica traduzca alternativamente por «examinar» y por «discernir» el verbo griego es el mismo: *dokimazein*.

En estos dos textos podemos encontrar la mayoría de los ingredientes que nos hacen falta para entender el discernimiento cristiano: su relación con el Espíritu (no apaguéis el espíritu), su conexión con la comunicación de Dios al ser humano (profecía en Romanos), su capacidad dinamizadora (quedaos con lo bueno), la necesidad de conversión como paso previo y la conexión con el descubrimiento de la voluntad de Dios.


## 3. EL DISCERNIMIENTO EN LOS EJERCICIOS

Cuando pensamos en el discernimiento en los Ejercicios Espirituales lo primero que pensamos es en las llamadas reglas de discernimiento de primera y segunda semana. Aunque en el texto no se llaman así, sino que S. Ignacio habla de «sentir y *cognoscer*», cuando se indica la finalidad de ese conocimiento: «las buenas para *rescibir* y las malas para lanzar» [EE 313], ese «distinguir entre «mociones» buenas y malas» se parece mucho a lo que la RAE califica de «discernir»: «Distinguir algo de otra cosa, señalando la diferencia que hay entre ellas. Comúnmente se refiere a operaciones del ánimo».

## 3.1 LAS REGLAS DE DISCERNIMIENTO DE 1ª SEMANA [EE 313-327]

En la primera semana se trata del problema de la conversión. En términos ignacianos: Se trata de la decisión en torno al principio y fundamento [EE 23]. En este momento, si el ejercitante realmente está poniendo su vida en juego, con toda probabilidad habrá de ser agitado por «algunas mociones espirituales» [EE 6] como ya nos advertían las anotaciones [EE 6-9]. Esta agitación habrá de ser interpretada a partir de la clave que nos ofrece [EE 32]: «Presupongo ser tres pensamientos en mí, es a saber, uno propio mío, el *qual* sale de mi mera libertad y querer; y otros dos, que vienen de fuera: el uno que viene del buen espíritu y el otro del malo»

No hay que discernir mi mera libertad y querer. Lo que hay que discernir son los pensamientos que están «en mí», pero que «vienen de fuera». Con este objetivo se ofrecen al ejercitante «las reglas de primera semana».

Describir exhaustivamente el contenido de las reglas escapa a nuestro propósito, pero puede ser útil una presentación sumaria.

Las reglas comienzan mostrándonos como nuestra actitud inicial es clave para saber de dónde provienen los sentimientos positivos o negativos que experimentamos. San Ignacio nos ayuda a entender que solo es posible discernir si hemos decidido previamente. No es que tengamos que discernir (diferenciar) para convertirnos, sino que solo es posible discernir si previamente nos hemos convertido, es decir si hemos elegido el camino «de bien en mejor subiendo, purgando intensamente nuestros pecados» [EE 315].

Las reglas 3ª y 4ª realizan una descripción de la consolación y desolación, presuponiendo que nos encontramos en la decisión de la regla 2ª (de bien en mejor subiendo). Serían con toda propiedad «reglas de discernimiento» en el sentido de reglas que nos permiten distinguir, diferenciar entre unas mociones y otras, entre unos pensamientos y otros, de los que en el «ánima se causan».

Las reglas 5ª a 9ª no está destinadas a distinguir, sino a orientar nuestro comportamiento durante la desolación. Igualmente, las reglas 10ª y 11ª nos ayudarán a orientarnos en la consolación.

En las reglas 12ª a 14ª vuelve el aspecto descriptivo para reconocer las tentaciones que el ejercitante experimenta. En estas tres últimas reglas de la primera semana, la descripción del comportamiento del «enemigo de natura humana» nos ayudará sobremanera a reconocer el origen hostil de los pensamientos que produce, temor, silencio, agotamiento en la lucha; y nos permitirá combatirlos con mucho rostro, comunicación y vigilancia.

En las reglas de primera semana, aunque se nos dan pistas de cómo comportarnos y cómo manejar los pensamientos y sentimientos que experimentamos, no se nos ofrecen todavía herramientas para tomar decisiones concretas sobre cosas, es más, la opción fundamental en favor del principio y fundamento (la gloria de Dios y la salvación de la propia alma, por ese orden) se presupone tomada a partir de la 1ª y 2ª regla. Una buena parte de las reglas se nos ofrecen para poder mantener con constancia dicha decisión a pesar de las resistencias experimentadas

## 3.2 LAS REGLAS DE 2ª SEMANA [EE 328-335]

En la segunda semana nos encontramos en el momento de acoger la llamada concreta de Dios hacia nosotros. Una llamada que ha de ir perfilándose a partir de una decisión inicial, que presuponemos firme a partir de la primera semana.

Si en primera semana el objetivo era mantener nuestra opción fundamental en la desolación, las reglas de segunda semana nos ayudan a interpretar la consolación. Esta era vista en la primera semana como un momento de luz para descubrir la voluntad de Dios. Esta convicción se mantiene ahora (Reglas 1 y 2 de segunda semana), pero se ofrecen herramientas para, «con mayor discreción» calibrar si esa luz no nos estará produciendo espejismos.

Esas falsas percepciones pueden producirse en la consolación con causa (3ª) y S. Ignacio nos ofrece algunas pistas para detectarlas (4ª y 5ª) o para sacar provecho cuando se identifican (6ª). En la 7ª regla nos ofrecerá un criterio general que nos remite a las reglas 1ª y 2ª de primera semana, teniendo en cuenta que ya no se trata de burdas invitaciones al pecado, sino incluso de pequeñas sugerencias que, aunque buenas, entran a «contrapelo» de nuestra propia libertad y querer.

## 4. LA ELECCIÓN O DELIBERACIÓN EN LOS EJERCICIOS

La elección en los ejercicios está situada en la segunda semana, incluso advierte S. Ignacio que se evite entrar en ella a personas «de poca *complisión*» con las que «no debe proceder adelante en materia de elección» [EE 18].

Esta segunda semana se articula en torno las contemplaciones de la vida de Cristo, en las cuales se pide «conocimiento interno del Señor, que por mí se ha hecho hombre para que más le ame y le siga» [EE 104].

El cuarto día, después de haber contemplado la infancia de Jesús, se nos invita sucesivamente a «conocer los engaños del mal caudillo» [EE 139] en la meditación de las dos banderas y a «elegir lo que más a gloria de su divina majestad y salud de mi ánima sea» en la meditación de «tres binarios de hombres» [EE 149]. Se introduce así la materia de elección, en paralelo con las contemplaciones de la vida de Jesús, comenzando por la consideración de las 3 maneras de humildad y siguiendo por el preámbulo y los puntos para saber de qué hay que hacer elección [EE 165.169 y ss.].

S. Ignacio articula esta tarea en torno a lo que él llama «tiempos de elección», y son tres: El primero, cuando lo tenemos claro («sin dudar ni poder dudar»); el segundo, cuando experimentamos un conflicto interior en torno a lo que queremos decidir («somos agitados de varios espíritus»); y el tercer tiempo, cuando experimentamos indiferencia interior y nuestro único deseo es hacer la voluntad de Dios («Tiempo tranquilo»).

Para cada uno de esos tiempos, S. Ignacio nos ofrecerá unos modos concretos de hacer elección.

En el primer tiempo basta dejarnos llevar por el impulso que nos conduce, con lo cual parece hacer equivaler esta situación a la llamada «consolación sin causa» en la que se tiene una cierta «certeza» de que es Dios quien nos conduce.

En el segundo tiempo, es necesario hacer un discernimiento entre las distintas mociones que nos agitan.

Para el tercer tiempo, S. Ignacio ofrecerá al ejercitante una serie de herramientas, destinadas a suscitar movimientos afectivos (segundo modo) y deliberación racional (primer modo).

Al final S. Ignacio intentará remitir nuevamente al primer tiempo de elección invitando al ejercitante a que busque la confirmación de la elección.


## 5. LA CONEXIÓN-DIFERENCIA ENTRE AMBOS CONCEPTOS

Resulta fácil ver que la elección en segundo tiempo, cuando somos agitados por varios espíritus, está íntimamente ligada al discernimiento de estos espíritus. Para lo cual es necesario utilizar las reglas de discernimiento, particularmente las de segunda semana. Sin embargo, en el primer y tercer tiempo de elección la relación entre la elección y el discernimiento de espíritus es más sutil. Y se reduce a identificar la «consolación sin causa» (primer tiempo) o a provocar los movimientos afectivos que nos resitúen sitúen en el segundo tiempo, fuera de ahí, la decisión aparece como la consecuencia de una deliberación racional que procede de mi mera libertad y querer.

## 6. LA NECESIDAD/VENTAJAS DE RECUPERAR LA DISTINCIÓN ENTRE AMBOS CONCEPTOS.

Recuperar la distinción entre discernimiento y elección tiene, desde mi punto de vista, dos consecuencias positivas que no debiéramos ignorar.

En primer lugar, supone un reconocimiento de la libertad de ser humano. «Dios nos ha dado una brújula, no un mapa». Por tanto, no hay que pensar la voluntad de Dios sobre nosotros como si fuese un guion previamente escrito que tuviéramos que interpretar, sino más bien, como un diálogo con Dios en el que se respeta siempre nuestra libertad. Dios no busca tanto, autómatas que ejecuten su diseño preestablecido, como verdaderos colaboradores que se sumen «creativamente» a su plan de salvación. Así la responsabilidad de nuestras decisiones (deliberaciones) sigue siendo nuestra sin que nadie, ni siquiera Dios, nos ahorre el peso de nuestra vida.

En segundo lugar, la confusión entre discernimiento y deliberación suele impedir que conozcamos «desde donde» estamos tomando nuestras decisiones. Solo quien se sitúa adecuadamente ante los estímulos que recibe (discerniéndolos), puede tomar decisiones lúcidas que no vengan determinadas por «afección alguna que desordenada sea» [EE 21]. Si suprimimos este discernimiento y los lanzamos directamente a la toma de decisiones, nuestros afectos (ordenados y desordenados), permanecerán en la trastienda de las decisiones, siendo tanto más determinantes cuanto menos conscientes somos de ellos.

# 20. San Ignacio y las indias occidentales: Un ejercicio de logística internacional para un viaje de ida y vuelta (1560-1767)

D. Agustín Galán García

Universidad Huelva

El objetivo de esta aportación es poner de manifiesto la importancia que tuvo el Oficio de Indias como soporte logístico para el desarrollo de las misiones de la Compañía en el Nuevo Mundo.

Según establecen las *Constituciones*, «[…] el fin de esta Compañía es no solamente atender a la salvación y perfección de las ánimas propias con la gracia divina, mas con la misma intensamente procurar de ayudar a la salvación y perfección de las de los prójimos»[232]. Y el prójimo estaba en la misma Europa, inmersa en pleno Renacimiento y en un momento álgido del protestantismo, pero también podía estar muy, muy lejos. El descubrimiento de nuevos territorios se sucedía en esta coyuntura hasta latitudes desconocidos.

De este modo, misioneros jesuitas habían llegado a la India en 1542, al Congo en 1548, a Brasil y Marruecos en 1549. Al año siguiente tocaron Japón, en 1556 habían llegado a Chequia y Etiopía, Transilvania en 1579, Vietnam 1610 o Canadá en 1611.

---

232 *Constituciones*, Parte I, Examen 1.3.

Sin embargo, a las Indias Occidentales se incorporaron con cierto retraso con respecto al resto de las órdenes y no será hasta 1566 cuando zarpe la primera expedición hacia La Florida. Los franciscanos lo habían hecho en 1524, los dominicos en 1526 y los agustinos en 1533. Este retraso, el momento de su nacimiento, su concepción de la misión, su manera de proceder y de organizarse, fue determinante a la hora de iniciar la aventura americana.

## 1. UN EJERCICIO DE LOGÍSTICAS INTERNACIONAL: EL OFICIO DE INDIAS EN SEVILLA[233]

Pero hacer realidad la misión, es decir, pasar del deseo a la práctica, del papel al territorio, no resultó fácil y muy pronto se vio la necesidad de crear un «Oficio» estable en Sevilla que ayudara en la organización de las expediciones misioneras y en la satisfacción de las necesidades que presentaban las provincias de ultramar. En este sentido, la experiencia adquirida por la Procura en la Corte y el Oficio creado en Lisboa para las Indias Orientales, resultaría de gran utilidad. No obstante, sería la propia experiencia la que irá conformando su imagen definitiva.

En un principio sus funciones estaban bien claras: a) Proveer a las provincias del Perú y México de lo que necesitaran y b) Recibir y reenviar las cartas que vienen a Roma desde aquellas provincias y viceversa[234].

El encaje en la estructura de la Orden también llevó su tiempo. A pesar de las indicaciones del General para que todos desarrollaran un espíritu de servicio hacia *el otro*, alcanzar el entendimiento entre los superiores locales, los provinciales de Indias y el Procurador, no resultaría sencillo. Había

---

233 GALÁN GARCÍA, A., *El oficio de Indias de los jesuitas en Sevilla (1560-1767)*, Sevilla: Focus, 1996.

234 «Instrucción para el Procurador de las Indias Occidentales», Roma 11.XI.1574, en ZUBILLAGA, F., «El Procurador General de las Indias Occidentales. 1574. Etapas históricas de su creación», *Archivum Historicum Societatis Iesu*, vol. 43, 1953, pp. 367-417.

que poner de acuerdo, al menos, a tres voces con capacidad de decisión sobre una misma actividad y, en no pocas ocasiones, la superioridad jerárquica podía chocar con la autoridad que concede el conocimiento de los modos de proceder y con los intereses crecientes del propio Oficio. Tampoco se podía olvidar el equilibrio que debían guardar entre una comunidad estable, la formada por los que viven y trabajan en la ciudad de manera permanente, y, la otra, integrada por los numerosos y continuos grupos de misioneros que coyunturalmente alteraban la relación establecida entre aquella y la ciudad, sus benefactores, sus limosnas, etc. [235]

El paso del tiempo, las dificultades y, sobre todo, la experiencia, irían demostrando la complejidad y variedad de las ocupaciones que se tendrían que ir acometiendo. El año 1651, cuando ya eran seis las provincias a las que había que atender y numerosas las expediciones enviadas, las ocupaciones del procurador resultaban, en efecto, mucho más prolijas:

1ª Recibir en Cádiz a los procuradores y facilitar el desembarco de sus mercancías. Recibir los cajones que se remiten de Italia y entregar el dinero que traen para personas de España.

2ª Recibir en Cádiz y en Sevilla toda la plata, oro, y cajones que remiten de las Provincias para Roma, Madrid, Sevilla y otras partes.

3ª Comprar todos los géneros que piden los Procuradores de las Provincias, Rectores, y Procuradores de los colegios y acomodar todo para que vaya bien acondicionado.

4ª Solventar los trámites ante la Casa de la Contratación y buscar navío.

5ª Mantener correspondencia ordinaria con el Procurador General de las Provincias de España y el de Indias que asiste en Madrid.

---

235 SALINAS, P., «Tratado tocante al Oficio de Indias ...» fol. 12 v.

6ª Atender el cobro de todos los juros y rentas que las Provincias de Indias tienen en Sevilla, Córdoba y Granada... [236].

Unos años después y con motivo del traslado de la cabecera de las flotas a Cádiz en 1680, el volumen de los negocios y la importancia de las actuaciones que se va a acometer en aquella ciudad, aconsejaban la presencia permanente de un Procurador General de las Indias Occidentales. Contábamos en aquel momento, por lo tanto, con tres procuradores para atender las cuestiones derivadas de la expansión por las Indias occidentales: Madrid, Sevilla y Cádiz. El año 1729, el traslado de la Casa de la Contratación, hará que el Procurador se traslade definitivamente a El Puerto de Santa María.

En definitiva, el Oficio de Indias, unido a los distintos procuradores que colaboraban con él y sumado a los superiores a los que tenía que dar cuenta, era el punto cero de una extraordinaria red de comunicación entre Europa y las Indias que, al vincularse vía Madrid o vía Roma, con el resto de Oficios se tornaba auténticamente global[237]. Y, por añadir una cuestión sobre la que hasta el momento se ha reparado poco, una red de comunicación global y de confianza. Cuando no eran los propios jesuitas los que traían «en su cabeza» las mercancías, lo hacían encomenderos de confianza.


## 2. RESULTADOS

Hasta donde la historiografía nos permite conocer, la aportación del conjunto de las órdenes, es el que aparece reflejado en el cuadro siguiente:

---

236 «Tratado tocante al Oficio de la Procuraduría de Sevilla ...»

237 GALÁN GARCÍA, A. y LOSADA VÁZQUEZ, A., «La comunicación empresarial y la economía social. Estudio del modelo de la Compañía de Jesús», en AGUADED, I. y VIZCAÍNO-VERDÚ, A. (Eds.), *Redes sociales y ciudadanía. Hacia un mundo ciberconectado y empoderado*, Huelva, Grupo Comunicar Ediciones, 2020, pp.713-720.

| Aportación de las órdenes religiosas. Total. S. XVI-XVIII | | | | | | |
|---|---|---|---|---|---|---|
| | OFM | SJ | OP | OFMC | OSA | OM | TOTAL |
| S. XVI | 2782 | 390 | 1579 | - | 348 | 312 | 5.411 |
| S. XVII | 2207 | 1696 | 1120 | 205 | | | 5.228 |
| S.XVIII | 2736 | 1925** | 89* | 571 | | | 5.319 |
| Totales | 7725 | 4011 | 2786 | 776 | 348 | 312 | 15.958 |
| Elaboración propia. * Hasta 1715 ** Hasta 1767 | | | | | | | |

La historia de la evangelización de las Indias Occidentales, bastante abandonada en términos generales, conserva todavía algunos vacíos que sería conveniente solventar. Si exceptuamos el caso de los franciscanos, a través de la obra de P. Borges, y de los jesuitas, por la nuestra, coincidiremos en que falta aún una aproximación global a la aportación de las mismas a la obra evangelizadora en el Nuevo Mundo.

Por lo que hace a los de san Ignacio, desde la primera expedición en 1566 hasta el fatídico 1767, se organizaron 200 expediciones que trasladaron un total de 4011 jesuitas a América. La media de expedicionarios por misión fue ascendiendo desde los 12 del siglo XVI a los 15 del s. XVII y los 25 del s. XVIII. La edad media en el momento de la partida, jugó, sin embargo, en sentido contrario, 30 años para el s. XVI y 26 para el resto del tiempo. El más joven se embarcó a los 14 y el mayor a los 78, aunque la mayor parte estaba entre los 16 y los 36 años. Desde el punto de vista de la formación, las provincias europeas desplazarán un 64 % del total de los sacerdotes, por un 33,60 % de las españolas. En los estudiantes, por el contrario, van a presentar un balance equilibrado en lo que se refiere a la aportación de unas y otras[238]. Tremendamente llamativo, por otra parte, el equilibro que se va a dar en la aportación de cada una de las provincias

---

238  Más detalles en ORTEGA MORENO, M. y GALÁN GARCÍA, A., «Quienes son y de donde vienen: una aproximación al perfil prosopográfico de los jesuitas enviados a Indias (1566-1767)», en MARTÍNEZ MILLÁN, J. y otros, *Los jesuitas. Religión, política y educación (siglos XVI-XVIII)*, Madrid, Univ. Pontificia de Comillas, 2012, pp.1419-1448.

españolas: 30 % Toledo, 28 % Aragón, 21 % Castilla y el 20 % la Bética. Necesariamente también aquí debió de intervenir la mano de Roma. En las extranjeras, Germania aportará el 33 % y el 45 % lo enviará Italia. En cuanto a las provincias de destino se van a repartir del modo siguiente: Río de la Plata el 28 %, Nuevo Reino de Granada 25 %, Nueva España 21 %, Filipinas 18 %, Perú 6 %, Chile y Paraguay 1 %[239].

## 3. 1767: EL VIAJE DE VUELTA Y EL FIN DE LA HISTORIA

La expulsión de la compañía de Jesús de todos los dominios españoles ha sido uno de las operaciones de Estado llevadas a cabo con mayor diligencia y secretismo de nuestra historia. Sin tiempo alguno para reaccionar, se vieron obligados a abandonar todos los centros que regentaban en cuestión de horas.

Según Pacheco Albalate, el total de los jesuitas extrañados fue de 2.267, el equivalente a un 56 % de los que llegaron a las provincias americanas desde 1566[240]. De todos ellos, el 49 % pertenecía a los centros americanos y el resto eran europeos. Por provincias de origen México (15,70%), Perú (9,84%) y Chile (9,09%) fueron las que aportaron un mayor número y por parte de los europeos serían España (39,17%), Alemania (4,15%) e Italia (3,35%).

La calidad del capital humano perdido con el hecho del extrañamiento no fue menor. El tiempo medio de estancia en la Compañía se va a situar en los 21 años. Además, el 50 % de ellos contaba con una edad igual o inferior a los 40 años, el 56,10 % eran sacerdotes, el 24,09 % coadjutores y los estudiantes van a representar un 16,84 %. Dicho en otros

---

239  Hernández Palomo, P. y Galán García, A., «Misiones 'ad gentes' de la antigua Compañía de Jesús en el mundo hispano», en Pizarro Lorente, H. (Dir.), *Jesuitas: impacto cultural en la Monarquía hispana (1540-1767)*, Santander, Mensajero-Sal Terrae, 2022, pp. 199-241.

240  Pacheco Albalate, M., *Jesuitas de ultramar arribados a El Puerto de Santa María (1767-1774)*, Cádiz, Universidad de Cádiz, 2011.

términos, capacidad, conocimientos, experiencia y compromiso que perdió la misión por motivos nunca explicados. Solo hay que ver la evolución que conocieron los distintos centros durante los años siguientes[241].

## 4. CONCLUSIONES

En definitiva, es evidente que la figura del Procurador General de Indias se tornó en pieza clave en el engranaje misional de la Compañía, sobre la que se tejió una red verdaderamente global y de confianza, que unió lo personal, lo económico, lo cultural y lo misional, etc.

Por otro lado, nos faltan aún investigaciones sobre el resto de las órdenes para poder saber cuál fue la aportación total de los misioneros que participaron en la evangelización de Nuevo Mundo durante la Edad Moderna, y, ahora, ya en el viaje de vuelta para los nuestros, aún no se ha valorado de manera suficiente el capital humano que se perdió con el extrañamiento.

---

241 ORTEGA MORENO, M. y GALÁN GARCÍA, A., «La expulsión de los Jesuitas desde el punto de vista del capital humano: una aproximación cuantitativa y cualitativa», en FERNÁNDEZ DE ARRILLAGA, I. y otros, *Memoria de la expulsión de los Jesuitas por Carlos III*, Madrid, Anaya, 2018, pp. 409-421

# Anexo
## Bibliografía sobre la Autobiografía de San Ignacio de Loyola[242]

P. Pablo Cervera Barranco

## EDICIONES CRÍTICAS

MHSI, MI, *Scripta de S, Ignatio,* Vol. I (Madrid 1904) 31-98

MHDDI, MI, *Fontes narrativi de S. Ignatio,* Vol. I (Roma 1943) 323-507 [Ed. D. Fernández Zapico, S.J.], bajo el el título *Acta Patris Ignatii scripta a P. Lud. González de Cámara (1553-1555).* Incluye la traducción latina del P. Annibale du Coudray editada por los Padres Bolandistas en *Acta Santorum Julii* (Amberes 1731; Venecia 1749).

## EDICIONES EN LENGUAS DIVERSAS

—Alemán

Sievernich, M., *Bericht des Pilgers.* [traducción de Michael Sievernich, S.J. Con grabados de Peter Paul Rubens] (Marixverlag, Wiesbaden 2006).

---

242 Una relación más completa de las traducciones puede verse en *Obras de San Ignacio de Loyola* (BAC 2013) 90-92.

## —Italiano

SCURANI, A., G. BISOL, G. CASOLARI, *Autobiografia*, en *Gli scritti di Ignazio di Loyola* (UTET, Turín 1977) 653-714.

COSTA, M., S. *Ignazio di Loyola, Autobiografía. Commento di Maurizio Costa (Editrice CVX/CIS, Roma 1991).*

CHIAPPINI, C., (ed.) *Autobiografia*, en *Sant'Ignazio di Loyola. Gli Scritti* (AdP, Roma 2007).

## —Inglés

DU BRUL, P., *Ignatius: Sharing the Pilgrim Story. A Reading of the Autobiography of St. Ignatius of Loyola (Gracewing-Iñigo Enterprises, Leominster-New Malden 1988).*

MCMANAMON, J.M., *The text and contexts of Ignatius Loyola's «Autobiography»* (Fordham University Press, Nueva York 2013).

TYLENDA, J. N., *A pilgrim's journey. The Autobiography of St. Ignatius of Loyola* (Ignatius Press, San Francisco 2001).

## —ESPAÑOL

LARRAÑAGA, V., (ed.), *Autobiografía*, en: *Obras completas de San Ignacio de Loyola.* Tomo I: *Autobiografía - Diario espiritual* (BAC Madrid 1947) 1-580.

MAZA, M. P., *La Autobiografía de san Ignacio: apuntes para una lectura* (CIS, Roma 1984).

IPARRAGUIRRE, I.-C. DE DALMASES-M. RUIZ JURADO (eds.), *Autobiografía y Diario espiritual* [Introd. de L. M.ª Mendizábal] (BAC, Madrid, 1992) 1-167.

CERVERA BARRANCO, P. (ed.), *Autobiografía de san Ignacio de Loyola* [adaptada al castellano de hoy] (Monte Carmelo, Burgos 2004).

DALMASES, C. (ED.), *Autobiografía*, en *Obras Completas de San Ignacio de Loyola* (BAC, Madrid ⁷2013) 1-105.

RAMBLA, J. Mª (ed.), *El peregrino. Autobiografía* (Mensajero, Bilbao 2015).

RAMBLA, J.Mª., *El peregrino. Autobiografía de San Ignacio de Loyola* (nueva edición actualizada) (Sal Terrae-Mensajero-Pont. Univ. Comillas, Santander-Bilbao-Madrid 2016).

L. Mª MENDIZÁBAL (ed.), *Autobiografía y Diario espiritual.* Transcripción y notas de: I. Iparraguirre, C. de Dalmases y M. Ruiz Jurado (BAC, Madrid 1992) 1-167

## —Francés

IGNACE DE LOYOLA, *Récit écrit par le Père L. Gonçalves asussitôt qu'il eut recuilli de la bouche même di Père Ignace* [trad A. Lauras, S.J. Int. notes et index J.C. Dhôtel S.J.] (DDB-Bellarmin, París 1988).

# BIOGRAFÍAS MÁS DESTACADAS DE SAN IGNACIO

GRANERO, J. Mª., *San Ignacio de Loyola*, 2 vols. (Razón y Fe, Madrid 1967-1984).

CASANOVAS, I., *San Ignacio de Loyola fundador de la Compañía de Jesús* (Balmes, Barcelona ³1980).

GARCÍA VILLOSLADA, R., *San Ignacio de Loyola. Nueva biografía* (BAC, Madrid 1986).

HERNÁNDEZ, B., *Recuerdos ignacianos. Memorial de Luis Gonçalves de Cámara* (Mensajero-Sal Terrae, Bilbao-Santander 1992).

MARYKS, R., «Giacomo Laínez. Prima biografia ignaziana»: *Appunti di spiritualità* 44 (CIS, Nápoles 1996).

TELLECHEA, I., *Ignacio de Loyola. La aventura de un cristiano* (Sal Terrae, Santander 1996).

RAVIER, A., *Ignacio de Loyola y el arte de la decisión* (La Aventura Interior, Barcelona 2000).

TELLECHEA, I., *Solo y a pie* (Sígueme, Salamanca ⁸2002).

ALBURQUERQUE, A., *Diego Laínez, SI. Primer biógrafo de S. Ignacio* (Mensajero - Sal Terrae, Bilbao - Santander 2005).

RUIZ JURADO, M., *El peregrino de la voluntad de Dios. Biografía espiritual de San Ignacio de Loyola* (BAC, Madrid 2005).

DALMASES, C. DE, *El Padre Maestro Ignacio. Breve biografía ignaciana* (BAC, Madrid 2006).

RIBADENEIRA, P. DE, *Vida del bienaventurado padre Ignacio de Loyola* en *Historias de la Contrarreforma* (BAC, Madrid ²2009).

IGLESIAS, I., *San Ignacio de Loyola. Del Íñigo en busca de Dios al Ignacio compañero de Jesús* (Edibesa, Madrid 2010).

KIECHLE, S., *Ignace de Loyola. Maître spirituel, mysique et pragmatique (1491-1556)* (Salvator, París 2008) [orig. alem. *Ignatius von Loyola. Meister der Spiritualität* (Herder, Friburgo. B. 2007).

LAMET, P.M., *El caballero de las dos banderas: Ignacio de Loyola* (Mensajero, Bilbao 2014).


# BIBLIOGRAFÍA COMPLEMENTARIA

AA.VV, *Pietro Favre. Servitore della consolazione* [Ed. A. Spadaro] (Àncora-La Civiltà Cattolica, Milán 2013).

ALBAREDA, A., *Sant Ignasi a Montserrat* (L'Abadía de Montserrat ²1990).

ALBURQUERQUE, A., *En el corazón de la Reforma. «Recuerdos espirituales» del Beato Pedro Fabro, SJ* [Introducción, traducción y comentarios por Antonio Alburquerque (Mensajero-Sal Terrae, Bilbao-Santander 2000).

ALDAMA, A.M. DE, *Iniciación al estudio de las Constituciones* (CIS, Roma 1979).

──────, *Notas para un comentario a la Fórmula del Instituto de la Compañía de Jesús* (CIS, Roma 1981).

──────, *Roma ignatiana. Tras las huellas de san Ignacio* (SJ Ufficio stampa e informazioni, Roma s.d).

ARRUPE, P., «La inspiración trinitaria del carisma ignaciano»: *CIS* 13 (1982) 11-67; más accesible en: *La identidad del jesuita en nuestros tiempos* (Sal Terrae, Santander 1981) 391-435.

CACHO, I., *Íñigo de Loyola, ese enigma (Mensajero, Bilbao 2003).*

──────, *Íñigo de Loyola, líder y maestro (Mensajero, Bilbao 2014).*

CALVERAS, J., *Ejercicios espirituales. Directorio y Documentos de S. Ignacio de Loyola. Glosa y vocabulario de los Ejercicios por el P. José Calveras (Balmes, Barcelona 21958).*

DALMASES, C. DE, «Las meditaciones del Reino y de las dos banderas y la vocación a la Compañía de Jesús, según P. Nadal»: *Manresa* 20 (1948) 311-320.

DUMEIGE, G., «Visión de La Storta. Historia y Espiritualidad»: *CIS* 57 (1988) 13-64.

ELORRIAGA, F., *Las heridas de san Ignacio* (Mensajero, Bilbao 2010).

FERNÁNDEZ MARTÍN, L., «Iñigo de Loyola y los alumbrados», en P. DE LETURIA–J. ITURRIOZ–R. GARCÍA MATEO–L. FERNÁNDEZ MARTÍN, *Ignacio de Loyola en Castilla. Juventud-Formación-Espiritualidad* (Caja de Ahorros Popular de Valladolid - Provincia de Castilla de la Compañía de Jesús, Valladolid 1989) 155-264.

FOIS, M., «S. Ignazio di Loyola e la Chiesa gerarchica del suo tempo»: *Appunti di spiritualità* 42 (CIS, Nápoles 1995).

GARCÍA DE CASTRO VALDÉS, J., *Pedro Fabro. La cuarta dimensión. Orar y vivir* (Sal Terrae, Santander 2006.

──────. *Polanco. El humanismo de los jesuitas* (Burgos 1517-Roma 1576) (Mensajero-Sal Terrae-Comillas, Bilbao-Santander-Madrid 2012).

GARCÍA MATEO., R., *Ignacio de Loyola. Su espiritualidad y su mundo cultural* (Mensajero, Bilbao 2000).

──────, «Orígenes del "más" ignaciano», en P. DE LETURIA – J. ITURRIOZ - R. GARCÍA MATEO - L. FERNÁNDEZ MARTÍN, *Ignacio de Loyola en Castilla* (Caja de Ahorros Popular de Valladolid y Provincia de Castilla de la Compañía de Jesús, Valladolid 1989) 115-127.

GUIBERT, JOSEPH DE, *La Espiritualidad de la Compañía de Jesús* (Sal Terrae, Santander 1955).

GUITTON, J., *El beato Pedro Fabro. Primer compañero de san Ignacio de Loyola. Su alma y espíritu* (El Mensajero del Corazón de Jesús, Bilbao 1944).

HERNÁNDEZ MONTES, B., *Recuerdos ignacianos. Memorial de Luis Gonçalves da Cámara, Versión y comentarios de Benigno Hernández Montes* (Mensajero-Sal Terrae, Bilbao-Santander 1992).

HOUNDER, A., *Ignazio di Loyola. Studio del carattere* (La Civiltà Cattolica, Roma ²1953).

IRIBERRI, J.L. - CH. LOWNEY, *Guía del camino ignaciano* (Mensajero, Bilbao 2015).

KOLVENBACH, P.-H., «Locos por Cristo», en: *Decir... al «indecible». Estudios sobre los Ejercicios Espirituales de San Ignacio* (Ed. I. Iglesias) (Mensajero-Sal Terrae, Bilbao - Santander 1999) 115-131.

LAMBERT, W., *Vocabulario de espiritualidad ignaciana* (Mensajero, Bilbao 2006).

LÉCRIVAIN, PH., *Paris au temps d'Ignace de Loyola (1528-1535)* (Éditions Facultes jésuites de Paris, París 2006).

LEÓN-DUFOUR, X., *San Francisco Javier. Itinerario místico del apóstol* (Sal Terrae-Mensajero, Santander-Bilbao 1998).

LETURIA, P. DE, *El gentilhombre Iñigo López de Loyola en su patria y en su siglo* (Labor, Barcelona 1943).

———, *Estudios ignacianos,* 2vol. (IHSI, Roma 1957).

MADRIGAL, S., *Estudios de eclesiología ignaciana* (Univ. Pont. Comillas-Desclée de Brouwer, Madrid-Bilbao 2002).

MANZANO MARTÍN, B., *Iñigo de Loyola peregrino en Jerusalén 1523-1524* (Encuentro, Madrid 1995).

———, *Peregrinos en Tierra Santa* (Verbo Divino, Estella 1989).

MEISSNER, W.W., *Ignacio de Loyola. Psicología de un santo* (Anaya - Mario Muchnik, Madrid 1995).

MEJÍA SALDARRIAGA, R., *La dinámica de la integración espiritual. Buscar y hallar a Dios en todas las cosas según San Ignacio de Loyola* (CIS, Roma 1980).

O'MALLEY, J.W., *Los primeros jesuitas* (Mensajero-Sal Terrae-Comillas, Bilbao-Santander-Madrid 1995).

OSUNA, J., *Amigos en el Señor. Unidos para la dispersión* (Mensajero-Sal Terrae, Bilbao-Santander 1998).

PLAZAOLA, J., *Rutas ignacianas (*Euskojaurlaritza, 1991).

RAHNER, H., «Die Grabschrift des Loyola», en *Ignatius von Loyola als Mensch und Theologe* (Herder, Friburgo 1964).

«Die Vision des heiligen Ignatius in der Kapelle von La Storta», en *Ignatius von Loyola ais Mensch und Theologe* (Herder, Friburgo 1964).

———, *Ignatius von Loyola als Mensch und Theologe* (Herder, Friburgo 1964) [*parte del libro en trad. ingl. Ignatius the theologian* (Ignatius Press–Geoffrey Chapman, San Francisco-Londres 1990)].

———, *Ignatius von Loyola. Briefwechsel mit Frauen* (Herder, Friburgo 1956).

———, *Ignatius von Loyola und das geschichtiche Werden seiner Frömmigkeit* (Pustet, Graz-Salzburgo-Viena 1949) [trad esp. *Notas para el estudio de los ejercicios, en Escritos Ignacianos* (P. Cervera) (Didaskalos, Madrid 2021)].

RAMBLA, J.M., «El peregrino con los pobres», en AA.VV., *Espiritualidad ignaciana y solidaridad con los pobres* (Mensajero - Sal Terrae, Bilbao - Santander 1990) 17-35.

REDACCIÓN DE MANRESA, «La visión de La Storta en sus Fuentes»: *Manresa* 84 (2012) 363-370.

RENDINA, S., *La scelta sacerdotale d'Ignazio*, en J. O'DONNELLL – S-RENDINA, *Sacerdozio e spiritualità ignaziana* (Ed. P.U.G., Roma 1993) 89-108.

ROLDÁN, A., *San Ignacio de Loyola a la luz de la tipología* (CIS, Roma 1980).

ROUQUETTE, R., «Essai critique sur les sources relatant la visión de S. Ignace á La Storta»: *Revue d'Ascétique et Mystique* 33 (1957) 34-61; 150-170.

RUIZ JURADO, M., *Los votos de Montmartre. Historia y espiritualidad (CIS, Roma 1985).*

SCHIAVONE, P., *La Santissima Trinità negli Esercizi Spirituali di Ignazio di Loyola* (AdP, Roma 2000).

SCHURHAMMER, G., *Franz Xaver. Sein Leben undseine Zeit. I: Europa, 1506-1541* (Herder, Friburgo 1955) [trad. esp. *Francisco Javier. Su vida y su tiempo, 4 vols.* (Gobierno de Navarra - Compañía de Jesús - Arzobispado de Pamplona, Estella 1992)].

SERVAIS, J., «La visione della Storta di sant'Ignazio»: *Gregorianum* 91 (2010) 526-549.

SILOS, L. R., «Cardoner in the Life of Saint Ignatius of Loyola»: *AHSI* 33 (1964) 3-43.

SPANU, D., *Sulle orme di S. Ignazio. Esercizi Spirituali alla luce dell'Autobiografía* (AdP, Roma 2009).

SPIDLIK, T., *El «starets» Ignacio: Un ejemplo de paternidad espiritual* (Monte Carmelo, Burgos 2002).

SUQUÍA GOICOECHEA, A., *La Santa Misa en la espiritualidad de San Ignacio de Loyola (Movimiento Sacerdotal de Vitoria, Vitoria 1989).*

WILLKENS, G.Th.A., *Unterwegszum Orden* (Münster 1976) [trad. fr. *Compagnons de Jésus. La genése de l'ordre des Jésuites* (CIS, Roma 1978)].

## SOBRE EL DISCERNIMIENTO ESPIRITUAL

L. BAKKER, *Libertad y experiencia. Historia de la redacción de las Reglas de discreción de espíritus de Ignacio de Loyola* (Mensajero - Sal Terrae, Bilbao - Santander 1995).

M. RUIZ JURADO, *El discernimiento espiritual: teología, historia, práctica* (BAC, Madrid 2010).

M.A. FIORITO, *Discernimiento y lucha espiritual* (Mensajero, Bilbao 2010).

M.I. RUPNIK, *El discernimiento* (Monte Carmelo, Burgos 2015).

P. SCHIAVONE, *Il discernimento. Teoria e prassi* (Paoline, Milán 2016).